"Com a eloquência e a perspicácia que o caracterizam, David Gergen nos oferece insights inestimáveis de suas décadas de observação, pesquisa, ensino e prática de liderança. Este livro é uma contribuição indispensável para compreendermos como criar os líderes éticos e eficazes de que tanto necessitamos."

— **Drew Faust, presidente emérita da Harvard University e professora da cadeira Arthur Kingsley Porter**

"Transformador, o livro de David Gergen convida a nova geração de líderes a tornar este mundo melhor, descobrindo o Verdadeiro Norte a seguir em busca de um propósito moral. Ninguém fez mais para preparar e orientar esta geração do que David. Suas ricas histórias sobre líderes não apenas inspiram, mas se constituem em lições repletas de significado para todos os líderes."

— **Bill George, membro sênior da Harvard Business School e autor de *Discover Your True North***

"Um admirável manual de liderança, baseado em dezenas de insights e histórias pitorescas da carreira de décadas de David Gergen. Ele nos fornece uma bússola moral, mostrando como podemos encontrar e nos manter em nosso Verdadeiro Norte. Leitura essencial e prazerosa."

— **Klaus Schwab, fundador e presidente executivo do *Fórum Econômico Mundial***

"David Gergen estudou liderança por anos a fio — como conselheiro da Casa Branca e educador — e agora escreveu uma obra-prima sobre o assunto. Recomendo enfaticamente este livro a todos os que se preocupam com a questão da liderança nas próximas décadas."

— **David Rubenstein, cofundador e copresidente do Carlyle Group, autor de *How To Lead***

"Quando se trata de liderança, David Gergen já viu de tudo. Em sua vida inteira ele observou, treinou, aprendeu e refletiu sobre os indivíduos, mas não só isso: também o fez no contexto maior no qual a história acontece. Em *Corações Movidos pela Paixão*, lastreado nesse profundo entendimento, ele desfila uma série crítica de

sobre como grandes líderes são feitos — de dentro para fora — e o que isso significa para nossa própria situação de alto risco. Com breves e convincentes histórias de líderes do passado e do presente, este é um livro de leitura obrigatória para todos que aspiram alcançar uma missão digna, em particular homens e mulheres mais jovens que estão agora, em todo o mundo, começando a causar impacto com o que sentem e conhecem."

— **Nancy Koehn, historiadora na cadeira James E. Robison da Business Administration na Harvard Business School, autora de *Forged in Crisis***

TAMBÉM DE DAVID GERGEN

Eyewitness to Power

CORAÇÕES MOVIDOS PELA PAIXÃO

CORAÇÕES MOVIDOS PELA PAIXÃO

COMO SÃO FORMADOS OS
GRANDES LÍDERES

DAVID GERGEN
Ex-assessor da Casa Branca

ALTA BOOKS
GRUPO EDITORIAL
Rio de Janeiro, 2023

Corações Movidos Pela Paixão

Copyright © 2023 da Starlin Alta Editora e Consultoria Ltda.
ISBN: 978-85-508-1893-1

Translated from original Hearts Touched with Fire. Copyright ©2022 by David Gergen. ISBN 978-1-9821-7057-8. This translation is published and sold by Simon & Schuster, Inc., the owner of all rights to publish and sell the same. PORTUGUESE language edition published by Starlin Alta Editora e Consultoria Ltda, Copyright © 2023 by Starlin Alta Editora e Consultoria Ltda.

Impresso no Brasil — 1ª Edição, 2023 — Edição revisada conforme o Acordo Ortográfico da Língua Portuguesa de 2009.

Todos os direitos estão reservados e protegidos por Lei. Nenhuma parte deste livro, sem autorização prévia por escrito da editora, poderá ser reproduzida ou transmitida. A violação dos Direitos Autorais é crime estabelecido na Lei nº 9.610/98 e com punição de acordo com o artigo 184 do Código Penal.

A editora não se responsabiliza pelo conteúdo da obra, formulada exclusivamente pelo(s) autor(es).

Marcas Registradas: Todos os termos mencionados e reconhecidos como Marca Registrada e/ou Comercial são de responsabilidade de seus proprietários. A editora informa não estar associada a nenhum produto e/ou fornecedor apresentado no livro.

Erratas e arquivos de apoio: No site da editora relatamos, com a devida correção, qualquer erro encontrado em nossos livros, bem como disponibilizamos arquivos de apoio se aplicável à obra em questão.

Acesse o site **www.altabooks.com.br** e procure pelo título do livro desejado para ter acesso às erratas, aos arquivos de apoio e/ou a outros conteúdos aplicáveis à obra.

Suporte Técnico: A obra é comercializada na forma em que está, sem direito a suporte técnico ou orientação pessoal/exclusiva ao leitor.

A editora não se responsabiliza pela manutenção, atualização e idioma dos sites referidos pelos autores nesta obra.

Dados Internacionais de Catalogação na Publicação (CIP) de acordo com ISBD

G367c   Gergen, David
            Corações Movidos Pela Paixão: como são formados os grandes líderes / David Gergen ; traduzido por Carlos Bacci. - Rio de Janeiro : Alta Books, 2023.
            320 p. ; 16cm x 23cm.

            Tradução de: Hearts Touched With Fire
            Inclui índice.
            ISBN: 978-85-508-1893-1

            1. Ciências políticas. 2. Liderança. I. Bacci, Carlos. II. Título.

2023-195   CDD 520
                                                  CDU 32

Elaborado por Vagner Rodolfo da Silva - CRB-8/9410

Índice para catálogo sistemático:
1. Ciências políticas 320
2. Ciências políticas 32

Produção Editorial
Grupo Editorial Alta Books

Diretor Editorial
Anderson Vieira
anderson.vieira@altabooks.com.br

Editor
José Ruggeri
j.ruggeri@altabooks.com.br

Gerência Comercial
Claudio Lima
claudio@altabooks.com.br

Gerência Marketing
Andréa Guatiello
andrea@altabooks.com.br

Coordenação Comercial
Thiago Biaggi

Coordenação de Eventos
Viviane Paiva
comercial@altabooks.com.br

Coordenação ADM/Financ.
Solange Souza

Coordenação Logística
Waldir Rodrigues

Gestão de Pessoas
Jairo Araújo

Direitos Autorais
Raquel Porto
rights@altabooks.com.br

Assistente da Obra
Gabriela Paiva
Patricia Silvestre

Produtores Editoriais
Illysabelle Trajano
Maria de Lourdes Borges
Paulo Gomes
Thales Silva
Thiê Alves

Equipe Comercial
Adenir Gomes
Ana Claudia Lima
Andrea Riccelli
Daiana Costa
Everson Sete
Kaique Luiz
Luana Santos
Maira Conceição
Nathasha Sales
Pablo Frazão

Equipe Editorial
Ana Clara Tambasco
Andreza Moraes
Beatriz de Assis
Beatriz Frohe

Betânia Santos
Brenda Rodrigues
Caroline David
Erick Brandão
Elton Manhães
Gabriela Nataly
Henrique Waldez
Isabella Gibara
Karolayne Alves
Kelry Oliveira
Lorrahn Candido
Luana Maura
Marcelli Ferreira
Mariana Portugal
Marlon Souza
Matheus Mello
Milena Soares
Viviane Corrêa
Yasmin Sayonara

Marketing Editorial
Amanda Mucci
Ana Paula Ferreira
Beatriz Martins
Ellen Nascimento
Livia Carvalho
Guilherme Nunes
Thiago Brito

Atuaram na edição desta obra:

Tradução
Carlos Bacci

Copidesque
Eveline Machado

Revisão Gramatical
Maria Carolina Rodrigues
Catia Soderi

Diagramação
Daniel Vargas

Capa
Rita Mota

Editora afiliada à:

ALTA BOOKS
GRUPO EDITORIAL

Rua Viúva Cláudio, 291 — Bairro Industrial do Jacaré
CEP: 20.970-031 — Rio de Janeiro (RJ)
Tels: (21) 3278-8069 / 3278-8419
www.altabooks.com.br — altabooks@altabooks.com.br
Ouvidoria: ouvidoria@altabooks.com.br

A MEUS NETOS

*Gabriel, Amira e Hannah,
Maya e Liam.*

Para futuras vidas de serviço e liderança.

Conteúdo

Introdução   *1*

Sua Jornada Interior   15

1. Corações Movidos Pela Paixão   17
2. Tornando-Se O Autor Da Sua Própria Vida   41
3. Seus Anos Dourados   55
4. Sobrevivendo Ao Teste Do "Cadinho"   79
5. O Segredo Da Resiliência   91
6. Transformando Adversidade Em Propósito   105

Sua Jornada Exterior   121

7. Aprendendo A Liderar   123
8. Liderando Sua Equipe   137
9. A Arte Da Persuasão Pública   153

Liderança Em Ação   169

10. Quando As Jornadas Convergem   171
11. Como Os Líderes Se Perdem Pelo Caminho   185
12. Liderando Em Meio A Uma Crise   199
13. Os Estágios Do Foguete Propulsor   215

Sumário Executivo: 20 Lições Importantes   *233*

Epílogo: Atendendo ao Chamado   *243*

Notas   *259*

Agradecimentos   *297*

Índice   301

Introdução

Esta história começa na Suécia. Era uma vez uma aluna de oito anos que iniciava sua caminhada para se tornar uma das líderes mais influentes do mundo. Essa jornada já dava o ar de sua graça durante seus anos no ensino fundamental, quando seus professores mostravam filmes sobre a degradação do meio ambiente: plásticos emporcalhando oceanos, ursos polares passando fome, incêndios florestais violentos.

Os colegas, em sua maioria, assistiam e ficavam preocupados na hora, mas depois seguiam em frente. Greta Thunberg assistia e pensava obsessivamente em nosso malfadado e iminente destino. Os colegas de classe viviam o dia a dia; ela fechou-se em si mesma, profundamente deprimida com o pouco caso dos adultos para mitigar os danos. Começou a faltar à escola, mal se alimentava e se perguntava se o mundo sobreviveria seguindo esse curso.

Em casa, passou a conversar com os pais sobre o clima, a ler relatórios e assistir a filmes. Sua síndrome de Asperger, diz ela com frequência, tornou-se uma fonte de força — nas semanas em casa, seu foco a laser lhe permitiu construir um conhecimento enciclopédico sobre o meio ambiente. Ela começou a testar seus poderes de persuasão nos pais, convicta de que poderia ser convincente, mas sem saber como se fazer ouvir. Greta receava ser muito pequena para fazer a diferença.

Foi então que, em fevereiro de 2018, uma tragédia não relacionada com isso ocorreu cerca de 8 mil km de distância. No sul da Flórida, um atirador, armado com um rifle semiautomático, invadiu uma escola em Parkland, matando dezessete pessoas e ferindo outros dezessete. Os sobreviventes ficaram devastados.

Em vez de se entregar à dor, um grupo de estudantes teve a coragem de transformar seu sofrimento em ação. De início, reunindo-se em pequeno número no chão da sala de visitas de seus pais, os alunos lançaram a Never Again MSD, uma organização comprometida em tornar mais rígida a legislação sobre armas. Estavam determinados a prevenir que tal tragédia acometesse outra comunidade. Nos dias posteriores ao tiroteio, por meio de emissoras de rádio e mídias sociais, exigiram verificações de antecedentes e outras medidas de segurança na questão das armas.

A ação empreendida pelos estudantes de Parkland, saindo das salas de aula para protestar contra a tibieza da legislação sobre armas, inspirou e estimulou jovens de todos os Estados Unidos. A linguagem dos alunos era de uma clareza meridiana e sem contemporização: eles precisavam que os pais dessem um fim à complacência e finalmente tomassem uma atitude. Seus protestos se disseminaram rapidamente. Inspirados pelo Freedom Riders da década de 1960 — famosa marcha pelos direitos civis da população negra norte-americana —, viajaram pelo país para chacoalhar as pessoas. Semana após semana, o ímpeto do movimento crescia. Seu pico foi atingido quando os estudantes lideraram o March for Our Lives, uma manifestação liderada por estudantes que atraiu cerca de 1,2 milhão de manifestantes em 880 eventos nos EUA. Esse foi o maior protesto antiarmamentista da história norte-americana, que envergonhou milhões de adultos por sua inação.

De longe, Greta observou os alunos de Parkland galvanizarem seguidores em poucas semanas. Ela ficou impressionada com a força e o poder de atração provocados por um único ato desafiador, como faltar à escola, algo que vários estudantes de Parkland fizeram. A maioria dos ativistas de Parkland — alunos como David Hogg e X González — tinha entre 17 e 18 anos de idade, um pouco mais que Greta. Antes de Parkland, eram garotos normais; depois, seu mundo virou de cabeça para baixo. Em resposta, se tornaram ativistas nacionais — e globais. Começaram a mobilizar o país contra a cultura tóxica das armas.

Greta ficou atônita com o sucesso deles. Inspirada pelos êxitos e táticas desses ativistas, Greta começou a seguir o exemplo. Seu protesto — uma paralisação nos moldes da encenada por sobreviventes de Parkland — foi de pequena escala no início. Ela ficou do lado de fora do parlamento sueco com uma placa com os dizeres *"Skolstrejk för klimatet"* ("Greve Escolar pelo Clima", em tradução livre). Greta tinha 15 anos. Ninguém se juntou a ela, e muitos passantes se condoeram com esse esforço aparentemente fútil. No dia seguinte, contudo, algumas pessoas se postaram ao lado dela depois que as mídias sociais começaram a repercutir. Mais gente veio no dia subsequente. E no próximo, ainda mais. Não demorou para os apoiadores aparecerem regularmente. Ela ficou lá todos os dias por cinco meses até as eleições suecas, como havia prometido.

Greta passou a estar cada vez mais presente na internet, suscitando a cobertura da imprensa nacional e internacional. Seu ato solitário de desafio logo levou às ruas cerca de 4 milhões de pessoas para as Greves Climáticas Globais, o maior dia de protestos climáticos da história. A revista *Time* a nomeou Personalidade do Ano e a ONU a convidou para discursar na Assembleia Geral. Em sua fala, de novo se dirigindo aos adultos, suas palavras eram como brasas: "Vocês estão falhando conosco", ela acusou. "Mas os jovens estão começando a entender sua traição." Após três anos de sua surtida inicial na Suécia, Greta redobrou suas invectivas na cúpula do Youth4Climate, na Itália, caracterizando 30 anos de promessas vazias como um monte de "blá, blá, blá". Greta Thunberg e os estudantes de Parkland não têm exclusividade, é claro, na mobilização de milhares — e às vezes milhões — para seguirem sua liderança. Não faltam eventos nos quais os manifestantes exigem maior justiça social e econômica. Em alguns países, é preciso reconhecer, os manifestantes estão do lado dos autoritários, mas na maioria das nações eles buscam liberdade.

No Paquistão, por exemplo, uma adolescente de 15 anos tornou-se uma voz para a educação de outras jovens. O Talibã a considerava tão ameaçadora que ordenou que fosse morta. Logo depois, enquanto ela voltava de ônibus escolar para sua casa no Vale do Swat, três homens pararam o ônibus exigindo saber quem era Malala e atiraram no rosto dela. Por muito pouco, ela não morreu. De alguma forma, não apenas sobreviveu, mas encontrou forças dentro de si para continuar sua campanha até hoje. Sua liderança em direitos humanos foi tão convincente que ela recebeu o Prêmio Nobel da Paz, a mais jovem homenageada da história.

Nos Estados Unidos, mulheres jovens — especialmente mulheres negras — pressionaram os líderes do país a adotar uma agenda progressista. Tarana Burke, uma jovem negra nascida no Bronx, tornou-se ativista social aos 16 anos. Cansada de ser assediada e agredida, deu início ao Movimento MeToo aos 33 anos, levando-o às mídias sociais para "fortalecer por meio da empatia". Ela queria uma plataforma segura na qual as mulheres pudessem revelar suas histórias privadas de assédio sexual e violência. Em 2017, a revista *Time* a proclamou uma das Personalidades do Ano. No dia seguinte à posse de Donald Trump, apoiadores do MeToo eram responsáveis por grande parte do sucesso da Marcha das Mulheres, o maior protesto da história norte-americana em prol dos direitos femininos. O movimento de Burke também estimulou um despertar nacional quanto à avaliação do abuso sexual patriarcal, assédio e poder.

Muitos anos após Burke fundar o MeToo, três mulheres negras entre 20 e 30 anos — Patrisse Cullors, Alicia Garza e Opal Tometi — criaram o movimento social que seria chamado Black Lives Matter [Vidas Negras Importam] quando foi absolvido George Zimmerman, o homem que havia assassinado um jovem negro chamado Trayvon Martin. Declarados "radicais negros", a princípio foram alvo de ataques virulentos da direita. No entanto, quando os norte-americanos viram na televisão os vídeos dos momentos da morte de George Floyd cerca de 7 anos depois, ficaram horrorizados. Da mesma forma como, no passado, os vídeos de TV do xerife de Birmingham soltando cães em crianças negras transformaram os debates sobre direitos civis, as imagens do assassinato de Floyd transformaram os debates raciais de hoje. Elas estimularam milhões a apoiar os protestos do Black Lives Matter em todo os EUA. E mais: o movimento forçou o país a enfrentar o racismo brutal, do passado e presente, como jamais o fizera antes.

COMO A LIDERANÇA ESTÁ EVOLUINDO

As jornadas de Greta, dos estudantes de Parkland, de Malala e dos organizadores do MeToo e do BLM são indicadores da rapidez com que a liderança está evoluindo atualmente. Já não estamos em um mundo no qual os líderes são somente os egressos das instituições mais elitistas dos EUA, expressamente preparados na vida pública e que seguram as rédeas desde o início. Tais dias se foram, e agradeçamos a Deus por isso! Os jovens, agora, rumam por uma infinidade de caminhos diferentes para a liderança, muitos vindos de baixo para cima. Eles também não se prendem pelo receio de irritar as pessoas. Falam e defendem causas capazes de deixar alguns de nós desconfortáveis. Na verdade, é preciso dar boas-vindas a conversas que exponham — de maneira ponderada — outras perspectivas. Necessitamos de um novo modo de pensar, bem como de uma energia renovada.

Para os jovens líderes, as mídias sociais se constituem em novas e poderosas ferramentas que lhes permitem ser ouvidos por pessoas de todo o mundo. No passado, esperava-se que jovens líderes em instituições como o Congresso mantivessem os olhos abertos e a boca fechada. Caso você sustentasse essa conduta por tempo suficiente — digamos, 15 anos — poderia presidir uma comissão, mas ainda assim o caminho para a influência era incerto. Isso foi antes de Alexandria Ocasio-Cortez, uma bartender de meio expediente e sem experiência na vida pública, derrubar o quarto membro mais poderoso da bancada do Partido Democrata e ajudar a instaurar um novo movimento progressista nos Estados Unidos. Ela era, e continua sendo, mestre nas mídias sociais.

A internet e as redes sociais são, não resta dúvida, uma faca de dois gumes — como também é certo que personalidade forte, ideias convincentes e retórica poderosa podem capturar a atenção do público em um instante. Por outro lado, figuras anônimas podem se valer da internet para espalhar informações desonestas, buscando difamar e destruir sua reputação. Quem estuda mídia social compreende que ficou mais fácil ganhar poder, mas mais difícil exercê-lo e muito, muito mais difícil mantê-lo. Liderar no ambiente em rápida mudança de hoje significa estar sempre atento e adaptável.

Cabe citar mais um aspecto das formas de liderança quando se compara passado e presente. Os líderes emergentes na atualidade, como já enfatizamos, devem ser muito mais adaptáveis do que antigamente, envolvendo-se ativamente com seus seguidores e colaboradores no intuito de atender às demandas em mutação constante. Os grandes líderes sabem, porém, que mesmo aprendendo a navegar em águas turbulentas, é preciso também se manter no curso predeterminado. Como aprendi na Marinha, seus oficiais subalternos devem administrar a casa das máquinas lá embaixo, mas o capitão deve estar lá em cima, com as mãos firmes no leme.

A liderança está em constante mudança, mas o apelo de algumas qualidades e habilidades se mantém ao longo do tempo e das culturas. Os líderes de hoje se arriscam, ignorando-as. Coragem e caráter, por exemplo, são pré-requisitos para uma grande liderança desde os gregos e os romanos clássicos. Eurípides definiu caráter como "um selo de boa reputação de uma pessoa". Uma definição pertinente, tanto no século IV a.C. quanto hoje. Assim acontece também com a observação de Winston Churchill sobre coragem: "A coragem é corretamente considerada a primeira das qualidades humanas... por ser a qualidade que garante todas as outras". Trabalhei para Richard Nixon e Gerald Ford e posso atestar que, embora ambos tivessem coragem, os caráteres deles eram muito diferentes. A um faltava caráter e foi expulso pelo escândalo; já o outro era um homem de caráter cuja figura fica cada vez melhor pelo retrovisor.

Faz tempo que as nações ao redor do mundo adotam a tradicional educação para a liderança, mas nem sempre com sucesso. Em seu livro *The March of Folly*, a historiadora Barbara Tuchman levantou a questão de saber se é possível educar para governar. Ela concluiu que muitas culturas tentaram, sem êxito. Na China, os mandarins recebiam treinamento rigoroso de administração, mas acabaram cedendo à corrupção, à incompetência e a um apreço insaciável pelo poder. Esse foi, também, o destino dos janízaros turcos, da Prússia após a Guerra dos Trinta Anos, da Grã-Bretanha quando seu império se esvaiu e talvez agora dos Estados Unidos. Todos tentaram preparar líderes que fizessem um bom governo;

deu muito errado. "Dado o poder controlador da ambição, da corrupção e das emoções", escreveu ela, "talvez, na busca por um governo mais sábio, devêssemos buscar primeiro o teste de caráter. E o teste deve ser a coragem moral". O problema, continuou ela, pode não ser uma questão de educar os funcionários públicos "como se educa o eleitorado para reconhecer e recompensar a integridade de caráter e rejeitar sucedâneos inferiores". Coragem e caráter sempre serão fundamentais para os líderes emergentes. Voltaremos a eles com frequência nas próximas páginas.

O PORQUÊ DESTE LIVRO

Há alguns anos, comecei a escrever este livro na minha imaginação. Eu estava chegando àquela fase da vida que Erik Erikson chamava de "generatividade". Erikson foi um conceituado psicanalista do século XX que criou um modelo de desenvolvimento identificando oito etapas principais na vida de uma pessoa. A generatividade, que segundo ele era a sétima, caracterizava um período na vida de uma pessoa mais velha no qual ela mostra "uma preocupação em estabelecer e guiar a próxima geração".

Em 1999, quando deixei Washington para lecionar na universidade, eu com certeza havia atingido tal estágio. Fiquei imensamente grato pela oportunidade de ter trabalhado para quatro presidentes na Casa Branca — três republicanos (Nixon, Ford e Reagan) e um democrata (Clinton). Entretanto, me desiludi com o rumo político do país e queria legar para as próximas gerações as principais lições de liderança que eu havia acumulado ao longo de meio século na arena pública. Aqui, na Harvard Kennedy School, lançamos o Center for Public Leadership, que dirigi ou codirigi por quase duas décadas.

Meu sonho era, algum dia, escrever um livro sobre liderança para compartilhar meus pensamentos. Mas meu relacionamento de 20 anos com a CNN estava apenas no começo, ao passo que as responsabilidades de professor e diretor pareciam intermináveis, sem mencionar compromissos de palestras e outras obrigações da vida pública. Em outras palavras, a vida sempre parecia não ajudar.

Nos últimos anos, porém, esse sonho — ajudar a preparar uma geração de novos líderes em ascensão — ganhou ares de grande urgência.

Quem seria capaz de imaginar que a democracia norte-americana — e tradições democráticas de longa data em todo o mundo — poderia estar à beira do colapso?

Quem poderia imaginar que observadores sérios estariam debatendo se os EUA caminham para uma guerra civil? Mas as coisas estão nesse pé. Parece que estamos dirigindo por uma estrada à beira de um penhasco no meio da noite e de faróis apagados. Todos sabemos disso, mas parece que não podemos parar o carro.

É hora de encarar uma dura realidade: é o momento daqueles que dirigem o ônibus devolverem as chaves. Ficamos ao volante nos últimos 30 anos e deixamos a desejar. É tempo de ceder o protagonismo para novos líderes. Aqueles de nós mais velhos ainda têm papéis fundamentais a desempenhar: preparar os jovens para funções de liderança, transmitir-lhes as lições que aprendemos e tentar suavizar o caminho à frente. Algumas das melhores universidades norte-americanas estão oferecendo programas de sucesso para cidadãos mais velhos a fim de ajudá-los a lançar novas carreiras, muitas vezes em atividades sem fins lucrativos; outras universidades precisam ficar atentas a essa questão.

É preciso, no entanto, deixar bem claro que muito do futuro dos EUA agora depende de uma infusão de sangue fresco na vida cívica do país. Necessitamos de líderes novos e talentosos à procura de novos rumos, não obcecados com as diferenças do passado. Como disse Winston Churchill ao formar um novo governo de coalizão em um momento crucial da Segunda Guerra Mundial: "Que as desavenças pessoais sejam esquecidas e mantenhamos nossos ódios pelo inimigo comum". Os Estados Unidos precisam desesperadamente de novos líderes que coloquem o país antes do partido, a unidade antes da divisão.

Estamos em um momento particularmente propício para passar adiante o bastão histórico. Milhões de Baby Boomers e ex-alunos da Geração Silenciosa [termo usado para se referir à população nascida entre 1925 e 1942, durante a Grande Depressão e a Segunda Guerra Mundial] estão começando a deixar o palco, sendo substituídos pelos Millennials (nascidos entre 1982 e 1996) e a Geração Z (1997 a 2009). Em conjunto, essas gerações de norte-americanos mais jovens representam 140 milhões de pessoas, mais de 30% da população do país. Trata-se do maior e mais diversificado grupo da história dos Estados Unidos — e em breve será o mais poderoso. Entre esses milhões, certamente podemos identificar, recrutar e apoiar centenas de milhares que agora podem trabalhar juntos para salvar o país.

Tive o privilégio de trabalhar com os mais variados desses líderes emergentes: marinheiros, jovens oficiais militares, servidores públicos, funcionários da Casa Branca, jornalistas, empreendedores sociais e, claro, estudantes.

Nos EUA, as gerações mais jovens, eu sugeriria, distinguem-se por três qualidades: resiliência, engajamento cívico e idealismo. Dê-se um instante e pense nas experiências terríveis que eles enfrentaram apenas nas primeiras décadas do século XXI: os ataques terroristas de 11 de setembro; duas recessões devastadoras; incêndios e inundações excepcionais; crescentes desigualdades raciais; fuzilamentos em massa de estudantes; guerras intermináveis; uma dívida nacional descontrolada; a presidência de Donald Trump; uma pandemia global mortal; e o colapso da política e da cultura cívica do país.

É uma lista assombrosa. E não inclui o número de vezes que os Millennials e a Geração Z perderam seus empregos, viram suas dívidas explodirem, voltaram para casa e sentiram seu futuro ameaçado. Não seria surpresa nenhuma eles se retirarem da vida pública — e muitos o fizeram —, mas, em sua maioria, demonstraram grande resiliência e brio. Não se abateram em face das enormes atribulações; cerca de 80% entre 18 e 29 anos sentem que têm o poder de mudar o país para melhor. E por volta de 60% "sentem que fazem parte de um movimento que votará para expressar seus pontos de vista".

Eles também já estão se envolvendo na cultura cívica dos EUA. Uma pesquisa do CIRCLE na Tufts University descobriu que, em 2016, apenas 5% das pessoas entre 18 e 29 anos haviam participado de uma manifestação de protesto; em 2020, esse número subiu para 27%. Outra pesquisa da Tufts University revelou que, nas eleições de 2020, a votação de estudantes universitários aumentou significativamente de 52% para 66%.

Como tem sido recorrente entre os estudantes de hoje, essa votação pendeu fortemente para os democratas, por uma margem de 61 a 37 na eleição presidencial de 2020. Enquanto isso, o número de Millennials concorrendo ao Congresso entre 2018 e 2020 saltou expressivos 266%! E novas estrelas políticas como Pete Buttigieg, Alexandria Ocasio-Cortez, Adam Kinzinger, Seth Moulton e Mikie Sherrill já estão mudando nosso discurso político. Embora não compartilhe de sua inclinação política, também respeito um ex-aluno, Dan Crenshaw. Ele é um conservador fervoroso que colocou a vida em risco por seu país — e pagou um preço, perdendo um olho em combate no Afeganistão.

É também animador, em uma época de tanto cinismo em relação à vida pública, ver muitos dos jovens manterem seu idealismo. Uma pesquisa da Deloitte descobriu que jovens com formação universitária estão cada vez mais dizendo não a empregadores cujas ofertas de emprego não comprometem sua empresa com a boa cidadania. Esse idealismo os encoraja a adotar uma agenda política liberal como mudança climática, opção pela assistência médica pública ou administrada pelo governo, renegociação da dívida estudantil, legalização da maconha e reforma da justiça criminal.

Muitos Millennials e jovens da Geração Z se prontificam a participar de marchas de protesto por acreditar que as gerações mais velhas negligenciaram as questões ambientais, as desigualdades sociais e de renda com base em raça e gênero. As gerações mais velhas, às vezes, tratam essas questões de modo superficial, mas recaem sobre as gerações em ascensão os erros de cálculo, a inação e os problemas não resolvidos por seus pais. Os jovens estão zangados, e com razão, porque o sonho americano pode acabar para eles — não há um pote de ouro no final do arco-íris. Há, portanto, tensões embutidas entre as gerações passadas e as atuais, com estas se perguntando por que deveriam tirar lições de liderança das primeiras. Boa pergunta. Houve alguns líderes de primeira estirpe no passado que se destacaram e continuam assim até hoje, pessoas como John Lewis, Ruth Bader Ginsburg e John McCain, cujos perfis dão início ao primeiro capítulo deste livro.

Sei muito bem minha posição quanto a essas questões: um homem branco mais velho beneficiário de muitos privilégios na vida. Cresci em um chão de terra batida na segregada região sul dos EUA, abençoado por uma família forte, solidária e formalmente educada. Meu pai foi diretor do departamento de matemática da Duke por um quarto de século e minha mãe, uma escritora adorável. Não há como negar: tive certas oportunidades que talvez não estivessem disponíveis para pessoas de status socioeconômico, gênero ou raça diferente. Tentei, ao longo de meus anos de adulto, ser sensível às opiniões de outras pessoas menos afortunadas, embora tenha certeza de que deixei a desejar. Devo agradecimentos especiais aos jovens que foram os primeiros leitores deste livro; eles me ajudaram a ser mais ponderado sobre as diferenças entre nós, desafiaram meu modo de pensar e me ajudaram a entender como podemos curar o país nos próximos anos.

O ARCO NARRATIVO DESTE LIVRO

Faz alguns anos que ouvi Bill Moyers, da PBS, descrever uma caminhada que havia feito na África. Com a noite escura tomando conta, ele e sua equipe encontraram uma tribo em volta de uma fogueira. Vez ou outra, um membro diferente da tribo se levantava, pegava dois ou três troncos e os jogava no fogo, mantendo todos aquecidos. Para Moyers, nossa vida juntos em comunidades deveria ser assim, com cada um contribuindo com duas ou três toras para manter as chamas acesas.

Essa é minha esperança neste livro: contribuir com meus poucos troncos. Atravessamos, nos EUA, tempos de imensa volatilidade em nossa vida nacional, com as crises que nos atingem vindas de todas as direções. A cada dia fica mais claro que precisamos de uma infusão de líderes novos e fortes que nos ajudem a ir em frente com segurança. Com base em histórias e reflexões sobre meu meio século de vida na arena pública, gostaria de compartilhar com você o que aprendi sobre o desenvolvimento de líderes jovens e apaixonados — e por que me sinto animado com isso.

Liderança verdadeira e mudança vêm por meio da ação. É nesse sentido que ofereço não apenas conselhos práticos, mas também narrativas sobre outros líderes definidores que mantiveram as fogueiras crepitando.

O trabalho de Joseph Campbell, notável professor de mitologia comparada e religião, me influenciou ao longo de meus muitos anos ensinando.

Em um estudo sobre mitos e narrativas de origem compartilhadas por sociedades com culturas e épocas diferentes, ele descobriu que um dos mitos mais fortemente disseminados é o da jornada do herói. Em essência, o herói sai de casa para matar um dragão. No caminho, ao enfrentar desafios e medos, o herói passa por uma série de "mortes" metafóricas das quais se recupera, voltando para casa modificado, agregando um novo conjunto de sensibilidades e valores.

Para Campbell, o transcurso da maioria das vidas humanas se assemelha a esse mito. "Nossa vida evoca nosso caráter; você descobre mais sobre si mesmo à medida que avança. E é muito bom ser capaz de se colocar em situações que fazem vir à tona sua natureza superior, não a inferior", disse ele a Bill Moyers em uma série de televisão de seis episódios da PBS baseada em seu trabalho. Todos nós enfrentamos lutas internas e externas, isto é, escolhas e exames de consciência que realizamos em busca de uma versão melhor de nós mesmos, e experiências externas pelas quais passamos ao interagir com os outros na estrada da vida.

Inspirado em Campbell, este livro vê o desenvolvimento de um líder como ocorrendo em duas partes: uma jornada interna e uma jornada externa — uma aventura que os líderes começam na juventude e continuam por toda a vida. Como argumentou o falecido Warren Bennis, um guru da liderança e grande amigo, tornar-se um líder é, em essência, desenvolver-se totalmente como pessoa. Você pode ter companheiros ao longo do caminho, mas no final das contas tem que fazer a jornada sozinho.

Este livro inicia considerando algumas questões já muito debatidas, verdadeiros chavões neste assunto. Afinal, a liderança realmente importa? Por que precisamos de grandes líderes? Quais são suas qualidades ou traços mais importantes? Que valores perduraram ao longo dos séculos e que evoluíram com o passar do tempo? Nas respostas, uma base para tudo o que se segue.

Depois, o livro discorre sobre a primeira e mais importante parte: a jornada interior. Como um líder primeiramente se torna autoconsciente e a seguir alcança o autodomínio? Não basta ser inteligente e talentoso. Richard Nixon foi um dos melhores estrategistas que já conheci, mas seus demônios interiores prevaleceram, e por fim o destruíram. Você deve se tornar "o autor de sua própria vida", como Warren Bennis [autor norte-americano considerado pioneiro no campo contemporâneo dos estudos sobre liderança] disse uma vez. Esses capítulos iniciais exploram o trabalho interno que lhe compete fazer para identificar seus valores, disponibilizando alguns truques e dicas para ajudá-lo ao embarcar em sua aventura.

Na contramão do que seria desejável, quase todos os líderes em ascensão sofrem duros e inesperados golpes — cadinhos, como geralmente são chamados na literatura de liderança. Uma experiência de quase morte, um colapso da vida pessoal ou profissional, tais golpes assumem muitas formas. Os três capítulos subsequentes exploram como esses dissabores podem afetar sua jornada interior; e de que maneira, com a perspectiva correta, alguns de nossos líderes mais célebres saíram mais fortes de suas adversidades. Os cadinhos têm o potencial de nos instilar um grande propósito moral e uma oportunidade de consolidar o que almejamos.

A segunda parte do livro trata da jornada exterior — um período de transição no qual você passa dos preparativos internos de liderança para o contato com o mundo exterior. Exploraremos como construir relacionamentos com os componentes de sua equipe e, cada vez mais, quão bem você trabalha e trata outras pessoas fora de seu círculo imediato. Você se dará conta de que desenvolver seu nível de conhecimento do outro e seu domínio das habilidades sociais são uma contrapartida próxima à consciência e ao domínio de si mesmo. Em sua jornada exterior, perguntas não faltam: Como lidar com seu chefe? Construir uma equipe só com "estrelas"? Dominar a retórica da persuasão pública? Implantar uma mídia social? Essas são as ferramentas e as habilidades necessárias para avançar em direção à verdadeira liderança.

A terceira parte do livro é uma extensão da jornada de duas partes de Campbell. Após ter trabalhado em prol de seu autoconhecimento e se pôr em contato com o mundo exterior, você deve estar pronto para agir. Ninguém se torna um bom líder contando apenas com o estudo, buscando um terceiro ou quarto grau acadêmico. É preciso evitar o "ardil da preparação", como disse Tolstoi. Você tem que ir para a rua.

Os primeiros dias de um líder podem ser uma ocasião de perigo, certamente de fracasso. Falaremos sobre a escuridão que pode vir quando um líder se desvia do curso, deixando de lado sua bússola — seu Verdadeiro Norte — e destrói a si próprio. Em um mundo cada dia mais volátil, novos líderes devem exercer vigilância constante. É preciso aprender a exercitar a liderança em uma crise, preparando-se quando puder e agindo com inteligência quando ela vier. Este projeto não estaria completo caso não abordasse três dos meus aspectos de liderança favoritos, mas muitas vezes negligenciados: aprender com a história, um senso de humor cáustico e a criação de uma vida integrada que permita alegria e paixão. Mais adiante, com o livro se encaminhando para o final, você encontrará as vinte principais lições do livro, um resumo executivo para pessoas muito apressadas. Se você os ler agora, talvez isso o encoraje a ler o resto do livro. Espero que sim.

Concluindo, voltaremos mais uma vez ao argumento central deste livro: os Estados Unidos vivem uma de suas piores crises desde o início da república. Ainda que os próximos anos prometam ser difíceis, a longo prazo podemos ter muito mais esperança se nos lembrarmos de quem somos, se nos espelharmos em nosso passado e se prepararmos as gerações jovens para uma vida de serviço e liderança, liberando seu idealismo. Como observou certa vez Martin Luther King Jr.: "Todos são capazes de ser excelentes pessoas... porque qualquer um pode servir. Você não precisa ter um diploma universitário para servir. Não precisa fazer com que sujeito e verbo concordem para servir. Você só precisa de um coração cheio de graça. De uma alma gerada pelo amor".

PARTE UM

SUA JORNADA INTERIOR

UM

CORAÇÕES MOVIDOS PELA PAIXÃO

Ele poderia ter se esquivado.

Seu pai era um médico e intelectual de prestígio; sua mãe, uma importante abolicionista; e sua família, bem estabelecida. Assim, quando o presidente Lincoln fez seu primeiro pedido de voluntários para a Guerra Civil, Oliver Wendell Holmes Jr. poderia facilmente tê-lo ignorado.

Poderia, mas não o fez. Deixou a Harvard College e se alistou como primeiro-tenente no 20º Massachusetts, arriscando a vida pelo bem de seu país. Ele atendeu ao chamado. Nas batalhas em que lutou, balas confederadas o atingiram repetidamente — em Ball's Bluff, Antietam e Chancellorsville. Em uma delas, levou um tiro no peito e quase não sobreviveu; em outra, baleado no pescoço, foi deixado para morrer.

Porém, como escreveu seu biógrafo Mark DeWolfe Howe, esses ferimentos graves não diminuíram sua vida. Em vez disso, moldaram e fortaleceram sua liderança pública nos 70 anos seguintes. A morte e a destruição que presenciou lhe serviram de têmpera, e seu elã para as aspirações da nação norte-americana só se reforçou. Ele se tornou um dos juristas mais influentes e eloquentes do país, nomeado para a Suprema Corte por Theodore Roosevelt e servindo até Franklin Delano Roosevelt chegar à Casa Branca [eles eram primos distantes, de quinto grau].

17

Alguns anos após a Guerra Civil, em um discurso no Memorial Day, em 1884, Holmes descreveu como o serviço militar havia inspirado sua geração. "A vida é ação e paixão", disse ele, "e isso requer que um homem compartilhe a paixão e a ação de sua época sob o risco de ser julgado por não ter vivido... Em nossa juventude, graças à nossa boa sorte, tivemos nossos corações envoltos pela paixão. Foi-nos dado aprender desde o início que a vida é uma coisa profunda e apaixonada."

"Em nossa juventude, nossos corações estavam envoltos pela paixão."

Que maneira gloriosa de capturar o que tantos homens e mulheres jovens experimentaram, época após época, ao se comprometerem com a vida cívica, buscando criar um mundo mais igualitário, mais justo e mais pacífico. A vida intercala perigos, mas dedicar-se a servir aos outros traz consigo uma satisfação que transcende os problemas. Como muitos descobriram, serviço e liderança estão inextricavelmente vinculados. De fato, a liderança em sua melhor expressão é o serviço prestado aos demais.

MAS OS LÍDERES SÃO REALMENTE IMPORTANTES?

De uma geração a outra, até nossos dias, notamos a alegria e a paz interior vindas dos líderes que trabalham sem descanso para auxiliar outrem. Pense em Jane Addams, no final do século XIX e início do século XX, criando a Hull House [um abrigo para imigrantes] para servir até 2 mil mulheres por semana; ela foi a primeira norte-americana a ganhar um Prêmio Nobel. Ou as muitas criações de Albert Schweitzer, na primeira metade do século XX, incluindo o hospital que ele construiu na África, em Lambaréné. Schweitzer acreditava que "o propósito da vida humana é servir e mostrar compaixão e vontade de ajudar os outros".

Pense também em Frances Perkins, defensora dos direitos dos trabalhadores, e em sua atuação em Nova York nas décadas de 1920 e 1930, uma força criativa por trás do New Deal, o programa de recuperação da economia dos EUA após a quebra da Bolsa de Valores nova-iorquina em 1929. Ou Eleanor Roosevelt, que abriu as portas para dezenas de mulheres em meados do século XX e atuou como presidente do comitê de redação da Declaração Universal dos Direitos Humanos da ONU. Ou Gandhi, Martin Luther King, Madre Teresa; e, em nosso tempo, em John Lewis, líder dos movimentos pelos direitos civis, e Jacinda Ardern, a primeira-ministra da Nova Zelândia. Todos respeitados universalmente. Como veremos nas próximas páginas, a forma como homens e mulheres exercem a liderança continua a mudar — por exemplo, descartamos amplamente a teoria do Grande Homem de séculos passados em favor de uma liderança mais colaborativa e diversificada. Contudo, permanece não apenas essencial, mas cresce exponencialmente a necessidade de líderes de coragem, compaixão e caráter.

Durante séculos, a questão da importância dos líderes no desenrolar da história humana foi alvo de intenso debate entre historiadores e cientistas sociais. O estudo da liderança tem sua origem na Grécia Antiga, Roma e China. Na era moderna, a escola de pensamento ocidental foi ocupada por historiadores, filósofos de política e moral, praticantes e, mais recentemente, cientistas sociais. Diferentes estudiosos trazem consigo suas próprias abordagens: historiadores tendem a se concentrar nas lições de proeminentes líderes do passado, ao passo que os próprios líderes baseiam-se em suas experiências e insights pessoais para analisar o que vem a ser a liderança. Nas últimas décadas, enquanto pensadores como Warren Bennis trabalharam para que a "liderança" fosse tratada como disciplina acadêmica por pleno direito, o campo de pesquisa em liderança foi sendo dominado cada vez mais pelos cientistas sociais, que se valeram de uma visão objetiva e "isenta de valor" para entender o que constitui liderança eficaz — ou ineficaz.

Muito embora os estudos de liderança tenham sido, de início, centrados nas qualidades dos líderes, começou a ganhar relevância o entendimento do papel, a cada dia mais dinâmico, das forças em jogo entre líderes e seus seguidores. Como os líderes atuam com eficiência em um mundo em que seus valores e cultura podem não se alinhar com os de seus seguidores? Que papel exercem os seguidores no desempenho eficaz de um líder? Se um homem utiliza o poder de maneira imoral ou má, ainda deve ser chamado de líder? De que maneira uma voz pode buscar fortalecer e defender interesses diversos? As questões relacionadas àquilo que constitui uma boa liderança se multiplicam conforme ampliamos a percepção sobre as nuances do comportamento humano e expandimos nossa compreensão sobre quem pode se tornar "um líder".

No fundo, porém, está uma questão central: Qual o impacto que uma pessoa pode ter no curso da história? O historiador Arthur Schlesinger Jr. lembrou que muitos pensadores eminentes acreditaram que os indivíduos são apenas peões de forças maiores, como a vontade divina, o destino e a inevitabilidade histórica. Em *Guerra e Paz*, Tolstoi argumentou que se Napoleão não tivesse existido, outro general francês teria invadido a Rússia, massacrando todos à vista. Os indivíduos, escreveu Tolstoi, são apenas "os escravos da história". Ele era adepto do que tem sido chamado de escola de pensamento determinista — um conjunto de crenças cujo arco histórico se estende dos deuses e deusas no Monte Olimpo a Marx, Spengler, Toynbee e, com certeza, ao Nazismo.

Em um dos meus ensaios favoritos, "Democracia e Liderança", Schlesinger se posicionou de modo contrário, argumentando que o determinismo, em sua essência, nega a intervenção humana, bem como a responsabilização pessoal. Diante do assassinato de um indivíduo por outro, nós o consideramos responsável por seu ato, a menos que seja julgado incapaz de distinguir o certo do errado; não lhe damos passe livre. Acreditamos que cada um de nós é responsável por seu próprio comportamento. Cada um de nós tem seu próprio arbítrio, para o bem e para o mal. E assim acontece com a liderança: podemos, como indivíduos, escolher fazer uma diferença positiva.

Em 1931, escreveu Schlesinger, um político britânico que, em visita aos Estados Unidos, atravessou a Park Avenue, em Nova York, depois do jantar, olhou para o lado errado e foi atropelado por um carro que passava. "Não entendo por que não fui quebrado como uma casca de ovo", disse ele mais tarde. Quatorze meses depois, um político norte-americano estava sentado em um carro conversível em Miami e sofreu um disparo à queima-roupa. Teria morrido se o braço do atirador não tivesse sido sacudido por uma mulher que estava próxima; com o desvio, o homem ao lado dele foi atingido e morreu.

Diante disso, Schlesinger fez a seguinte hipótese: se a história tivesse sido diferente, o político britânico poderia ter morrido naquela noite em Nova York. Assim como o político norte-americano em Miami, caso não sobrevivesse ao ferimento à bala. Se aqueles dois homens, Winston Churchill e Franklin Delano Roosevelt, tivessem morrido naqueles dias, a história teria sido diferente? Pode apostar!

Ninguém a quem não falte sensatez acredita que Neville Chamberlain ou Lord Halifax — as alternativas a Churchill — poderiam ter dado voz ao leão britânico como Churchill fez durante a guerra. Da mesma forma, ninguém acredita que o vice-presidente John Nance Garner, o texano que disse que seu escritório "não valia um balde de mijo quente", poderia ter conduzido o país em meio à Depressão e à guerra como FDR.

Nossos maiores líderes surgiram tanto nos bons momentos quanto, com mais frequência, em situações desafiadoras. São aqueles que, nas horas mais sombrias, despertam nossas esperanças e nos dão uma visão clara do que vem pela frente. É comum permanecerem calmos no leme ao enfrentar uma crise e são capazes de endireitar um navio adernando. Em uma emergência, os melhores entre eles constroem pontes — ligações que podem, em última análise, alterar o rumo da história. Com coragem e caráter, motivam os outros a seguir sua liderança; uma única pessoa pode inspirar as massas a agir, a fim de mudar o mundo para melhor. Indivíduos ainda têm importância, especialmente na liderança.

A LIDERANÇA É UMA CONDIÇÃO INATA?

Há discordância entre os especialistas se as qualidades e os talentos de líderes eficazes estão em seu DNA. Quando Dwight Eisenhower era criança, as outras automaticamente o procuravam para organizar os jogos de bola; ele escreveu, mais tarde, que as equipes de adolescentes eram seus campos de treinamento para a liderança. As palavras de Abraham Lincoln ainda soam verdadeiras para nós um século e meio depois, apesar de sua educação formal não ter completado um ano inteiro. De fato, parece que algumas pessoas nascem talentosas — ou, como Warren Buffett gosta de dizer acerca de seu conhecimento sobre investimentos, ele teve a sorte de ter ganhado na loteria da vida.

Você pode ter vindo ao mundo com algumas vantagens naturais, mas alcançar a excelência como líder — ir "do bom ao ótimo", como diz Jim Collins [escritor e consultor norte-americano] — requer trabalhar de forma constante por um longo período de tempo. Frequentemente, o desenvolvimento pessoal depende, e muito, de uma postura paciente e duradoura. Um líder se torna eficaz somente dominando suas próprias intenções e compreendendo seus próprios valores para, em seguida, liderar grupos cada vez maiores de seguidores. A jornada não é direta e com certeza estará repleta de tropeços, grandes e pequenos, mas liderar pode ser um dos empreendimentos mais significativos da vida.

COMO PODEMOS DEFINIR LIDERANÇA?

Quem se dedica ao estudo da liderança também discute sobre como ela deve ser definida. Isso ocorre porque a prática da liderança deriva principalmente de qualidades subjetivas de difícil mensuração, como caráter, compaixão, empatia e afins. É mais arte do que ciência. Ou como Potter Stewart, juiz da Suprema Corte, escreveu em um caso dos anos 1960, a obscenidade é difícil de definir, mas "eu reconheço quando a vejo". Ou talvez a liderança possa ser comparável ao jazz: a arte está, como sugeriu Miles Davis, em tocar o silêncio entre as notas.

Ao todo, os estudiosos da área encontraram mais de duzentas definições de liderança. Muitas se assemelham. Parte delas toca na capacidade de inspirar os outros. Ronald Reagan, por exemplo, pensava que um grande líder é "aquele que leva as pessoas a fazer as melhores coisas". Já para uma escola de pensamento ligeiramente diferente, a ênfase está na natureza altruísta dos líderes. Lao-Tzu disse: "Um líder é melhor quando as pessoas mal sabem que ele existe; quando o trabalho dele chegar ao fim, seu objetivo alcançado, eles dirão: nós mesmos o fizemos". Também Nelson Mandela ponderou ser melhor capacitar os outros, liderando com discrição e permitindo que eles celebrassem os frutos do trabalho que realizaram. Outras definições se concentram em traços pessoais, comuns entre eles, como coragem, visão e integridade. Hoje, há uma escola de pensamento surgindo em torno da ideia da falta de liderança — um conceito que realça a ação coletiva e papéis compartilhados, em substituição a um único indivíduo guiando as massas. Voltaremos a esse assunto nas próximas páginas.

No entanto, para mim, a definição que acho mais convincente, e que uso nas salas de aula, é de Garry Wills, autor, historiador e vencedor do Pulitzer. Em um livro escrito há um quarto de século, *Certain Trumpets: The Nature of Leadership*, ele apresentou esboços biográficos de líderes, avaliando como os seguidores moldam os seus. Levando em conta as diferenças, Wills chegou a esta definição de líder: "Aquele que mobiliza os demais rumo a um objetivo compartilhado por líder e seguidores".

Tradicionalmente, os estudiosos têm como ponto pacífico três elementos principais para a liderança: o líder, os seguidores e o contexto. Cada um é importante. Na maior parte do tempo, nosso foco são os líderes, negligenciamos os seguidores. Mas, como Garry Wills reconhece, as qualidades dos seguidores têm forte influência no sucesso dos líderes. Por exemplo, a Revolução Francesa e a Revolução Americana buscaram fortalecer a liberdade de seus povos e ambas ocorreram relativamente ao mesmo tempo na história. Por que, então, a Revolução Americana foi bem-sucedida e a Francesa não? Thomas Jefferson acreditava que os norte-americanos tinham, de antemão, uma longa experiência em autogoverno, ao passo que o povo francês vivia sob o domínio da monarquia e da igreja. Os norte-americanos, ao contrário dos franceses, estavam culturalmente prontos para serem independentes. Uma ex-colega minha, Barbara Kellerman, é autora de um livro valioso sobre seguidores. Recomendo.

Da mesma forma, o contexto no qual um líder se encontra também exercerá influência naquilo que ele pode fazer. Em seus estudos recentes sobre liderança, o cientista político Joseph Nye assinalou que, em 1939, Winston Churchill estava liquidado como líder. O público britânico se apegava às esperanças de um acordo negociado com a Alemanha e via Churchill como impulsivo e militarista. Passado um ano, com os nazistas marchando pela França e ameaçando invadir a Grã-Bretanha, Churchill era visto como salvador. O contexto mudou, incitando-o a agir.

Eu ofereceria um acréscimo à visão tradicional de que líder, seguidores e contexto são os três pilares fundamentais da liderança. Pela minha experiência em várias Casas Brancas, há sempre um quarto elemento: os objetivos. Um líder terá muito mais êxito se as metas que escolher forem viáveis e alinhadas aos valores e aos interesses de seus seguidores. Nos primeiros anos de Reagan, por exemplo, seu chefe de gabinete, Jim Baker, qualificava os objetivos de um presidente em três tipos: fácil, difícil e difícil, mas factível. Os fáceis, dizia ele, deveriam ser deixados por conta dos departamentos; os difíceis deveriam amadurecer; e os difíceis, mas factíveis são as metas ambiciosas que devemos abraçar. Esse modo de ver foi a chave para o sucesso de Reagan. Metas de peso como a reforma maciça da Previdência Social e a reforma do sistema tributário — ambas exigindo participação bipartidária significativa — vieram a definir seu mandato. Outros presidentes se esforçaram demais e fracassaram. É vital encontrar um equilíbrio, caso queira deixar um legado positivo.

RESISTÊNCIA VERSUS PADRÕES EM EVOLUÇÃO

É fascinante, olhando em retrospectiva, verificar como a liderança evoluiu ao longo dos séculos. Um tópico importante deste livro é que a capacidade de adaptação a um cenário em rápida transformação é uma das habilidades mais relevantes que um líder precisa ter hoje. Até Benjamin Franklin, o mais inovador dos pais fundadores dos EUA, poderia estar perdido na cultura atual de globalização e digitalização.

Todavia, olhando mais de perto, parece igualmente importante — talvez ainda mais importante — para um líder também adotar padrões que perduram há mais de 2 mil anos. Sabemos que o caráter pessoal era um fator crucial para a liderança já nos tempos da Grécia e Roma clássicas. Na Antiguidade acreditava-se, como agora, que os valores e os pontos fortes internos de uma pessoa eram os principais determinantes de sua capacidade de praticar a liderança baseada em princípios. Em pé de igualdade quanto à essencialidade estão a coragem e a honra. Ler Marco Aurélio e Plutarco é aprender o máximo possível sobre liderança em qualquer texto dos tempos modernos.

Eu seria descuidado se não relembrasse aqui uma noção inabalável de liderança no imaginário norte-americano: a de um homem forte e destemido montando um cavalo branco e salvando seus seguidores de um desastre iminente. Dizem que Richard Nixon teria assistido ao filme *Patton - Rebelde ou Herói* nada menos que nove vezes. Ele adorava a figura de um líder ousado incitando suas tropas na véspera da batalha com palavras de baixo calão. O general MacArthur também se valeu dessa tradição, assim como Donald Trump, em suas campanhas presidenciais.

Na verdade, quando o cenário político obscurece, as nações democráticas muitas vezes recorrem, e às vezes necessitam, de alguém de forte e ostensiva personalidade. É o caso de Churchill em maio de 1940. Mas, ao longo dos anos, os estudiosos deixaram de lado indivíduos assim e se voltaram para líderes que são parceiros colaborativos e bem-vindos. No lugar de uma figura solitária e singular ponderando sobre uma decisão a tomar, uma ilustração favorita de Barack Obama na noite em que Bin Laden foi capturado mostra-o na Sala de Crise cercado por meia dúzia de conselheiros. Encontraremos repetidos exemplos de liderança colaborativa nas próximas páginas.

Aliás, ao longo deste livro você encontrará esboços de líderes cujas vidas lançam luz sobre a arte e a aventura da liderança. Nesse espírito, vejamos as vidas de três líderes contemporâneos que corroboram a ideia de que, não obstante a evolução dos padrões, os valores que tanto estimamos têm-se conservado no passar dos séculos. Observamos que cada líder teve que se adaptar ao contexto de sua época, recorrendo a diversas estratégias para obter sucesso. Porém, igualmente, percebemos semelhanças impressionantes na maneira como eles pensavam e agiam. Convém ressaltar que, na condição de líderes, eles compartilhavam muito dos mesmos valores básicos.

Liderança por Convicção e Humildade

Em Pike County, Alabama, a maioria das pessoas era pobre, os negros norte-americanos ainda colhiam algodão e as memórias da escravidão permaneciam frescas quase oito décadas após a Emancipation Proclamation —proclamação presidencial que deu início à abolição da escravidão. Esse foi o mundo em que Robert John Lewis nasceu em 1940. É difícil imaginar que, um dia, um importante historiador de nosso tempo, Jon Meacham, escreveria sobre aquela criança: "Ele foi tão importante para a fundação de uma moderna e multiétnica América dos séculos XX e XXI como Thomas Jefferson, James Madison e Samuel Adams foram para a criação da república no século XVIII".

A família de Robert John Lewis — ele adotou o nome de John mais tarde na vida — tem suas raízes profundamente fincadas no solo do Alabama. Seu bisavô era meeiro, assim como seus descendentes; ele havia nascido na escravidão décadas antes e, apesar da emancipação, logo se viu vítima do racismo, das leis e regulamentos estaduais e locais que impunham a segregação racial. John cresceu ajudando sua família no campo. Lá, viu sua mãe trabalhar para ganhar US$1,40 por 180 kg de algodão — cerca de dois dias de labuta. Em 1944, o pai de John havia economizado dinheiro suficiente para comprar um pequeno lote de terra. "Trabalhar para outra pessoa todos os dias e depois ter uma coisinha que você poderia chamar de sua certamente faria você se sentir bem", disse a mãe de John. Talvez tenha sido naqueles primeiros momentos que John percebeu a importância da perseverança e quão doce um pouco de liberdade poderia ser.

Quando não estão nos campos, algumas das melhores lembranças de infância de John são de seu envolvimento com a congregação religiosa Dunn's Chapel A.M.E. Ele pensou que se tornaria pregador e começou a praticar por conta própria. Lewis disse que quando seus pais lhe pediram para cuidar dos animais de criação da família, "eu literalmente comecei a pregar para as galinhas. Elas se tornaram membros desse tipo de igreja invisível ou, como talvez você queira chamá-la, de igreja real". Às vezes tentava fazer batismos e realizava funerais para pintinhos que haviam morrido, lendo as Escrituras em voz alta e orando pelos que se foram. Nem sempre deu muito certo para as galinhas. Quando ele tinha 5 ou 6 anos, um batismo deu errado. Ele receou ter segurado uma galinha por muito tempo debaixo d'água, afogando-a enquanto tentava salvar sua alma. Por sorte, a galinha "ressuscitou" após alguns minutos ao sol e, ligeira, se afastou. Tais experiências ajudaram John a se tornar um pregador melhor? Imagino que sim. Com aquelas galinhas, ele aprimorou sua habilidade de persuasão, desenvolveu um senso de empatia e compreendeu melhor as Escrituras.

Outras lembranças de John não eram assim tão róseas. Ainda que adorasse a escola, ele ia para lá em ônibus segregados e desgastados pelo uso, e via as placas SOMENTE PARA BRANCOS. Sabia que a segregação e suas leis estavam erradas. As injustiças ficaram ainda mais flagrantes em um verão, quando visitou parentes no norte do Estado de Nova York. Lá, ele tinha liberdade de ir a uma loja e fazer compras ao lado de pessoas brancas, andar de escada rolante e ver bairros cheios de gente de todas as origens. Então começou a entender o quão opressivo era seu Estado natal.

Em 1956, aos 16 anos de idade, John começou a formar seus próprios valores. Certo dia, ele por acaso estava sentado ao lado do rádio quando o Dr. Martin Luther King Jr. fez um discurso empolgante. As palavras de King levaram Lewis, de muitas maneiras, ao que ele próprio pensava: King propunha entrelaçar fé e protesto não violento para tornar o mundo mais igualitário. "Quando ouvi a voz dele", disse Lewis, "senti que falava diretamente comigo. A partir daquele instante, decidi ser igual a ele". John Lewis havia encontrado seu modelo e mentor.

Inspirado pelas atitudes dos líderes do movimento ao redor, Lewis começou a ouvir um chamado — um chamado à ação. Ele foi para Nashville para estudar gratuitamente no Seminário Teológico Batista Americano; estudante disciplinado, adotava cada vez mais o evangelho social de King. Aos 19 anos, juntou-se a um grupo de colegas que entrava na loja de departamentos Harvey's, em Nashville, onde se sentaram em um balcão de almoço segregado. O gerente da loja pediu-lhes que saíssem, o que fizeram, mas continuaram a protestar pacificamente em Nashville dia após dia. Naquele fevereiro de 1960, foram avisados que, se continuassem, seriam atacados por grupos violentos de pessoas brancas. Não desistiram. Lewis sentou-se no Woolworth's e foi imediatamente confrontado, atingido nas costelas e jogado no chão. Em vez de prender os vigilantes, a polícia prendeu Lewis por "conduta desordeira". Não resistiu, mas foi levado até a viatura policial cantando o hino do movimento pelos direitos civis: "We Shall Overcome" ["Venceremos", em tradução livre].

O prefeito soltou os manifestantes, mas isso não acalmou os ânimos. As notícias das ações do movimento começaram a se espalhar por todo o país. Lewis, aos 20 anos, estava cada vez mais na vanguarda do movimento dos direitos civis. Os confrontos ficaram mais frequentes quando os manifestantes realizaram um boicote completo às lojas de Nashville e agitadores brancos jogaram dinamite na casa de um advogado da NAACP [Associação Nacional para o Progresso de Pessoas Negras, na sigla em inglês]. Depois de uma marcha de 5 mil pessoas, o prefeito de Nashville cedeu e aboliu a segregação nos balcões de almoço da cidade. Lewis estava experimentando sua primeira vitória pela não violência. As contusões que sofreu, as noites na prisão, sua exposição de racismo profundo eram insígnias de honra.

O resto da história é familiar aos norte-americanos da era dos direitos civis. Lewis e um companheiro quase morreram quando um gerente os trancou em seu restaurante em Nashville e espalhou inseticida tóxico por toda parte. "Eu não tinha pressa de morrer", disse Lewis mais tarde, "mas estava em paz com a perspectiva disso". Como as manifestações continuaram a suscitar respostas violentas, Lewis foi preso e espancado inúmeras vezes. Ele se tornou um dos treze Freedom Riders ["Viajantes da Liberdade", em tradução livre] originais que foram para o sul testar a obediência às decisões da Suprema Corte em dois importantes casos.

Com apenas 25 anos de idade, seus feitos eram impressionantes. Ele se tornou o rosto de uma geração de jovens líderes que adotaram a não violência e se recusaram a aceitar o racismo sistêmico. Em rápida sucessão, Lewis ajudou a fundar e depois liderou o Comitê de Coordenação de Estudantes Não Violentos (SNCC, na sigla em inglês); ajudou a organizar e foi o orador final na famosa Marcha sobre Washington, em 1963; no ano seguinte, liderou a marcha sobre a ponte Edmund Pettus, em Selma, onde levou uma violenta pancada na cabeça que o deixou inconsciente; e participou de reuniões entre líderes dos direitos civis e os presidentes Kennedy e Johnson que levaram à promulgação da Lei do Direito ao Voto de 1965. Lewis foi preso cerca de quarenta vezes — tudo isso antes de iniciar uma segunda carreira como líder do Partido Democrata na Câmara dos Deputados. Lá, serviu durante 33 anos.

Humilde e de fala geralmente suave, John Lewis era um líder por convicção. Sua coragem e comprometimento não têm paralelo em sua geração. Para John, tal como para qualquer grande líder, a vida foi dedicada a uma causa muito maior do que ele. Ele não foi motivado por interesses ou ambições pessoais, mas pelos de seus semelhantes. "John não apenas o seguiria até a cova dos leões", disse um colega manifestante, "ele o levaria até lá". Morreu como herói nacional.

Liderança por Coragem e Ambição

Ao longo dos mesmos anos em que Lewis consolidava seu compromisso com a não violência, uma jovem estudante de Direito promovia suas próprias lutas. Ruth Bader Ginsburg não enfrentou protestos sangrentos como Lewis, mas durante a vida toda encontrou resistência feroz por batalhar para alcançar direitos iguais para as mulheres. Quando jovem, Ginsburg não era um ícone — como tantos outros líderes, ela parecia destinada à obscuridade. Porém, assim como eles, uma férrea determinação e enorme vontade interior lhe serviram de trampolim para a grandeza.

Bem antes de se tornar uma jurista aclamada nacionalmente, Ruth Bader era uma estudante aplicada do Brooklyn, em Nova York. Desde cedo, sua mãe, Celia, incentivou a filha a "amar aprender, se importar com as pessoas e trabalhar duro". Esperando que Ruth fosse para a faculdade, a levava para a biblioteca do bairro; lá, Ruth se debruçou sobre clássicos como *Mulherzinhas* e *O Jardim Secreto*. Mais tarde, quando Ruth chegou à James Madison High School, seu apetite intelectual lhe abriu as portas para o sucesso em todos os campos — popular e excelente aluna, ela estava à vontade na orquestra e na equipe de ginástica artística.

A vida na casa dos Bader nem sempre foi fácil. Enquanto se desdobrava para atender a seus muitos compromissos, Ruth observava silenciosamente a batalha perdida de sua mãe contra o câncer de colo do útero. Depois da escola, todos os dias, Ruth visitava sua mãe no Hospital Beth Moses; levava uma hora no trajeto e jantava antes de voltar para casa. Quatro anos após o diagnóstico, Celia não resistiu mais à doença. A tristeza do marido foi tamanha que ele teve que fechar as portas de sua loja de varejo, e a Ruth coube arranjar um novo lugar para ele morar. Na época, ela tinha apenas 17 anos. Não obstante o custo emocional da doença e a morte de sua mãe, ela confinou seus sentimentos em algum canto dentro de si mesma e não deixou que seu desempenho acadêmico ou extracurricular fosse comprometido. Sua mãe havia incutido nela a importância de uma educação de primeira, e Ruth queria deixá-la orgulhosa. Foi o que fez. O sucesso de Ruth em administrar tudo em tempos difíceis seria um desafio para qualquer pessoa, ainda mais para uma jovem, mas de alguma forma ela conseguiu, preparando-se para tempos ainda mais difíceis à frente.

Essa garra se tornaria uma característica de Ginsburg quando ela se deparou com desafios aparentemente insuperáveis, um após o outro. Ruth foi para Cornell, matriculando-se como estudante de graduação. Naquela época, os homens tendiam a buscar educação e as mulheres eram encorajadas a buscar um diploma de senhora fulana de tal. Felizmente, Ruth se destacou academicamente e teve a sorte de conhecer seu futuro marido, Marty. Alguns anos mais tarde, quando os recém-casados Ginsburg começavam a formar sua família, Ruth seguiria os passos do marido e se matricularia em Harvard, na faculdade de Direito. Caloura — era uma de apenas nove mulheres em uma turma de cerca de quinhentos alunos —, ela tinha em casa uma filha de 14 meses e seu amado Marty, que estava um ano à frente dela. Em meio a esse tumulto todo, coube a Ruth fazer a revista jurídica *Law Review*.

No segundo ano dela na faculdade de Direito, a vida piorou drasticamente quando Marty foi diagnosticado com câncer testicular. Na época, a quimioterapia ainda não estava disponível, então ele precisava de doses maciças de radiação. De repente, Ruth mais uma vez passou a enfrentar sérios desafios familiares, desta vez como mãe, esposa e estudante de graduação. Durante o tratamento de Marty, enquanto cuidava do próprio trabalho, Ruth reuniu colegas e amigos da escola para fazerem as anotações das aulas para ele. Depois que a filha ia dormir, Ruth ficava na mesa de jantar a maior parte da noite, estudando suas matérias e também datilografando o trabalho do terceiro ano de Marty. Mais uma vez, suas habilidades pareciam quase ilimitadas conforme progredia academicamente — os colegas da *Law Review* não notaram nenhuma mudança em seu trabalho, até dizendo que não sabiam da doença de seu marido — ao mesmo tempo que ela continuava priorizando a saúde e a felicidade de seus entes queridos.

Cumpre-me observar que, depois de estudar a vida de muitos líderes, meus alunos sempre classificam o denodo de Ruth durante aqueles dias sombrios como os mais memoráveis — e mais admiráveis — que já viram. Ela se tornou uma fonte de constante inspiração.

Quando cursava o terceiro ano da faculdade de Direito, Ruth se transferiu para Columbia para ficar perto de Marty, que havia conseguido um emprego em Nova York. Ao se formar, aos 26 anos, ela havia superado duas amargas experiências. Os próximos anos não seriam mais fáceis, pois ela entrou em uma profissão ainda dominada por homens brancos. Ela terminou no topo de sua classe, mas não recebeu uma única oferta de emprego. (Sandra Day O'Connor experimentou uma discriminação semelhante quando se formou como a melhor de sua turma em Stanford.) Ginsburg, por fim, conseguiu um cargo de assistente com o juiz federal Edmund L. Palmieri, mas não sem alguma pressão dos bastidores de um professor de Direito. Ao começar, ela mais uma vez provou sua ética de valor impecável e construiu um forte relacionamento com o juiz. Falando de seu tempo gasto no escritório, Ginsburg disse que "ficava até tarde às vezes quando era necessário, às vezes quando não era necessário, vinha aos sábados e levava trabalho para casa."

A cada nova virada de sua carreira, Ginsburg abordava seu trabalho como um compromisso com a excelência. Após sua passagem como assistente, a diretora do Projeto de Procedimentos Internacionais da Columbia Law School pediu a ela que aceitasse ser pesquisadora associada em um livro sobre o sistema jurídico sueco. Ela encarou o trabalho de frente, aprendeu sueco em ritmo acelerado e acabou sendo promovida. Seu chefe disse mais tarde sobre a juíza: "Ruth é basicamente uma pessoa reservada, quieta, mas com uma determinação ímpar. Quando ela decide fazer algo, o faz e soberbamente."

Alguns anos depois, sendo uma das duas professoras de Direito em Rutgers, ela teve um filho, seu segundo, sem perder o ritmo no trabalho. De fato, ela escondeu a gravidez até o último minuto e voltou rapidamente da licença-maternidade, retornando ao trabalho em horário integral. Nesse meio tempo, seu sogro sofreu um acidente de carro e se mudou para a casa de Ginsburg. Ruth ficou exausta, mas novamente não se abateu. Se não tivesse essa fortaleza interior, duvido que o mundo tivesse ouvido falar dela.

Esses eventos todos aconteceram antes de Ginsburg começar sua ascensão à liderança na profissão, em particular no avanço dos direitos das mulheres. Cofundadora do Projeto de Direitos da Mulher, da ACLU [União Americana pelas Liberdades Civis, na sigla em inglês], ela rivalizou em muitos aspectos com o papel de liderança que Thurgood Marshall havia desempenhado na NAACP com relação aos direitos civis dos negros norte-americanos. Não tardou para ser nomeada para um cargo de juíza no Tribunal de Apelações dos EUA, em D.C. Em seguida, lhe foi oferecida uma cadeira na Suprema Corte pelo presidente Clinton. Eu estava trabalhando para o presidente na Casa Branca na época e lembro bem quantos homens e mulheres ilustres se uniram para sua nomeação; o próprio Clinton ficou imensamente impressionado. Os longos anos dedicados a liderar o país em prol dos plenos direitos das mulheres foram fundamentais para essa nomeação, dando-lhe sustentação para mudar uma nação. Ruth primeiro se transformou; depois, começou a transformar o país.

A presença de Ginsburg na Suprema Corte continuou a solidificar o lugar das mulheres na advocacia. Contudo, seriam suas ações na Suprema Corte que consolidariam seu lugar na história dos EUA como tenaz defensora da igualdade e da dignidade humana. Seu histórico na Corte inclui decisões que estabelecem precedentes sobre igualdade de oportunidades, acesso a cuidados reprodutivos e dissidências implacáveis diante de quaisquer desafios ao direito de escolha de uma mulher. Em sua audiência de confirmação, ela declarou: "A decisão de ter ou não um filho é fundamental para a vida de uma mulher, seu bem-estar e dignidade... Quando o governo controla essa decisão, ela está sendo tratada como menos do que um ser humano totalmente adulto responsável por suas próprias escolhas."

Apelidada de "contrapeso do Supremo Tribunal" por seu amigo e colega conservador, o falecido juiz Antonin Scalia, Ginsburg não tinha receio de discordar quando reconhecia uma injustiça. A despeito de se constituir na opinião minoritária, essas palavras de desavença eram tão impactantes quanto qualquer decisão. Por exemplo, ela discordou fervorosamente contra a maioria em *Ledbetter v. Goodyear Tire* (2007), no qual uma mulher do Alabama abriu um processo para receber pagamentos atrasados por conta dos anos de discriminação salarial que ela havia enfrentado, uma vez que seus colegas homens foram remunerados significativamente a mais realizando o mesmo trabalho.

Embora o processo na Suprema Corte tenha sido indeferido, as palavras de desacordo de Ginsburg foram acatadas pelo Congresso dos EUA por meio de uma legislação conhecida como Lily Ledbetter Fair Pay Act, de 2009.

De fato, enquanto atuava como juíza da Suprema Corte até sua morte em 2020, Ginsburg foi um pilar do bloco liberal da mesma, protegendo os direitos das mulheres, defendendo ações afirmativas e direitos iguais de voto, e eliminando barreiras legais à igualdade. Na verdade, mesmo antes de ser juíza federal, Ginsburg havia argumentado notoriamente diante da Suprema Corte que a discriminação de gênero prejudica não apenas as mulheres, mas também os homens: em *Weinberger v. Wiesenfeld* (1975), ela pediu para a Corte derrubar uma disposição da Segurança Social que vedava aos viúvos o recebimento de pensões por morte do cônjuge. Suas realizações no campo da igualdade de direitos são incontáveis, mas seu impacto na sociedade certamente será interminável. Olhando de uma forma geral, a posição de Ginsburg quanto à discriminação de gênero e seu trabalho na linha de frente e nos bastidores, simultâneos à sua luta incansável em direção a um futuro mais justo, demonstra verdadeira liderança por coragem e ambição.

Liderança por Caráter e Honra

Refletir sobre as últimas décadas na política norte-americana é um exercício desalentador. É preciso recuar até a Guerra Civil para identificar uma divisão tão profunda da população do país. Os representantes eleitos do povo nunca estiveram tão entrincheirados em suas posições e as pessoas se prendem a uma lealdade cega ao longo de linhas partidárias, muitas vezes sem vontade de reconhecer o oponente do outro lado. O que na virada do século XXI começou como cooperação pouco frequente, culminou em um cenário no qual muitos representantes do povo estão dispostos a sacrificar seus próprios ideais — e os de seu país — a favor do partido ou da ideologia.

Enquanto a atmosfera se toldava em face da crescente agressividade, um homem se diferenciava por ser amplamente respeitado por ambos os lados. Conservadores convictos e liberais progressistas o elogiavam por seu caráter e compromisso com o país. Estamos falando, é claro, de John Sidney McCain III.

John nasceu na Base Militar de Coco Solo, na região do Canal do Panamá, em uma família com vínculos militares profundos: seu pai, John Jr., era tenente na época e seu avô, John "Slew", era um almirante quatro estrelas da Marinha. O McCain que passamos a estimar em nossa memória nacional — o prisioneiro de guerra do Vietnã que sofreu cruelmente em cativeiro e voltou para casa para servir honrosamente na Câmara e no Senado dos EUA até o dia em que morreu — pode parecer o descendente natural de dois heróis militares longevos. Alguém poderia imaginar que um jovem McCain, bem educado e inspirado pelos mais velhos, entrou rapidamente na fila, preparando-se adequadamente para os anos que antecederam o serviço.

A realidade, todavia, afastou-se por inteiro dessa idealização. O jovem McCain não era o queridinho de nenhum professor. Na escola, muitas vezes carecia de motivação. No ensino médio, na Episcopal High School, ele era conhecido por ocasionalmente brigar ou fazer uma excursão ilícita à vizinha Washington, D.C. Apesar de seus excessos de estudante, McCain levava um assunto extremamente a sério: honra. Na época em que praticava futebol americano, um dos jogadores da equipe se recusou a assinar um compromisso de treinamento e passou a faltar aos treinos. Seus companheiros queriam expulsá-lo do time, mas McCain se levantou e disse que o rapaz não havia feito nada de errado. Sempre um espírito independente, McCain fez ver que o menino nunca havia assinado o compromisso e, portanto, nunca quebrou sua promessa à equipe. Creio que ele já era um orador talentoso, pois seu treinador ouviu as ponderações e não puniu o faltoso.

Ao longo da vida, McCain deixou um rastro de maus comportamentos e situações problemáticas. Sua natureza rebelde o seguiu até a Academia Naval. Lá, acumulou tantos deméritos que seus colegas pensavam que poderia ser expulso. Em vez disso, ele cumpria suas penas, e uma vez brincou que, nelas, havia marchado o suficiente nos fins de semana para caminhar "até Baltimore e voltar muitas vezes". Mas ele se formou raspando em 1958, ficando em quinto lugar de baixo para cima em sua classe de 899 pessoas.

Apenas nove anos depois, os Estados Unidos se encontravam em meio a um conflito com o Vietnã do Norte, e McCain foi enviado para combater pilotando Skyhawks A-4. Durante os meses em que esteve em missões de combate, houve uma ocasião que moldaria para sempre sua vida. Com o jato sobre Hanói atingido e forçado a se ejetar, quebrou os dois braços e uma perna no procedimento. Seu paraquedas caiu em um lago e alguns norte-vietnamitas o puxaram para a margem; golpeado por uma baioneta na virilha, seus ombros esmagados pela coronha de um rifle, foi conduzido à prisão de Hoa Lo — mais comumente chamada de prisão "Hanói Hilton". Deixado, em grande parte, sem receber tratamento, perdendo e voltando à consciência, seu peso caiu para quase 45 quilos; os companheiros prisioneiros de guerra não achavam que ele sobreviveria.

Vários meses depois de tê-lo como prisioneiro, os norte-vietnamitas souberam que ele era filho de um almirante quatro estrelas encarregado da Frota do Pacífico. O vietcongue decidiu oferecer-lhe liberdade antecipada; apesar de meses à beira da morte, McCain recusou. Ele não violaria o Código de Conduta para Prisioneiros de Guerra, segundo o qual a libertação deveria seguir a ordem da captura. Pouco tempo depois, seus algozes, irritados com sua recusa em ser libertado, o espancaram e o torturaram por quatro dias seguidos. Na quarta vez, ele cedeu, fazendo uma falsa confissão de que era um "criminoso negro" e um "pirata aéreo". Tomado pela culpa, os dias seguintes foram de pura tortura emocional. Mais tarde, ele escreveu: "Senti-me desleal e não consegui controlar meu desespero... Perdi todo meu orgulho." Seus companheiros de prisão sabiam que sua confissão nada tinha de verdadeiro; décadas depois, quando fitas gravadas com a confissão foram divulgadas, muitos prisioneiros de guerra defenderam McCain contra aqueles que o depreciaram, enfatizando os grandes sacrifícios que ele fez por seus compatriotas.

Finalmente, em 1973, McCain foi libertado junto com seus companheiros norte-americanos — na ordem em que foram capturados. Ele voltou para casa carregando a dor de uma prisão de cinco anos e meio. Os sofridos períodos de prisão dos norte-americanos capturados no Vietnã foram os mais longos de todos os prisioneiros de guerra da história dos EUA. Mesmo assim, o senso de independência, a honra e a paixão interior de McCain permaneceram intactos. Ele tinha apenas 37 anos de idade quando pisou novamente em solo norte-americano, pronto para lançar seu próximo capítulo do serviço público.

A ascensão política de McCain é uma história bem conhecida. O jovem veterano deu início à lide política como contato da Marinha com o Senado, função que lhe permitiu construir amizades duradouras com jovens senadores de ambos os lados do espectro partidário. Ao ser reprovado em um exame físico em 1980, aposentou-se oficialmente da Marinha, concorrendo e ganhando seu primeiro assento no Congresso logo depois, representando o Estado do Arizona. Ele teve problemas legais durante o escândalo de poupança e empréstimo em meados da década de 1980; foi acusado, ao lado de outros quatro senadores, de interferir em uma investigação de normas bancárias federais que envolvia Charles Keating, um amigo de longa data e doador de campanha. McCain, no entanto, rapidamente reconheceu e aceitou a responsabilidade por seus erros. Grande parte dos eleitores o perdoou. Ainda que muitas vezes tenha sido a voz de seu partido — culminando em sua indicação republicana à presidência em 2008 — McCain manteve, no cargo, sua honra e integridade, curvando-se apenas às suas próprias crenças e compromisso com o país.

Como Michael Lewis apontou em "The Subversive", McCain não dava muita atenção às normas da capital federal ou à postura política. Certa vez, quando atuava como presidente da Comissão de Comércio, McCain precisou sair mais cedo de uma audiência. Sussurrou alguma coisa no ouvido do democrata Ernest Hollings e deu-lhe o martelo. Hollings disse a McCain: "John, eu ficaria muito feliz em aceitar, mas alguns de seus colegas podem se opor", ao que McCain respondeu: "Que se dane". Ele tratava seus colegas da oposição tal como o fazia com seus aliados mais próximos. Seu histórico legislativo demonstrava isso: pioneiro na aprovação da reforma bipartidária das finanças de campanha, exigiu tratamento humano aos prisioneiros e, o mais memorável, vetou a "revogação e a substituição" republicanas do Obamacare [legislação sobre saúde pública] nas últimas horas da noite, um de seus últimos atos de independência.

O essencial em John McCain é que ele era um homem de honra, honestidade e decência. Tinha, certamente, um lado rebelde e, voltando do Vietnã, não era nenhum anjo. Mas sempre procurou permanecer fiel a si mesmo e à sua palavra. Ele também era o primeiro a admitir seus erros e equívocos: durante sua campanha presidencial de 2000, recusou-se a condenar o hasteamento de uma bandeira confederada na Carolina do Sul, mas, refletindo, voltou ao Estado para se desculpar. Um ato notável foi quando uma mulher, em um de seus comícios de 2008, criticou Obama como sendo um "árabe"; McCain intercedeu para dizer que ela estava errada. O mais importante: ele era um homem de palavra e promessas. Desde aqueles dias no time de futebol do ensino médio até o Hanói Hilton e seu voto para manter milhões em seu seguro saúde, McCain manteve suas convicções e trouxe honra para aqueles a quem serviu. Morreu como um herói norte-americano, não por sua política, mas por seu caráter firme e franqueza na vida pública — valores antiquados que provaram ser ainda relevantes para os líderes de hoje.

ONDE AS JORNADAS SE CRUZAM

Lewis, Ginsburg e McCain são fruto de todas as esferas da vida — diferentes formações, políticas, experiências e objetivos. Também há entre eles, contudo, semelhanças definidoras em seus anos de passagem para a maioridade que os prepararam para uma vida de serviço e liderança. Esses pontos em comum são recorrentemente encontrados ao explorarmos o desenvolvimento de jovens líderes. Entre eles, se destacam:

Cada Um Ouviu um Chamamento para a Vida Pública

McCain, nascido em uma família com histórico militar, compreendeu o significado de se entregar à sua nação e a seus ideais. Após 23 anos na Marinha, assumiu um tipo diferente de serviço: 36 anos no Congresso dos EUA. Lewis horrorizou-se com a opressão aos negros neste país; quando seu trabalho como ativista diminuiu, também assumiu uma segunda carreira na Câmara dos Deputados. Quando Ginsburg decidiu seguir uma profissão dominada por homens, passou a entender o quão crucial era a igualdade de tratamento entre os gêneros. Cada um desses líderes deixou de perguntar o que queria da vida e começou a perguntar o que a vida queria deles.

Suas Jornadas para a Liderança Começaram Cedo

Não obstante ainda estivesse aprendendo a autodisciplina, McCain, aos 20 e poucos anos, tornou-se um líder informal de sua turma da Academia Naval ao se posicionar contra os abusos cometidos contra os calouros por veteranos. Não temia confrontar aqueles com mais poder do que ele. Lewis tinha apenas 19 anos quando começou a organizar protestos em Nashville. Aos 30 anos, Ginsburg dava início à sua carreira como uma das primeiras professoras de Direito em Rutgers. Embora cada um continuasse a se engrandecer com o passar dos anos, já havia em todos os três no começo da idade adulta a promessa de liderança, algo que viria a defini-los mais tarde na vida.

Cada um Teve de Invocar sua Coragem Interior

A jornada de cada um foi ousada; às vezes, até bem perigosa. Lewis foi frequentemente espancado e teve sorte de sobreviver ao ocorrido na ponte Edmund Pettus. Depois de abatido no Vietnã, McCain suportou anos de dor, sofrimento e tortura no Hanói Hilton. Ginsburg, embora não enfrentasse perigo físico, manteve-se altiva ao entrar em um mundo em que as mulheres não tinham espaço.

Todos Tropeçaram, mas se Ergueram mais Fortes

Lewis foi logo nocauteado, mas se recusou a mudar de rumo e, por fim, prevaleceu. Ginsburg, apesar de se formar como a melhor de sua turma, lutou bastante para garantir uma única oferta de emprego após concluir a Columbia Law School. McCain, no início de sua carreira naval, estabeleceu uma reputação festeira e de imprudência, mas acabou se tornando um modelo para os jovens.

Cada um Definiu e Adotou Valores Centrais Logo Cedo

Todos os três obtiveram reconhecimento além dos seus êxitos em campo. Eles foram reconhecidos pelos valores que vieram a incorporar, ou seja, Lewis, por sua dedicação à causa e humildade, e uma abordagem de fala tranquila que mascarava sua vontade de ferro; Ginsburg, por sua ambição e perseverança diante de repetidos obstáculos; e McCain, por sua inabalável decência e franqueza. Em geral, no princípio, há na ação dos líderes um excesso de narcisismo, mas o que separa o ruim do bom é que este conquista uma lealdade profunda e permanente de sua equipe, comunidade e missão. Lewis, Ginsburg e McCain dotaram esse senso de ambição pelos outros.

Cada um Encontrou o Verdadeiro Norte

Por meio de suas lutas, cada um desses líderes definiu seus valores, mas não só isso. Eles descobriram também uma bússola moral interna que os ajudou a navegar por águas turbulentas — fazendo escolhas difíceis e complexas, permanecendo fiéis a seus valores e seguidores. Desde o dia em que defendeu seu companheiro de time de futebol, McCain estaria vinculado à sua honra e a não estar disposto a se curvar aos interesses daqueles que o rodeavam. Lewis manteve os olhos em sua estrela-guia por mais de meio século. Ginsburg, já em seus primeiros dias na ACLU, e até em suas últimas horas na Suprema Corte, permaneceu uma defensora ferrenha dos direitos das mulheres.

Em Essência, Eram Todos Idealistas

Alguém que queira passar a vida retribuindo aos outros precisa de uma forte dose de idealismo para se manter no curso. No caso desses três líderes, tal virtude era abundante. Todos expandiram seus horizontes e trouxeram consigo seguidores dedicados. O compromisso deles não era algo pessoal, mas com uma verdade maior. E não importava quão dura a realidade se tornasse, eles permaneciam seguindo o caminho, dispostos a não sacrificar sua visão e seus valores fundamentais. John Lewis, referindo-se à batalha por direitos iguais, disse: "Não se perca em um mar de desespero. Tenha esperança, seja otimista. Nossa luta não é a luta de um dia, uma semana, um mês ou um ano, é a luta de uma vida inteira." À sua maneira, McCain e Ginsburg também viveram por esse ideal, nunca desistindo da luta.

Em termos mais amplos, as experiências desses três líderes contemporâneos ajudam a destacar os principais temas deste livro. Os caminhos para a liderança foram diferentes para cada um deles, mas conforme envelheciam, suas jornadas internas e externas começaram a convergir. O processo de se tornar líder, como Bennis enfatizou, é de fato muito similar ao de uma pessoa alcançar a plenitude. Eles descobriram também que as formas de praticar a liderança estão mudando rapidamente e, para circular pelos baixios e seus perigos, é melhor guiar-se por uma bússola moral. Todos os três também sofreram com lutas implacáveis ao alcançar a maioridade. Ainda assim, ao olharem para trás, perceberam, assim como Oliver Wendell Holmes Jr. duas décadas após a Guerra Civil: "Em nossa juventude, graças à nossa boa sorte, tivemos nossos corações movidos pela paixão. Foi-nos dado aprender desde o início que a vida é uma coisa profunda e apaixonada".

DOIS

TORNANDO-SE O AUTOR DA SUA PRÓPRIA VIDA

É um privilégio para qualquer norte-americano trabalhar na Casa Branca. Estive lá por quatro administrações de ambos os partidos e me sinto quatro vezes honrado; se eu tiver um legado, sem dúvida começará por aí. Entretanto, minha maior satisfação na vida pública teve origem, de fato, muitos anos antes, em meus 20 e poucos anos e ainda na faculdade.

Cresci na Carolina do Norte e, em 1963, ouvi um chamado para servir de nosso novo governador democrata, Terry Sanford. Ele era o John Kennedy de nosso Estado, um líder recente e carismático que queria criar "um Novo Sul", reconhecendo e defendendo os direitos civis dos negros norte-americanos. Tocado pela mensagem, me inscrevi como estagiário em sua administração durante as férias de verão entre meu primeiro e último ano na faculdade. Pedi, e o gabinete do governador aceitou, para trabalhar em uma nova iniciativa de Terry: a criação do Conselho de Boa Vizinhança da Carolina do Norte, cujo papel público era criar conselhos compostos por ambas as raças em todo o Estado, onde os líderes negros e brancos de suas comunidades trabalhariam juntos em prol da educação pública e dos empregos. O papel de fundo do Conselho, não declarado, era ajudar a manter a paz entre brancos e negros.

Esse foi um dos pedidos mais inteligentes que já fiz. Não demorou e me apresentei para trabalhar com David Coltrane, o diretor do Conselho. Pragmático, Dave foi um agricultor que assumiu a função de diretor de orçamento do Estado. Indo direto ao ponto, havia sido um segregacionista convicto até se converter e se tornar um pioneiro declarado dos direitos civis. Adorei o homem.

Sua equipe completa consistia de um secretário. Ele me transformou em seu conselheiro-chefe de políticas, diretor de comunicações e motorista. Passei os três verões seguintes "conduzindo o Sr. Dave".* Cruzamos o Estado, indo de cidade em cidade; à noite, nos reuníamos com líderes comunitários de ambas as etnias, persuadindo-os a se sentarem juntos. Nem sempre fomos bem-sucedidos, mas eram frequentes os apertos de mãos entre eles e, com o passar do tempo, pudemos ver o ódio e a violência sendo afastados.

Sem dúvida, o maior mérito pelo progresso racial no Estado coube, e de longe, aos jovens negros norte-americanos que começaram as manifestações pacíficas anos antes em Greensboro e Nashville, marcharam e andaram de ônibus pelo sul dos EUA e foram punidos com prisão e espancamentos — jovens heróis como John Lewis. Eles não apenas derrubaram muitas barreiras contra os negros norte-americanos, mas também os muros entre os Estados pobres do sul e o resto do país.

Nossas aventuras no Conselho não eram isentas de perigo. A Ku Klux Klan era extremamente ativa em nosso Estado, principalmente no sudoeste, lar do Grand Dragon [um cargo de elevada hierarquia nessa sociedade secreta terrorista]. Um de meus melhores amigos do ensino médio — ele era branco — passava um daqueles verões como pastor associado em uma igreja frequentada por negros. Nós dois concordamos que deveríamos participar de uma reunião aberta ao público da Klan perto de Salisbury — eu para entender melhor em nome de que essas pessoas estavam tão cheias de ódio; ele, para fazer uma gravação de áudio e compartilhá-la com seus paroquianos, talvez para fazê-los se sentir menos ameaçados.

---

* Menção jocosa ao filme "Conduzindo Miss Daisy", Oscar de melhor filme em 1990, no qual Morgan Freeman faz o papel de chofer de uma senhora judia interpretada por Jessica Tandy. [N. da T.]

Dois outros amigos brancos se juntaram a nós e, assim que entramos no estacionamento ao lado do evento, notamos os primeiros sinais de problemas: os policiais estaduais que nos receberam na chegada haviam desaparecido. No lugar deles estavam homens da Klan, grandes, corpulentos e de camisa marrom, mantendo a "ordem". Quando as cruzes foram acesas, esses "seguranças" começaram a se postar ao redor de nosso pequeno grupo. Um apreendeu o gravador. Outros nos ameaçaram verbalmente. Quando a reunião terminou, ao voltar para nosso carro, havia uma grande e ameaçadora multidão em volta dele. Eles nos deixaram entrar, mas imediatamente começaram a bater nas janelas, balançar o carro, subir no teto e nos xingar. Praguejando, gritavam que nunca mais iríamos a outra reunião. Em nossa mente, vinham as imagens do que acabara de acontecer no Mississípi com James Chaney, Andrew Goodwin e Michael Schwerner, três homens valorosos — dois brancos e um negro — que foram se manifestar e desapareceram. Seus corpos, encontrados mais tarde, haviam sido espancados e torturados.

Parecia que não havia escapatória. Pedi ao amigo no volante: "Ligue o carro e comece a dirigir devagar, bem devagar, no meio da multidão. É nossa única escolha". Enquanto o carro avançava, a multidão ainda batia na lataria, nos vidros, mas gradualmente abríamos caminho. Contudo, eles rapidamente pegaram seus próprios carros e começaram uma louca perseguição por estradas escuras. Parece que uma eternidade se passou, mas eles começaram a se afastar e chegamos em segurança em casa, ainda tremendo. Se fôssemos negros, nossos destinos certamente teriam sido mais sombrios.

Tirei algumas lições daquela noite. Levante-se contra as forças da opressão, lute contra o mal, corra riscos, mas não seja temerário. Eu tinha sido temerário. Aparecer no meio de uma reunião deles era como acenar uma bandeira vermelha para um touro — era burrice. Descubra como pessoas diferentes de você vivem suas vidas, mas não brinque com elas. Não as trate como animais em um zoológico, como em nossa visita. Não há o que possa desculpar seu racismo e ódio virulentos, mas sob seus capuzes, os homens que vi naquela noite pareciam ser, principalmente, pessoas da classe trabalhadora sem sorte que procuravam por sua dignidade perdida.

Aqueles verões sedimentaram meu modo de pensar a respeito de minha própria jornada interior. Sempre tive curiosidade de saber como as sociedades e seus líderes lidam com os maiores desafios de seu tempo. Lá no fundo, eu sentia onde queria passar minha vida profissional — na arena pública, onde grandes coisas aconteciam, um local em que alguém poderia fazer uma diferença positiva. Eu não tinha certeza *de quem* eu queria ser, mas sabia *onde* queria estar.

Dei-me conta de que não é preciso estar na Casa Branca ou mesmo em Washington, D.C., para estar no centro da ação. Com o governo federal tão paralisado, a arena mudou. O poder não vem mais apenas de cima para baixo; faz, cada vez mais, o caminho contrário. Costumo dizer aos alunos interessados no serviço público que, a menos que encontrem um emprego especial em Washington, D.C., eles devem ir à procura de posições nos governos estadual e local ou em empresas sociais, organizações sem fins lucrativos ou organizações que congregam grandes contingentes de pessoas em busca de mudanças; é aí que a ação tem ocorrido nos últimos anos. Há também muita coisa a aprender ao assumir uma função em uma startup de crescimento rápido, em tecnologia ou nas artes — cada área tem suas próprias lições a oferecer. Um dia, dada a crescente pressão de jovens ativistas e do Salão Oval, espero que o governo federal volte a ser um ímã para uma geração crescente de agentes de mudança.

Olhando em retrospectiva, gostaria de pensar que o Conselho de Boa Vizinhança da Carolina do Norte desempenhou um papel modesto no avanço dos direitos civis. Mas com certeza teve grande influência em minha própria vida. Lá, jovem ainda, ouvi um chamado para o serviço — uma convocação, na verdade — e considerei o trabalho extremamente gratificante. Ele era prático e me permitia trabalhar na linha de frente, ao lado de pessoas de todas as origens; senti um propósito moral e que talvez tenha feito uma modesta diferença. Por mais que tenha sido uma bênção trabalhar na Casa Branca, fiquei mais realizado quando pude trabalhar cara a cara com pessoas à margem do centro das atenções e presenciar as mudanças acontecendo.

AUTOCONSCIÊNCIA

Meus primeiros passos como pessoa pública também me fizeram compreender outro fundamento: a liderança começa dentro de nós. Entender como o mundo funciona é importante, mas é ainda mais importante entender nosso próprio funcionamento. Como dizia o pregador Pedro Gomes, é preciso aprender a liderar a si mesmo antes de servir aos outros. Ou seja, você tem que, em primeiro lugar, lidar com sua autoconsciência e dominar a si mesmo.

Quem somos, quais são nossas crenças e o que sonhamos para o futuro é tarefa que cabe a cada um de nós descobrir. Os filósofos concordam nessa questão desde os dias da Grécia Antiga. "Conhece-te a ti mesmo", ordenou o oráculo em Delfos. "A vida não examinada não vale a pena ser vivida", disse Sócrates em seu julgamento. Discípulo de Sócrates, Platão explorou o significado da máxima de Delfos em meia dúzia de seus Diálogos.

Nos dias atuais, continuamos a nos perguntar sobre nosso propósito. Mary Oliver, em seu poema "The Summer Day", perguntou: "Diga-me, o que você planeja fazer / com sua vida impetuosa e preciosa?". Centenas, se não milhares de ensaios sobre liderança concordam que compreender claramente a si mesmo é a base sobre a qual ergue-se uma vida integrada. Porém, esses mesmos ensaios divergem sobre como chegar lá. Em minha experiência, as pessoas que alcançaram o maior grau de compreensão a respeito de seu eu interior foram "praticantes reflexivos" — aqueles que bendisseram seu amplo leque de experiências, leram a história e biografias atentamente, e dialogaram incontáveis vezes com seu eu interior, explorando maneiras de construir essa base. Detectamos, com certeza, todas essas características em Lewis, Ginsburg e McCain.

Um dos melhores ensaios sobre liderança foi publicado em 1999 por Peter F. Drucker, o principal guru da administração do século XX. Seu livro "Managing Oneself" continua sendo uma leitura obrigatória. Anos atrás, tive um encontro com Drucker; fiquei impressionado com o número de CEOs que vinham de todos os cantos do país para passar uma tarde com ele. E eles sempre voltavam a fazer isso.

Drucker escreveu que para se tornar autoconsciente, uma pessoa deve se fazer um conjunto de perguntas básicas:

Quais São seus Pontos Fortes e Fracos?

Evidentemente, as pessoas se dão melhor quando usam seus pontos fortes em atividades. O problema, argumenta Drucker, é que a maioria das pessoas acha que sabe em que é excelente, mas em geral se engana. Por essa razão, um feedback sincero é essencial. Durante mais de duas décadas, antes de tomar uma decisão importante, Drucker anotava o que esperava que acontecesse. Nove a doze meses depois, ele comparava a realidade com suas expectativas. Para sua surpresa, descobriu que, intuitivamente, compreendia as pessoas de áreas técnicas — engenheiros, contadores etc. —, mas isso não acontecia com os generalistas.

Ele achou esse modo de autoavaliação tão objetivo que recomendou a todos que o adotassem.

Ao longo dos anos, CEOs e outros líderes corporativos experimentaram uma série de métodos para chegar ao autoconhecimento. Um dos mais populares uma década atrás eram os 360s — um rol de avaliações confidenciais sobre seu desempenho profissional efetuadas por subordinados, colegas e superiores, aqueles que compõem todo seu círculo profissional. Os 360s ainda são úteis, mas os funcionários aprenderam a jogar com eles, então as corporações adotaram outras abordagens. Algumas delas tão diretas quanto o teste de Myers-Briggs [que assegura haver 16 tipos de personalidade] e o StrengthsFinders [que identifica 34 diferentes talentos pessoais], os quais, é claro, têm suas próprias limitações.

Em uma tentativa muito mais ambiciosa de fornecer avaliações em tempo hábil, o fundo de hedge Bridgewater Associates solicita a seus executivos que, nas 24 horas que antecedem reuniões importantes, elaborem, assinem e enviem a seus colegas avaliações francas sobre eles. Alguns acharam isso desconfortável e deixaram a empresa. Outros botaram fé e subiram um degrau na escada hierárquica. Em seu best-seller de 2017, *Princípios*, o fundador da Bridgewater, Ray Dalio, apresentou uma defesa vigorosa da abordagem de sua empresa. Portanto, encontrar a fórmula certa para alcançar o autoconhecimento é uma tarefa fluida. Segundo Drucker, seja qual for o teste utilizado, você precisa aprender várias coisas básicas sobre si mesmo:

De que Modo Você Aprende? Como Leitor ou Ouvinte?

Considero essa pergunta especialmente pertinente para presidentes e CEOs. Alguns são leitores vorazes. O recorde talvez pertença a Teddy Roosevelt: os historiadores dizem que, com frequência, quando na presidência, ele lia um livro em um dia. TR tinha o dom de ler e refletir semelhante à de Jefferson e Lincoln, o que o levou a ser um presidente muito melhor. Em contraste, Ronald Reagan era um ouvinte; ele absorvia briefings orais, mas as informações não podiam extrapolar uma ou duas páginas. Excesso de fatos e de minúcias era uma perda de tempo para todos. É importante saber como seu chefe aprende, mas é ainda mais importante saber como você aprende.

Na Escala Introvertido/Extrovertido, Onde Você Está?

Como líderes, os introvertidos são considerados, historicamente, menos eficazes do que os extrovertidos. Em 2012, Susan Cain escreveu um livro popular discordando fortemente. Ela mesma sendo introvertida, em *O Poder dos Quietos*, desafiou "a crença onipresente de que o "eu" ideal de um líder é gregário, alfa e confortável sob os holofotes". Essa tradição, argumentou ela, vem de uma crença equivocada do mundo greco-romano de que homens de ação eram líderes melhores do que homens de contemplação. Grande parte do best-seller de Jim Collins, *De Bom a Excelente,* está de acordo com Cain. Caso ser introvertido ou silenciosamente solitário o define, sem dúvida ler Cain e Collins será útil enquanto se arrisca por aí. Já para aqueles que estão em algum ponto entre os extremos, a recomendação é entender como cada tipo de personalidade pode ajudá-lo a ter sucesso e aproveitar os respectivos pontos fortes. Muitos de nós estamos cada vez mais ocupando algum lugar ao longo de um continuum.

Como Você Reage ao Estresse?

Por mais objetiva que a educação e o treinamento sejam para os jovens líderes emergentes, as coisas se complicam quando você está no comando de um grupo que, de repente, se vê em uma situação perigosa. Mais adiante neste livro, você lerá sobre James Stockdale, um prisioneiro de guerra norte-americano torturado e espancado durante a Guerra do Vietnã. Como ele escreveu em seu livro de memórias *In Love and War: The Story of a Family's Ordeal and Sacrifice During the Vietnam Years*, realmente não se sabe quem é o verdadeiro líder dos soldados até irromper uma crise; não é o cara com mais listras no uniforme, é o homem que se encarrega de ir à frente e combater o inimigo.

Pouco depois da minha estreia como oficial naval, fui enviado para a escola de controle de danos em Treasure Island, na baía de São Francisco. Praticamos várias vezes apagar incêndios e tapar buracos para salvar o Good Ship Lollipop.* Eu achava que estava bem preparado até que fiquei encarregado do controle de danos no meu navio e começou um incêndio de grandes proporções. Descobri que temia pela minha vida, mas meus brigadistas — todos forjados em duras experiências — friamente controlaram as chamas. Só após ter me deparado com momentos mais perigosos que me aproximei das qualidades de liderança daqueles homens; eles eram destemidos. Se você quer liderar, não há como não sujar as mãos e superar seus medos. (A propósito, o treinamento de controle de danos acabou sendo uma ótima preparação para a vida na Casa Branca.)

Você É um Bom Nº 1, Mas É um Nº 2 Melhor?

Não raro, as organizações promovem um bom vice para a posição de alta liderança sem maiores considerações. Algumas pessoas são excelentes subordinados ou diretores de operações, mas terríveis no topo — e vice-versa. Como Drucker observou, o general George Patton foi o principal comandante de tropas dos EUA e herói militar na Segunda Guerra Mundial. Mas quando foi ventilada uma promoção para um comando independente, o general George Marshall, chefe do Estado-Maior do Exército, vetou a indicação. "Patton é o melhor subordinado que o exército norte-americano já produziu, mas seria o pior comandante", disse Marshall. Para Drucker, Marshall foi provavelmente o selecionador de homens mais bem-sucedido da história dos EUA. E estava certo.

---

* Em tradução livre, "O Bom Navio Pirulito". Trata-se de uma música famosa cantada pela atriz mirim Shirley Temple; o autor a usa para se referir aos navios de uma forma geral. [N. da T.]

A maioria de nós logo reconhece se somos melhores gerentes, líderes ou algo no meio do caminho. No meu caso, aprendi cedo na vida que sou mau administrador. Realmente não gosto de mexer com papéis e me aborreço com muita facilidade. No Alasca é costume dizer, sobre os trenós puxados por cães, que tanto faz ser o número dois ou mais abaixo, o cenário nunca muda. Tudo isso significa que eu sou um péssimo número dois. Quanto a meus pontos fortes, eles estão mais no lado da liderança — formando uma equipe, imaginando um futuro comum e colocando em execução para chegar lá.

Para muitos sociólogos e psicólogos sociais, as pessoas têm múltiplos "eus". Em *Representação do Eu na Vida Cotidiana*, uma obra influente publicada originalmente em 1956, o sociólogo Erving Goffman fez uma analogia com atores no palco: peças diferentes, papéis diferentes. De modo semelhante, cada um de nós tende a se apresentar aos outros de maneiras diferentes, em função do contexto. Ou seja, pode-se dizer que temos mais de um "eu". Meu irmão Ken, um importante psicólogo social, acredita que, de fato, quem somos é definido em boa parte pela forma como os outros reagem a nós. Esses argumentos podem dar o que falar. A conclusão que tiro é que, em nossos primeiros anos, cada um de nós vai experimentando diferentes apresentações de si mesmo para os outros, mas, à medida que envelhecemos, passamos a reconhecer e assumir um eu interior central. O Verdadeiro Norte.

AUTOCONHECIMENTO

Conhecer-se intimamente é a base para sua jornada; para um líder em potencial, entretanto, o segredo do sucesso a longo prazo é ir construindo sua autocompreensão até alcançar esse estágio. Muitos consideram os obstáculos grandes demais ou lhes falta autoconfiança. Desistem de sua busca cedo demais e acabam ficando para trás. Mas a história mostra inúmeros exemplos de outros que perseveraram a despeito de todas as probabilidades em contrário — e se tornaram autores de suas próprias vidas.

Antes de você persuadir os outros a seguirem sua liderança, há algumas preliminares muito importantes: concentrar-se em desenvolver seus pontos fortes, aprimorar incansavelmente seu desempenho e vencer suas perigosas fraquezas. Novamente, não há como garantir nada na vida, mas você não saberá com certeza o quão bem-sucedido será até que faça o melhor de seus esforços. Como o astro do hóquei no gelo Wayne Gretzky gostava de dizer: "Você erra 100% das tacadas que não acerta".

Concentre-se em seus Pontos Fortes

Talvez seja intuitivo considerar que, sendo forte em uma área, mas fraco em outra, devemos nos concentrar em melhorar a mais fraca. Dessa forma, como um futebolista eclético, você pode atuar em mais de uma posição. Mas a experiência ensinou quem entende de liderança, como Bennis, Bill George e Drucker, que você deve se concentrar em fortalecer ainda mais a área na qual é forte. Não vale a pena, dizem eles, gastar energia em passar de medíocre para simplesmente mediano. É verdade que você deve superar fraquezas incapacitantes. Porém, conforme enfatizado neste livro, você descobrirá que os empregadores ficarão mais favoravelmente impressionados caso você tenha um ou dois superpoderes. Eles nunca estarão a fim de escalar um time só com jogadores medianos. Pesquisadores da organização Gallup, incluindo Marcus Buckingham e Donald Clifton, também descobriram que encorajar o ponto forte de uma pessoa cria confiança e aumenta o desejo de ter um bom desempenho.

Isso é muito comum. Um time de futebol não tem onze meio-campistas; ele é formado por atletas que se destacam em uma posição específica, que no conjunto demonstram habilidades inerentes a muitos outros aspectos dessa modalidade esportiva. As orquestras são montadas praticamente da mesma maneira: os maestros procuram indivíduos que se especializam e demonstram domínio de um único instrumento. Em seguida, ao juntá-los, ele forma um grupo de primeira categoria. Até mesmo grandes empresas e organizações não contratam pessoas que possam ter um bom desempenho em qualquer aspecto do trabalho, mas sim aqueles cuja experiência está em um conjunto específico de metas ou responsabilidades.

IDEO, uma empresa de design criativo, é conhecida por levar a ideia um passo à frente. Em seus projetos, recruta e cultiva o que ficou conhecido como "pessoas em forma de T". A barra vertical representa a habilidade especial de cada um. A horizontal, a arte da colaboração com outras pessoas entre disciplinas e áreas. Segundo o CEO Tim Brown, é essencial para a empresa encontrar pessoas que tenham ambas as habilidades — as especiais e a de natureza colaborativa. Um profissional jovem e em crescimento deve ter o mesmo perfil, isto é, ao menos uma área de grande especialização combinada com a capacidade de trabalhar e lidar bem com colegas de todo o espectro.

Aprimore Incansavelmente seu Desempenho

É provável que, para a maioria dos jovens norte-americanos, seja familiar a história de como Michael Jordan — o maior astro da NBA de todos os tempos — não estava no principal time de basquete do colégio até o primeiro ano. Pouquíssimos atletas conseguiram o feito de Jordan no colégio antes de entrar no primeiro ano, mas o fato de seu treinador do ensino médio não ter visto o potencial dele desde o início segurou Jordan, que repetidamente afirmava ter sido "cortado" do time principal. (Na realidade, ele terminou sendo colocado na equipe júnior principal com o restante da turma do segundo ano.) Independentemente de ele ter sido "cortado" ou não, a lição dessa história é clara: mesmo não tendo êxito em sua primeira tentativa, não deixe que isso o detenha. A grandeza é produto de paciência, disciplina e prática obstinada. Não há melhor exemplo do que o próprio Michael Jordan.

Embora abençoado com incríveis dons naturais, Jordan não começou sua carreira no basquete universitário na condição de craque. De fato, seu treinador na Universidade da Carolina do Norte, Dean Smith, classificou seu desempenho de calouro de "inconsistente". O que ficou claro desde o primeiro dia de sua carreira universitária foi sua determinação. No início de seu ano de calouro, Jordan comunicou ao assistente técnico Roy Williams que ele não queria ser apenas o melhor jogador da equipe naquela temporada, mas o melhor jogador da história do basquete da UNC. Ao ouvir de Williams que ele precisaria trabalhar muito mais do que no time do ensino médio, Jordan respondeu: "Vou mostrar a você. Ninguém jamais vai trabalhar tão duro quanto eu". E ele cumpriu.

Os companheiros de equipe lembram que, depois de treinos fatigantes, Jordan continuava jogando "um contra um" com os melhores jogadores do time para testar suas habilidades. Para ele, treino não era teste, era competição feroz, assim, Jordan ligava-se naquilo constantemente, sempre desempenhando o melhor que podia. Esse apetite pela competição foi muito proveitoso para ele depois de alcançar o patamar mais alto na UNC e ir para a NBA. Durante seu ano de estreia no Chicago Bulls, ele declarou: "Minha mentalidade era: seja quem for o líder da equipe, eu vou atrás dele". Cada segundo na quadra era um desafio para superar o homem à sua frente — uma mentalidade que ele manteve mesmo quando chegou ao topo. "Não faço as coisas sem gana, pela metade", disse Jordan, "porque sei que, se fizer, posso esperar resultados pela metade".

Esse é um comportamento recorrente entre pessoas de alta performance. Bill Bradley, outro astro do basquete — que mais tarde se elegeu senador dos EUA — começou nesse esporte como jogador inábil, muito desajeitado e que saltava mal. Determinado a se tornar excelente, ele estabeleceu um regime de treinamento semanal: três horas e meia de treino após a escola todos os dias e aos domingos, oito horas aos sábados e três horas por dia durante as férias de verão. Colocou pesos de 5 kg nos sapatos para se forçar a pular mais alto. E tapou as lentes dos óculos por baixo para poder driblar sem ver a bola. Valeu a pena — ele jogou em Princeton, depois na Europa e, finalmente, em um time do New York Knicks que ganhou dois campeonatos da NBA. Winston Churchill se impôs disciplina semelhante em seus estudos, em outros termos, ele disse ter ensaiado uma hora para cada minuto de um discurso ao público que fizera.

Jordan, Bradley e Churchill são a personificação perfeita do que Malcolm Gladwell descreve em seu popular livro *Fora de Série*. Gladwell dedicou-se a descobrir como pessoas talentosas se tornam sucessos de primeira linha. Segundo a sabedoria convencional, ele diz, os indivíduos de alto desempenho já nascem com um enorme talento e se elevam até o topo sem esforço. Em sua pesquisa, ele argumenta, a história é na verdade bem diferente: são as oportunidades e os esforços extraordinários que fazem as pessoas passarem de muito boas para "fora de série". Ele descobriu que alguns indivíduos têm um golpe de sorte na vida, aproveitam-no e depois se aplicam. O aspecto mais interessante do trabalho de Gladwell se concentra na maneira como as pessoas talentosas e sortudas se tornam de primeira categoria, desse modo, elas trabalham incrivelmente duro para aprimorar seu talento. "Prática não é o que você faz quando é bom. É o que você faz que o torna bom", escreve Gladwell.

Em particular, Gladwell defende a validade do que ele chama de "regra das 10 mil horas". Apoiando-se no trabalho acadêmico do psicólogo K. Anders Ericsson, ele coloca vários exemplos: Mozart começou a escrever música aos seis anos de idade, mas as primeiras não foram extraordinárias, e algumas podem ter sido escritas por seu pai. Tinha 21 anos por ocasião de sua primeira obra-prima, mas compunha concertos há 10 anos. De certa forma, afirmou o crítico musical norte-americano Harold Schonberg, o homem que consideramos uma criança prodígio "se desenvolveu tarde". Não foi diferente com os Beatles, que não foram exatamente uma sensação da noite para o dia, como aponta Gladwell. Eles supostamente se apresentaram ao vivo em Hamburgo — geralmente em sessões noite adentro — mais de 1.200 vezes entre 1960 e 1964. Isso moldou o talento deles. Quando os Beatles voltaram para a Inglaterra vindos de Hamburgo, um biógrafo da banda, Philip Norman, disse: "Eles tocavam como mais ninguém. Era uma criação deles."

"Dez mil horas é o número mágico da grandeza", conclui Gladwell. Apenas para detalhar que para atingir 10 mil horas em 10 anos são necessárias cerca de mil horas por ano, 19 horas por semana e 2,75 horas por dia. "As pessoas lá no alto não trabalham apenas mais duro ou muito mais duro do que todos os outros. Elas trabalham muito, mas muito mais duro." Dizem que o exímio pianista Vladimir Horowitz teria dito: "Se eu deixar de praticar por um dia, eu noto. Se eu não treinar por dois dias, minha esposa percebe. Se eu fizer isso por três dias, o mundo percebe".

Em um estudo a respeito disso, *Talent Is Overrated: What Really Separates WorldClass Performers from Everybody Else*, um colunista da *Fortune*, Geoff Colvin, faz uma importante ressalva a Gladwell: a mera experiência ou emprego de um tempo enorme em uma atividade não é um preditor de sucesso. (Eu deveria saber: isso descreve meu jogo de golfe.) O que importa é aprender a praticar de uma maneira mais produtiva. Veja a maratona, por exemplo. Hoje, o melhor tempo do ensino médio em uma maratona supera os medalhistas de ouros olímpicos de um século atrás por cerca de 20 minutos. Por quê? Não é uma questão de serem pessoas melhores, diz Colvin, mas porque treinam de maneira mais eficaz. Ele chama isso de "prática deliberada". Em poucas palavras, eis as principais recomendações que Colvin faz para converter o ótimo em excepcional por meio de práticas deliberadas:

- Projete sua prática de tal modo que ela melhore o desempenho: a soprano Joan Sutherland praticou vários trinados por muitas, muitas horas. Tiger Woods, ainda um jovem golfista, triturava bolas na areia e depois as golpeava com o taco de dentro de depressões cobertas de areia.
- Concentre-se em corrigir os erros: "Tente novamente. Falhe novamente. Falhe melhor", como o mantra do dramaturgo Samuel Beckett.
- Nunca seja complacente: estabeleça um alvo distante, mas perceba que muitas vezes ficará aquém, experimentando o que a dançarina Martha Graham chamou de "insatisfação divina".
- Busque feedback contínuo: os mestres de xadrez, como observa Colvin, praticam estudando as partidas entre os maiores enxadristas; um aluno escolhe uma jogada e depois verifica que jogada o campeão fez.

Como vimos com Michael Jordan e Bill Bradley, a prática inteligente permite a você interpretar um contexto melhor e mais rápido do que outros. No futebol, os meias, cujos passes em profundidade são excelentes, precisam tomar uma decisão em frações de segundo. Quando o avião de passageiros que pilotava perdeu força de empuxe logo após a decolagem, o comandante Chesley Burnett "Sully" Sullenberger, calmo e bem treinado, fez surgir o "Milagre no Hudson", pousando com segurança e salvando a vida de 155 passageiros e tripulantes. Três SEALs da Marinha, tendo apenas um segundo cada um, dispararam e mataram três piratas somalis que se preparavam para executar o capitão Richard Phillips. Seus anos de prática deliberada os tornaram extraordinários.

A primeira montanha a escalar como um jovem líder em desenvolvimento está dentro de você. Até você se tornar autoconsciente e trabalhar em direção ao autodomínio, é provável que esteja vagando pela vida. É como a famosa frase de William James aconselhou: "Procure aquele atributo mental particular que o faz se sentir mais profunda e vigorosamente vivo, junto com o qual vem a voz interior que diz: 'Este é o verdadeiro eu', e quando você encontrar essa atitude, siga-a".

TRÊS

SEUS ANOS DOURADOS

O período na vida em que somos conhecidos como "jovens adultos" é chamado de "maioridade". Alguns o apelidam de "anos promissores", já para outros, esses dias são verdadeiros "anos dourados". Seja qual for o rótulo, há um consenso entre os estudiosos de que as experiências pelas quais se passa entre deixar o ninho e alçar voo total estão entre as mais formativas, apaixonadas e aventurosas da vida. Muito depende de quão sabiamente você as abraça.

Vimos como a autoconsciência e o autodomínio são degraus a escalar no desenvolvimento pessoal; são desafios que precisam ser enfrentados para entrar na idade adulta em sua plenitude. Como o psicanalista Erik Erikson argumentou, fica difícil passar para o próximo estágio da vida sem antes haver trabalhado o atual.

Mas também é verdade que, ainda que você saiba quem é e tenha superado seus pontos fracos mais evidentes, sua jornada rumo à liderança ainda está incompleta. A autoconsciência e o autodomínio são necessários, mas simplesmente não bastam. Dourar os anos dessa faixa etária requer providências mais amplas. Nos estágios iniciais de uma carreira, é preciso encontrar mentores, coaches, patrocinadores e modelos que abrirão seus olhos e possivelmente abrirão portas. Você precisa hierarquizar seus valores e princípios; e, finalmente, criar sua própria bússola moral — seu Verdadeiro Norte.

INICIANDO SUA CARREIRA

"Diga-me, o que você planeja fazer / com sua vida impetuosa e preciosa?" Lembra-se daquela frase da poetisa Mary Oliver? Vale a pena ter isso em mente ao definir sua carreira e aprender como ter sucesso no mercado de trabalho. O quão bem você lida com essas questões pode moldar seu futuro nas próximas décadas.

É muito mais fácil determinar o que não se quer fazer do que decidir o que fazer. Essa foi certamente minha própria experiência: acabei me dando bem, mas foram muitas as voltas e reviravoltas — cometendo alguns erros — antes de chegar lá.

Tal como muitos adolescentes, pensei em me tornar atleta profissional de beisebol, já que era alto, esguio e podia lançar uma bola boa e rápida. Mas esse sonho se desfez quando cheguei ao ensino médio. Nos seis meses anteriores ao primeiro ano, dei uma espichada — talvez uns 15cm — e perdi a coordenação motora. Por causa da chuva, o primeiro dia de testes para o time de beisebol foi transferido para um recinto fechado. Lá, nos dividimos em pares de arremessadores e receptadores. Consegui lançar duas bolas para o receptador, mas meu terceiro arremesso foi simplesmente terrível. Não caiu nem perto da base do batedor. Em vez disso, desviou e arrebentou uma janela — no segundo andar! Eu soube na hora que minhas ambições esportivas não tinham futuro.

Assim, estreitei meu compromisso com o jornal da manhã, concordando em cobrir o time de futebol da escola nas noites de sexta-feira. Com o bloco na mão, andava para cima e para baixo nas laterais do campo, tomando notas. Durante o intervalo, subia uma escada frágil até um microfone de rádio para analisar o jogo até aquele momento. Quando a partida acabava, por volta das 22 horas, meu pai me levava para a redação do jornal, onde eu datilografava dez a quinze parágrafos em uma máquina de escrever (eu era muito jovem para dirigir). Um editor sênior me ajudava a editar e cumprir o prazo final, que era à meia-noite. Depois disso, meu pai costumava me deixar em uma festa de futebol, mas a maioria das garotas já tinha ido embora.

Acompanhando o trabalho de Grantland Rice, o principal jornalista esportivo de sua época, ganhei confiança e minha escrita ficou mais fluente. E eu adorava acordar sábado de manhã para ver uma página inteira com minha assinatura. Anos mais tarde, depois da faculdade, da escola de Direito e da Marinha, refleti sobre a possibilidade de voltar para casa na Carolina do Norte, me tornar um jornalista de verdade e até mesmo concorrer a um cargo. Contudo, oportunidades surgiram na Casa Branca, impedindo a realização desse sonho. Serei sempre grato aos muitos jornalistas mais velhos que me orientaram naqueles primeiros anos, tornando nosso trabalho uma fonte de diversão e aventura.

Depois dos meus anos de graduação em Yale e todos os dias na faculdade — onde passava horas intermináveis entre pessoas que agora considero amigos para toda a vida —, eu não tinha uma ideia clara de que carreira ou trabalho seguiria. Queria fazer a diferença, mas como? Havia muitas opções, mas poucas me atraíam. Incerto, me inscrevi no programa de doutorado de Yale em Relações Internacionais; ao mesmo tempo, uma jovem com quem saía foi aceita na Escola de Arquitetura. Mas o programa de doutorado me mostrou que eu simplesmente não tinha temperamento para passar dois ou três anos nas estantes da biblioteca da universidade, então esse sonho — junto com a namorada — desapareceu.

Foi mais um tropeço. Por acaso, o reitor da universidade, Kingman Brewster, me sugeriu deixar os estudos em New Haven e ir para a faculdade de Direito em Cambridge. Ainda hesitante, decidi que me matricularia em uma faculdade de Direito, Harvard, e em mais nenhuma. Isso foi precipitado, mas funcionou, e eu fui para o norte do país. Para ser sincero, o primeiro ano lá foi, do ponto de vista intelectual, o mais satisfatório de todos os meus estudos de pós-graduação. Você começa pensando em si mesmo diante de um quadro branco. Então lê dois ou três casos relacionados e coloca pontos no quadro representando as características de cada um. Em seguida, mais casos e mais pontos. A princípio, os pontos parecem ser aleatórios, mas um belo dia você começa a ver padrões surgirem — como um conjunto de pontos se conecta a outro. Ninguém mais pode ter essa percepção em seu lugar; você deve fazer isso sozinho. Porém, é uma ocasião feliz quando finalmente você consegue ver a lógica da lei.

Após passar um verão em uma grande firma de Wall Street, achei, com tristeza, que a prática da advocacia era muito menos atraente do que seu estudo. Simplesmente não importava muito para mim qual corporação gigante ganhava seu caso contra outra. Percebi por que aqueles que chegaram ao topo da profissão gostavam de aconselhar estratégia aos CEOs, porém, quem queria ficar anos em um trabalho administrativo, examinando documentos e dados, para chegar lá? Em comparação com minhas experiências tentando promover os direitos civis em minha terra natal, a prática da lei parecia muito branda. Simplesmente não houve ressonância em mim. Então, descartei outra possibilidade de carreira.

Logo depois da faculdade de Direito, casei-me na Inglaterra com a mulher que se tornou o amor da minha vida e está comigo até hoje — não sei como ela consegue —, mais de meio século. Nem Anne nem eu entendemos completamente a mudança que haveria em nossas vidas quando, três semanas após o casamento, me apresentei na Escola de Candidatos a Oficial da Marinha em Newport, Rhode Island. Nesse caso, bastaram 24 horas para ver que a Marinha não era uma carreira qualquer.

Embora eu soubesse que voltaria à vida civil em três anos e meio, minha experiência naval foi o melhor programa de treinamento de liderança que já encontrei. Depois da OCS e da escola de controle de danos, fui encarregado de cerca de cinquenta jovens a bordo de um navio de reparos com base no sul do Japão, o USS *Ajax*. Saindo de torres de marfim e de uma vida de privilégios, tive a chance de conviver, trabalhar e crescer entre jovens de 20 anos vindos da classe trabalhadora. Em alto mar, não davam a mínima para mim, mas esses rapazes logo conquistaram meu respeito. Eram marinheiros sérios, comprometidos com nossa missão. Até hoje, me orgulho da despedida vibrante que me ofereceram — as muitas libações ajudaram bastante.

Antes de me alistar na Marinha, consultei uma série de advogados de Wall Street (incluindo Richard Nixon), perguntando se eu deveria tentar me tornar um advogado da Marinha (JAG) ou um oficial. Sem exceção, insistiram para que eu me tornasse um oficial de linha, pois assumir o comando de cinquenta homens (na época, todos eram homens) era uma preparação muito melhor para a liderança no futuro. Caso eu praticasse a advocacia da Marinha, disseram, levaria um ano para desaprender o que havia aprendido. Foi um bom conselho. Desde essa ocasião, tenho dito a inúmeros alunos que, na condição de jovem oficial, eles deveriam ter alguns anos de serviço militar a fim de fortalecer suas habilidades de liderança. Há, agora, uma variedade de outras maneiras pelas quais os jovens norte-americanos também podem servir ao país por meio de programas como AmeriCorps, Teach For America e City Year.

Quando Anne e eu partimos para meu posto da Marinha no Japão, os acontecimentos começaram a se desenrolar rapidamente. Cerca de 18 meses depois, apresentei um pedido formal de transferência para o Vietnã. Eu queria me juntar aos combatentes como um correspondente vestindo uniforme militar. Era ali que as ações ocorriam. Mas o capitão do meu navio rejeitou com convicção. Ele insistiu que eu ficasse a bordo do *Ajax*. Por coincidência, logo depois meu colega de quarto na faculdade de Direito ligou da Casa Branca perguntando se eu aceitaria uma transferência para Washington para trabalhar em um projeto de reforma. Esse meu capitão não conseguiu impedir, e em dez dias eu voava para D.C. Estava entrando em um mundo totalmente novo e emocionante.

Que sentido pode ser tirado dessas reviravoltas que remontam a quase 60 anos? Que descortino ou sabedoria pode ser obtida de tais eventos para aqueles que estão na casa dos 20 ou 30 anos hoje, vivendo em um mundo em rápida mutação, caótico e imprevisível? Que conselho de carreira? Com certeza não tenho todas as respostas — algumas das quais acredito estarem sem dúvida nenhuma erradas —, mas deixe-me fazer uma pausa e dar oito dicas proporcionadas por minhas muitas aventuras:

1) Dê-se um Tempo

Em minha experiência como mentor de jovens, descobri que os alunos que ocasionalmente fazem um intervalo em sua caminhada acadêmica padrão evoluem mais plenamente do que seus colegas. Por isso, sugiro que explorem uma variedade de opções de curto prazo: ir para o exterior por um semestre em um programa de estudos ou trabalho; inscrever-se em um projeto de pesquisa nas férias de verão com um professor favorito; fazer um estágio em uma campanha política; trabalhar em um refeitório ou abrigo para os sem-teto; ou voluntariar-se para colaborar na luta contra a mudança climática. Alternativas não faltam.

Recomendo, em particular, que eles também se comprometam, por um ano ou dois, com uma organização de prestação de serviços. Se você de fato quer fazer a diferença, não há nada melhor do que viver e trabalhar entre aqueles que estão na linha de frente. Aprendi mais quando aproveitei a oportunidade de conhecer comunidades além da minha; ao construir relacionamentos com aqueles que estão do lado de fora de sua bolha, você pode começar a ver o mundo sob uma luz mais clara.

Claro, pode parecer que um ano de serviço ou até mesmo um período de tempo mais curto seja algo inviável, ainda mais se você já tiver assumido dívidas consideráveis. Contudo, pesquisando, provavelmente descobrirá que existem atualmente por aí muitas oportunidades de trabalho relacionadas à prestação de serviço. Elas não oferecem muita coisa, mas programas como o Peace Corps, AmeriCorps e muitos outros o remunerarão modestamente tornando sua dívida mais gerenciável. Empreendimentos assim também fortalecem a vida cívica e são cada vez mais eficazes no combate às mudanças climáticas.

É preciso destacar, também, o aumento da aprendizagem por meio de experiências e o investimento que as instituições educacionais nos EUA devem fazer para avançar nesse campo. Quando eu fazia parte do conselho da Duke, a universidade criou a DukeEngage. O programa reunia estudantes e professores para passar um verão imerso em comunidades em casa ou no exterior, onde trabalhariam na abordagem das questões mais cruciais para as pessoas a quem serviam. O sucesso foi enorme e tornou a Duke ainda mais atraente. Hoje, as oportunidades de aprendizado via experiências estão disponíveis em inúmeras instituições, variando de programas cooperativos a semestres de serviço em áreas carentes.

2) Escolha Trabalhos Alinhados com suas Paixões e Valores

Certa vez, acompanhei um grupo de uns vinte estudantes da Kennedy School em uma viagem a Washington. Lá, Samantha Power, na época docente da Kennedy School e atual administradora da USAID, agendou uma visita ao então senador Obama. Um aluno contou seu plano de carreira, que incluía os empregos e os lugares onde planejava trabalhar. Obama imediatamente interveio e lhe disse para não tentar traçar um plano de trabalho de cinco a dez anos para sua carreira. Em vez disso, continuou, trabalhe com paixão em uma causa que seja importante para você e descobrirá que novos empregos começarão a aparecer. Um excelente conselho. Resolver o que gosta de fazer na vida e o que dá sentido a ela o levará aos empregos certos, mesmo quando não estiver procurando por eles. É muito mais fácil se destacar em uma posição alinhada com suas paixões e valores do que em uma função que traz prestígio, mas conflita com seu propósito interior.

3) Faça Todas as Tarefas com Excelência, Não Importa o Tamanho

Algumas semanas após me formar em Harvard, meus superiores da Marinha me colocaram para limpar latrinas com uma escova de dentes. Isso foi humilhante? Você acha? Mas também era uma disciplina danada de boa. É preciso aprender a seguir bem antes de poder liderar bem. E os superiores notam quando você também se esforça bastante, é quando começam a lhe dar mais responsabilidade. A humildade é sua amiga; a arrogância, sua inimiga.

4) Procure Trabalhos Mais Exigentes

Vá atrás de trabalhos que requeiram de você mais do que já imaginou. Com isso, você desenvolverá não apenas humildade, mas também uma tranquila autoconfiança de que pode lidar com qualquer coisa que seja posta à sua frente. Às vezes, tropeçará em seus erros, pequenos e grandes, mas com isso crescemos pessoal e profissionalmente. Outra coisa: quando sua curva de aprendizado se estabilizar, procure um emprego novo no qual possa continuar crescendo. Seus anos dourados devem ser seus anos de crescimento. Há muito sou abençoado com uma pequena equipe em meu círculo íntimo — duas pessoas: um assistente executivo e um assistente de pesquisa, ambos de alto nível. Eles trabalham ao meu lado e aprendemos uns com os outros. Mas ficam apenas dois anos para que possam continuar sua ascensão profissional. Como família, permanecem nos anos seguintes.

5) Saiba seu Valor para uma Organização

Como James M. Citrin e Richard A. Smith escreveram em seu livro *The 5 Patterns of Extraordinary Careers*, a maioria dos executivos começa sua carreira tendo boa educação, muita ambição e pouca experiência. Eles percebem que seu valor para uma organização deriva de dois elementos: potencial e experiência. Você começa com alto valor potencial e baixa experiência; com o passar do tempo, seu potencial a longo prazo diminui, mas sua experiência aumenta. A maestria está em aumentar o valor de sua experiência mais rápido do que a diminuição de seu potencial. Portas se abrirão como você jamais imaginou.

6) Identifique quem é Promissor e Reúna as Forças

Certa vez, o guru da liderança Ron Heifetz e eu tivemos a oportunidade de entrevistar o ex-primeiro ministro de Cingapura, Lee Kuan Yew, quando ele visitou nosso campus na Harvard Kennedy School. Ele tinha então muito prestígio. Perguntei a ele quais eram seus segredos para haver transformado Cingapura de um lugar extremamente pobre em um país de primeira categoria. Ele se comparou a um pastor de ovelhas que observava o grupo de novos filhotes. Após examinar cada um cuidadosamente, identificava dois ou três que poderiam ser excepcionais. Eram os que ele preparava. É assim com relação aos futuros líderes: é preciso desenvolver um bom olho para ver os promissores. Eles podem se tornar seus amigos na vida e membros importantes de sua rede pessoal.

7) Aceite que Você Cometerá Grandes Erros no Início

Não há quem seja imune a isso. Mas não se deixe afundar. Em suas memórias, Jack Welch, amplamente considerado um dos melhores CEOs do século XX, relembrou sua experiência na General Electric três anos depois de seu primeiro emprego. Com 27 anos, ele administrava uma instalação da GE quando um equipamento explodiu no alto de um dos prédios. A alta administração o convocou ao quartel-general. Ele tinha certeza de que o demitiriam. Em vez disso, seu chefe repassou com ele o que havia acontecido, fazendo perguntas ao longo da conversa. Então ele disse a Welch: "Todos cometem erros; apenas aprenda com eles." Welch escreveu: "Ele estava me treinando — [ele] não poderia ter sido mais simpático". Conclusão: cometa seus erros cedo na vida, tire a poeira e siga em frente melhorando sua capacidade de avaliação.

8) Deixe um Paraquedas Guardado no Armário

Não importa o quanto você é bom em um trabalho, há uma séria possibilidade de um dia perdê-lo. Você pode ser demitido ou decidir que já deu o que tinha que dar. Seja como for, tenha um plano B: fundos suficientes para ampará-lo e uma rede de amigos que possam ajudá-lo tanto emocional quanto profissionalmente. Alguns dizem que é preciso reservar ao menos dois meses de aluguel. Em meados da década de 1980, depois de comprar o *U.S. News & World Report*, o novo publisher, Mort Zuckerman, me pediu para ser seu editor principal. Tive algumas experiências jornalísticas ao longo dos anos, mas nada tão sério. Felizmente, Mort trouxe um jornalista de primeira linha, Harold Evans, para ser meu coach.

Eu sabia que provavelmente aquilo não duraria muito — Mort tinha um histórico de dispensar editores muito rapidamente. Como plano B e com a aprovação dele, me inscrevi como comentarista no *The MacNeil/Lehrer NewsHour*, em parceria com Mark Shields, que se tornou um amigo querido. Pensei que se ficasse uns dois anos no *U.S. News*, teria as credenciais para continuar no jornalismo. Dei graças por ter esse plano reserva. Quando o *Washington Post* vazou uma história de que a ABC estava conversando comigo sobre um trabalho de gerenciamento, foi demais para

Mort e, em poucos dias, eu estava na rua. Anne e eu tínhamos recursos para sobrevivermos por, no mínimo, dois meses, e em breve vieram outras ofertas. Mort e eu acabamos deixando nossas diferenças para trás e nos tornamos bons amigos. Um de seus próximos editores ficou lá por algumas décadas e tornou lucrativa a versão da internet do *U.S. News*. Foi um ganha-ganha-ganha.

Mais ou menos nessa mesma época, eu estava com homens que assistiram a uma palestra particular que uma ex-governadora do Texas, a inimitável Ann Richards, deu para cerca de 2 mil mulheres. Seu tema principal era direto: os homens aprenderam há muito tempo como guardar "a p***a do seu dinheiro" para se manterem quando suas vidas fossem por água abaixo, e Ann conclamou as mulheres a agirem da mesma maneira. Assim dizendo, dispor de dinheiro suficiente para se afastar de um chefe ruim ou de um casamento pior. Isso manterá aberto seu caminho para a liberdade e a dignidade.

ENCONTRE MENTORES, COACHES E MODELOS

Por mais de 2 mil anos, mentores e coaches, bem como modelos, têm sido fundamentais para o desenvolvimento de jovens líderes. Os exemplos são uma legião.

- No século IV a.C., o rei Filipe II da Macedônia convidou Aristóteles para ser tutor de seu filho Alexandre, o Grande. Curioso por natureza, Alexandre estudou durante sete anos com "O Mestre", como era chamado Aristóteles, e foi muitíssimo influenciado por ele. Posteriormente, nas viagens que fazia, Alexandre mantinha sob o travesseiro uma cópia da *Ilíada*, com trechos sublinhados por Aristóteles, ao lado de uma adaga.
- Ralph Waldo Emerson orientou Henry David Thoreau, apresentando-o ao Transcendentalismo. Emerson também se valeu da influência que tinha para promover o trabalho de Thoreau e colocou à disposição dele uma propriedade em Walden Pond, decisão que levou ao maior trabalho de Thoreau.

- Dwight Eisenhower cresceu na zona rural do Kansas e, depois de formado na academia militar de West Point, parecia destinado a uma carreira medíocre. Tudo mudou com uma turnê no Panamá em companhia de um mentor lendário, Fox Conner. Em sua missão seguinte, Ike terminou como o melhor de sua turma no Colégio de Comando e Estado-Maior, caminhando rumo a uma carreira brilhante.

- Recentemente, nos EUA, quando Alexandria Ocasio-Cortez e outras mulheres progressistas foram eleitas em 2018, a congressista Pramila Jayapal deu-lhes uma base de sustentação, ajudando-as a ganhar forças para lutar em prol do que haviam se comprometido. Elas estão mudando rapidamente as feições da política norte-americana.

Há muitos outros que também merecem reconhecimento. Entre meus favoritos está uma mulher notável do Tennessee: Patricia Summitt. Ao longo da vida, destacou-se como treinadora, mentora e modelo — o trio completo. Já não se encontra entre nós, mas seu legado continua vivo.

Ela faleceu em 2016, vítima do início precoce de demência. Pat Summitt bateu o recorde de vitórias na história do basquete da 1ª Divisão da NCAA na época e deixou um ambiente esportivo feminino mudado para melhor. Seu maior legado, todavia, está nas gerações de mulheres que ela treinou e orientou, tornando-as melhores atletas e líderes. Em uma área dominada por homens, ela agora figura entre os maiores treinadores da história — pessoas como Vince Lombardi, John Wooden, Casey Stengel e Coach K.

Summitt cresceu em Clarksville, Tennessee, em uma fazenda de gado leiteiro com três irmãos mais velhos e uma irmã. Seu pai era rígido com os filhos e nunca aceitava desculpas, características que sua filha Patricia herdou. Ela jogou na Universidade do Tennessee em Martin e, alguns anos depois, tornou-se treinadora do Lady Vols no campus de Knoxville. Na época, as perspectivas para suas equipes não eram boas, mas ela se fez uma treinadora transformadora, ganhando oito campeonatos da NCAA e obtendo 1.098 vitórias na mesma, um recorde.

Em 1998, a *Sports Illustrated* publicou um perfil revelador, baseado nas experiências de uma das estrelas de Summitt, Michelle Marciniak. Aos 38 anos e grávida de seu primeiro filho, Pat insistiu em pegar um avião particular para manter seu encontro com Michelle, uma das melhores recrutas do ensino médio na época. Pouco antes da reunião, a bolsa de Pat estourou, mas ela persistiu em honrar seu compromisso e sentou-se com Michelle. Pat lidou com a papelada de recrutamento até que a natureza não esperou mais — ela havia entrado em trabalho de parto! Michelle e seu pai levaram Pat ao aeroporto para que ela pudesse voltar ao Tennessee para dar à luz lá. Ela chegou bem na hora.

Summitt atuaria como treinadora, mentora e modelo para Michelle e muitas outras jogadoras. Seguindo o ensinamento de seus pais, Pat insistia na excelência absoluta dentro e fora da quadra — sem desculpas. Tudo tinha que ser ganho, não dado. As jogadoras até tinham que sentar nas três primeiras fileiras de suas classes, e ela as acompanhava em todos os aspectos de suas vidas. Ela era mestre em dispensar amor severo, repreendendo suas jogadoras na frente das companheiras de equipe e punindo-as com dureza por atuações fracas e desinteressadas. Depois de uma derrota devastadora em Cleveland, Mississipi, com a equipe já a bordo do ônibus para retornar a Knoxville em uma viagem de 8 horas, proibiu paradas no caminho para ir ao banheiro.

Ainda que ela tenha sido notoriamente implacável na quadra e no vestiário, fora deles Pat agia como uma figura materna para suas jogadoras. Gary Smith, o autor do artigo da *Sports Illustrated*, descreveu apropriadamente sua teoria de "dupla face": "Quando você se senta no escritório dela [como jogadora], ela se inclina em sua direção para se conectar... a pele enrugando ao redor daqueles olhos penetrantes e em concentração, ela invariavelmente pergunta o que você acha que a equipe precisa. Então, enquanto você se prepara para sair, pergunta se *você* acha que os sapatos bege dela combinam com a saia branca".

Como os bons treinadores costumam fazer, Summitt estimulou a pretensão entre suas jogadoras de elas mesmas se tornarem treinadoras. Cerca de 62 mulheres nessas condições passaram a treinar times de basquete ou ocupar cargos administrativos no ensino médio, faculdade ou outras áreas.

Em seus últimos anos, recebeu do presidente Obama a Medalha da Liberdade — a maior honra civil da nação. Obama, após a morte prematura de Summit, observou: "Por quatro décadas, ela superou seus rivais, fez de vencer uma atitude, amou seus jogadores como família e se tornou um modelo para milhões de concidadãos, incluindo nossas duas filhas".

É difícil superestimar quanta diferença um coach, um mentor ou um modelo dedicado e de primeira categoria pode fazer para moldar os líderes de amanhã. Sejam quantas forem as aulas de administração e liderança que os jovens tenham, não há substituto para relacionamentos próximos com pessoas mais velhas que aprenderam a arte de navegar em mares revoltos.

A palavra *mentor* popularizou-se graças à mitologia grega. Ao ir para a Guerra de Troia, Odisseu pediu a seu amigo Mentor, já idoso, para cuidar de seu filho Telêmaco durante sua ausência. Assim, "mentor" tornou-se um substantivo comum com significado próprio: aquele que transmite sabedoria e compartilha conhecimento com alguém mais jovem.

Em nosso próprio tempo, as mentorias ganharam impulso. Nos negócios, as lideranças muitas vezes recorreram a mentores, como fez Richard Branson em sua tentativa de fazer a Virgin Atlantic decolar. "Eu não teria chegado a lugar nenhum no setor aéreo", disse ele, "sem a orientação de Sir Freddie Laker". Espera-se, igualmente, que os membros da Young Presidents Organization (agora conhecida como YPO) encontrem um coach pessoal quando se tornarem CEOs. Nos esportes, assim como na política, os grandes artistas procuram treinadores e mentores.

Mentores são pródigos em ensinamentos práticos para uma conversação. Normalmente, os melhores são uma fonte confiável de avaliação sábia e equilibrada, e despertam as ambições de seus pupilos. Repetidamente, saí em busca do inestimável conselho de mentores, coaches e modelos para abrir meus olhos, e muitas vezes para abrir portas. Eles também se constituem em um par de olhos extra para os orientandos, ajudando-os a ver coisas que podem deixar passar e a evitar pontos cegos. Há alguns anos, uma delegação de altos oficiais da polícia britânica visitou a Kennedy School para explicar como lidava com o terrorismo doméstico. Com base em êxitos anteriores, eles designam um oficial veterano para liderar uma operação, mas pedem a outro para ficar ao lado dele, observando atentamente e depois sussurrando em seu ouvido eventuais correções de curso. Funciona!

Quando se trata de questões de mentoria e patrocínio, os papéis que gênero e raça desempenham não podem ser ignorados. Muito recentemente, quando os cargos mais altos em um mundo corporativo, há muito dominado por homens, começaram a ser ocupados por mulheres, havia uma sensação entre elas de que tinham que transpor obstáculos insuperáveis para obter sucesso — algo certamente verdadeiro. Muitas trabalharam feito loucas para chegar ao topo. Como diz um ditado popular, "Ginger Rogers fez tudo o que Fred Astaire fez. Ela apenas fez isso de trás para a frente e de salto alto". Fiquei surpreso ao saber, no entanto, que muitas dessas mulheres, lá chegando, hesitaram em estender a mão de volta para ajudar as mulheres mais jovens a avançar. Como alguns me contaram, elas sentiram que, por terem superado essas dificuldades para vencer, era justo que a geração mais jovem assumisse sua própria luta.

Sendo alguém que se beneficiou muito da ajuda de homens mais velhos e mais sábios que me orientaram em como galgar os degraus e chegar onde estou, fico feliz que os tempos tenham mudado e as mulheres mais talentosas, em geral, sejam ótimas mentoras para as mais jovens. Um estudo de 2017 da empresa de gestão de negócios Heidrick & Struggles descobriu que a mentoria feminina está de fato crescendo entre as gerações mais jovens. Dos trabalhadores com mais de 60 anos, apenas 14% relataram ter tido como mentora uma líder mulher. Esse número cresce para 35% na faixa de 51 a 60 anos e alcança impressionantes 46% para aqueles de 21 a 25 anos. A pesquisa sugere não apenas que mais mulheres estão obtendo posições de poder, mas também que estão encontrando sua condição de líderes. Estou certo de que a geração em ascensão de mulheres líderes agora concordaria com Madeleine Albright, que disse uma vez: "Há um lugar especial no inferno para mulheres que não ajudam umas às outras".

Uma curiosidade: a primeira mulher a se tornar milionária por conta própria estava bem à frente de seu tempo em reconhecer essa necessidade. No início do século XX, quando Madame C. J. Walker, uma empresária negra, construiu seu império de cosméticos nos EUA, fez questão de ajudar outras mulheres negras. Ela desenvolveu escolas em todo o país para treinar mulheres negras a vender seus produtos, um contingente que, em 1919, alcançava cerca de 20 mil pessoas. Essas representantes adquiriam os produtos de Walker no atacado e podiam usar os lucros auferidos para construir seu próprio ramo de negócios. Walker disse certa vez: "Não fico satisfeita em ganhar dinheiro só para mim mesma, estou me esforçando para dar emprego para centenas de mulheres da minha raça."

O PAPEL DOS PATROCINADORES

Ela pode não ter se dado conta, na época, mas Walker estava colocando em prática uma forma inicial de patrocínio para suas funcionárias. Assim como é vital construir uma rede de apoio, é igualmente importante encontrar — ou se tornar — um patrocinador. Mentoria e patrocínio estão relacionados, mas são coisas distintas. Mentor é alguém que ajuda seu orientando a desenvolver habilidades-chave. Patrocinador é um defensor ativo de uma pessoa dentro de uma organização, pressionando pelo reconhecimento e pela promoção dessa pessoa. Obviamente, o mentor pode se tornar um patrocinador também. Em ambos os casos, a pessoa beneficiada tem uma relação de lealdade com o mentor ou o patrocinador.

Mesmo que o patrocínio se assemelhe à mentoria, a responsabilidade explícita de um patrocinador de advogar em nome de alguém — e dar-lhe uma retaguarda — faz uma diferença crucial. Herminia Ibarra, professora de comportamento organizacional da London Business School, Nancy M. Carter e Christine Silva, principais pesquisadoras da Catalyst, uma organização sem fins lucrativos que trabalha com empresas para aumentar as oportunidades para mulheres, escreveram na *Harvard Business Review* que mulheres e homens são "orientados" equitativamente, porém, as mulheres são significativamente menos "patrocinadas" e, posteriormente, não evoluem na mesma proporção que seus pares masculinos. Da mesma forma, Sylvia Ann Hewlett, especialista em patrocínio e liderança diversificada, descobriu em 2012 que apenas 8% das pessoas negras tinham patrocinadores, contra 13% das pessoas brancas.

Ao contrário da mentoria, na qual você pode pedir a alguém para se tornar seu mentor, os patrocinadores normalmente escolhem seus protegidos. Infelizmente, nem todos querem desempenhar o papel de patrocinador. Se os líderes de uma organização realmente têm na diversidade um princípio a ser seguido, devem reconhecer que sua responsabilidade é tanto de promover os marginalizados quanto é responsabilidade dos próprios grupos marginalizados estreitar os vínculos no local de trabalho. Em um mundo ainda dominado por homens, há mais CEOs da Fortune 500 chamados James ou Michael do que mulheres. Nem uma única mulher negra entrou na lista de 2020. Simplesmente não estamos obtendo o progresso que previamos há apenas alguns anos.

Mentorias e patrocínios podem desempenhar um papel fundamental na evolução das carreiras de grupos marginalizados. Esses relacionamentos vão além do aumento de oportunidades e melhoria da condição desses indivíduos. Eles fazem com que, de modo cumulativo, mais mulheres e pessoas negras ocupem postos relevantes no topo, mudando nossa percepção do que é necessário para ser líder e aperfeiçoando as maneiras pelas quais aumenta a diversidade de pensamento e experiência nas organizações.

Ainda assim, pesquisas mostram que até hoje, entre os empregadores, prevalece a disposição de contratar candidatos semelhantes a eles ou com origens semelhantes. Ter frequentado a mesma faculdade ou universidade, ou ter crescido no mesmo código postal pode oferecer decisivas vantagens para quem procura emprego. Isso é especialmente verdadeiro quando uma organização ou uma área não possui um conjunto definido de critérios para avaliar os candidatos.

Iris Bohnet, professora da Kennedy School, ao lado de colegas acadêmicos, encontrou evidências reveladoras do efeito da discriminação. Na década de 1970, a participação feminina na composição de músicos nas sinfônicas dos EUA era de menos de 10%. Em um experimento realizado a partir dessa época por Bohnet e colegas, os diretores de orquestra começaram a colocar todos os candidatos atrás de uma cortina para impedir as equipes de contratação de identificar o gênero. Limitada à audição, a intervenção teve resultados reveladores: as mulheres hoje representam cerca de 40% dos componentes das sinfônicas norte-americanas.

A lição decorrente desse e de outros experimentos é evidente. Quando os líderes nas organizações trabalham de verdade com o intuito de reduzir as barreiras para mulheres e pessoas negras, podem fazer maravilhas; mas essa é uma missão em que é preciso entrar de corpo e alma.

DEFININDO VALORES E PRINCÍPIOS FUNDAMENTAIS

Cada um de nós extrai, da própria história de vida, um conjunto de valores e princípios que orienta nosso comportamento. Classificá-los é um desafio e tanto, uma vez que eles são muitos. Quem não aspira ser almas honestas, corajosas, felizes, responsáveis, respeitosas, compassivas, empáticas, justas, curiosas que se dedicam a tornar o mundo melhor? São valores que chamamos de pessoais. Entre nossos entes queridos, queremos ser amorosos, gentis, atenciosos, sinceros e presentes. Vamos chamá-los de valores familiares. No trabalho, enaltecemos o profissionalismo, a integridade, a confiabilidade, a visão, a colaboração, a competitividade e o apoio mútuo. Chame a esses de valores profissionais. Em nossa vida pública ou política, gostaríamos de acreditar que apoiamos a liberdade, a igualdade, a justiça, a unidade, a diversidade, o respeito mútuo e a boa vontade. Esses são os nossos valores cívicos. E, discreta, mas persistentemente, a maioria de nós também valoriza dinheiro, poder, influência e fama. Talvez seja o caso de chamá-los de nossos valores "cair na real".

Juntos, há mais de trinta valores diferentes. Como alguém pode viver uma vida totalmente comprometida com cada um deles? A resposta é que não é possível. Há muitos, e não são poucos os valores que por diversas vezes entram em conflito. Por exemplo, digamos que você, por se importar com o mundo, comece a trabalhar para uma primorosa organização sem fins lucrativos de abrangência global. É uma organização fantástica, mas com o decorrer do tempo, as viagens constantes ameaçam seu casamento. O que mais lhe importa, sua carreira ou sua família? Ou digamos que você passe a trabalhar como assistente de um poderoso congressista — um emprego dos sonhos até descobrir que ele é um chefe tóxico e está no cargo por todos os motivos errados. Você está preparado para continuar ali? Ou suponhamos que, ao se formar em uma importante escola de negócios, você receba uma oferta de emprego bem remunerado em Wall Street, mas sabe que dali a cinco anos não poderá voltar para sua cidade e concorrer àquele trabalho com que sempre sonhou. Qual das alternativas é mais compatível com seus valores? Ou ainda: após terminar a faculdade, você é convidado para um cargo de nível básico em uma empresa de tecnologia de primeira linha, mas pensa em iniciar um negócio próprio. Você opta pelo prestígio ou se arrisca?

Essas não são as únicas questões que requerem solução em seus primeiros anos de vida adulta. Caso queira fazer a diferença na vida pública, é necessário lidar com a forma como os valores podem colidir lá. Vamos supor que você esteja mentalmente comprometido com a liberdade e a igualdade. Aspirações nobres, ambas. Mas o aprendizado que vem com o tempo, como escreveu James O'Toole, é que buscar uma sociedade com igualdade total e absoluta — serviços e renda garantidos para todos, um cipoal de controles governamentais, impostos altos — tem como contrapartida perder muita liberdade. Por outro lado, buscar a liberdade completa — zero normas, regulamentos, impostos ou ações afirmativas [políticas antidiscriminatórias] — implicará na perda de muita igualdade.

Claramente, uma das maiores prioridades na vida pública é encontrar um equilíbrio justo e ponderado entre liberdade e igualdade, assim como é preciso balancear individualismo e comunidade, capitalismo e socialismo, centralização e descentralização. Como norte-americanos, falamos como se tivéssemos "valores compartilhados", que de fato não temos. Lamentavelmente, há tamanha polarização entre as lideranças do país que as diferenças entre os dois lados são quase impossíveis de ser superadas. Por isso, volto a dizer, precisamos tão urgentemente de uma nova geração de líderes — homens e mulheres que deixem de litigar o passado e iniciem um novo e mais auspicioso capítulo de nossa vida nacional.

Quando um líder tem seus valores resolvidos, está em uma boa posição para fazer a mesma coisa com seus princípios. Na verdade, princípios são a maneira de acionar os valores, colocá-los em ação. Alguns exemplos:

Valor: Preocupação com os outros.
Princípio: Criar um ambiente de trabalho que cuide consistentemente de sua equipe.

Valor: Igualdade de oportunidades.
Princípio: Remuneração igual para trabalho igual.

Valor: Dar o exemplo para os outros.
Princípio: Como líder, sempre dar o primeiro passo.

Os líderes emergentes têm, em geral, vidas tão ocupadas que há pouco tempo para dar uma parada e verificar a quantas anda — ou, como Ronald Heifetz argumentou tão bem em seus livros, para subir em uma sacada e observar a si mesmo na pista de dança. Ocorre que dar um tempo todos os dias para uma reflexão pessoal ou para meditar é, como muitos descobriram, um meio importante para entender quais são suas crenças. Quando nos afastamos da agitação e do estresse contínuo da vida cotidiana, podemos começar a ter uma visão de conjunto, definir nossos objetivos e ambições maiores. Também vale a pena estar atento à sua vida diária e aos projetos em andamento. Talvez você possa ter um diário de gratidão; ajudará quando chegar ao fundo do poço — como, um dia, pode ocorrer.

Quando nossa filha Katherine se converteu do cristianismo ao judaísmo, eu não estava bem certo do que esperar. Aconteceu que sua vida foi enormemente enriquecida — assim como a vida de toda a nossa família. Uma das alegrias que encontramos foi a tradição do Shabat, o jantar de sexta-feira e um sábado dedicado à família, aos amigos, à contemplação silenciosa e à gratidão pela vida. Foi algo que eu gostaria de ter descoberto antes. O budismo recomenda práticas semelhantes. Há lições aqui para todos nós que tentamos entender um mundo confuso.

A conclusão é que os anos de um jovem adulto são o período ideal para definir quais valores e princípios se deseja adotar na vida. Eles evoluirão ao longo dos anos, porém, você descobrirá, uma vez atrás da outra, que estará bem preparado se tiver um conjunto de valores e princípios elevados em sua mente enquanto toca a vida.

CONSTRUINDO SUA PRÓPRIA BÚSSOLA MORAL

Nas últimas décadas, foram inúmeros os grandes fracassos dos EUA em termos de liderança, que se estenderam desde os setores corporativos e sem fins lucrativos até a vida pública. Em meados de 2020, mais de 80% da população disse que giramos fora de controle.

Em meio a essa situação, ganhou força na comunidade empresarial pressões por uma correção de curso, de modo a se afastar das velhas formas de liderança em favor de uma abordagem diferente. "Não mais", diz Bill George, um dos principais participantes desse movimento, "liderar deveria ser desenvolver carisma, imitar outros líderes, parecer bem externamente e agir com base no interesse próprio." Isso não deu muito certo nos anos 1990 e início dos anos 2000, como ele aponta. Em vez disso, a liderança tem a ver com autenticidade, sinceridade, abertura, inteligência emocional, colaboração e mudança de sistemas. Essa escola de pensamento é chamada de "liderança autêntica" ou "encontrando seu Verdadeiro Norte". Em todos os setores, líderes aproximaram-se um dos outros e agora afirmam que todo líder deve construir sua própria bússola moral. Os melhores líderes de amanhã serão aqueles que defendem algo maior do que eles mesmos.

Então, o que significa praticar a liderança autêntica? Em palavras simples: você, nas questões que lhe dizem respeito como líder, deve confiar em seus próprios valores e princípios morais internos para lidar com escolhas difíceis. É fácil honrar seus valores quando a vida está indo bem. Mas quando uma crise aparece e decisões difíceis precisam ser tomadas, é essencial definir quais valores são mais importantes, quais devem ser sacrificados e, entre as opções, os que devem prevalecer e os que têm de ser descartados. É especialmente necessário que você vá fundo dentro de si mesmo para liderar integrando coração e mente.

Depois de uma carreira longa e bem-sucedida nos negócios, Bill George tornou-se um dos principais pioneiros em estudos de liderança — um digno sucessor de Peter Drucker, John Gardner e Warren Bennis. Entre as citações favoritas de Bill está a do líder espiritual budista Thich Nhat Hanh: "A jornada mais longa que você fará tem 18 polegadas: da sua cabeça ao seu coração".

A autenticidade de um líder tem relação direta com uma postura de transparência e abertura, revelar vulnerabilidades e ser consistentemente sincero. A pessoa que aparece em locais públicos deve ser a mesma pessoa a portas fechadas. É válido inspirar-se em outros líderes, mas não tentar imitá-los. Seja você mesmo. Como disse Steve Jobs: "Não deixe o barulho das opiniões dos outros abafar sua própria voz interior".

Atualmente, liderar tornou-se um trabalho muito estressante; líderes autênticos tentam permanecer firmes e darem as boas-vindas ao apoio da família, da comunidade e dos amigos. Também se requer deles que tenham um alto grau de autoconhecimento, bem como de autodomínio. Nos negócios e na vida civil, os líderes gostam, naturalmente, das recompensas extrínsecas da remuneração e do reconhecimento, mas as recompensas intrínsecas — que têm significado em sua vida — são, em última análise, mais gratificantes. Resumindo, George escreve que "Os líderes autênticos descobriram seu Verdadeiro Norte, alinham as pessoas em torno de um propósito e valores compartilhados e as capacitam a liderar autenticamente para criar valor para todas as partes interessadas".

Herminia Ibarra, uma autoridade em desenvolvimento profissional da London Business School, levanta um importante aspecto sobre liderança autêntica. A liderança autêntica, ela escreve, requer que você seja fiel a si mesmo — mas qual "eu"? "Temos muitos eus, de acordo com os diferentes papéis que desempenhamos na vida", diz ela. Conforme os contextos mudam, também os líderes devem mudar. Quando as coisas correm bem, um líder pode ser colaborativo, criando oportunidades para que todas as vozes sejam ouvidas. Mas em uma emergência, o líder da equipe deve empunhar firmemente o leme e ser ligeiro na tomada de decisões. Assim também, ele tem que demonstrar confiança aos outros, muitas vezes mascarando suas próprias dúvidas internas. Nos dias mais sombrios da Segunda Guerra Mundial, o general Eisenhower disse que o chefe de uma organização deveria "reservar" para seu "travesseiro" qualquer "pessimismo e desânimo". À medida que as necessidades de seus seguidores se alteram, é fundamental adaptar e ajustar sua própria liderança.

Os críticos da liderança autêntica, às vezes, levam seus defensores ao pé da letra. Eles dizem, por exemplo, que se você é um idiota em particular, a única maneira de ser verdadeiramente "autêntico" é ser um idiota em público. Isso, claro, é uma grande bobagem. Bom senso e fineza de trato se aplicam a qualquer líder — autêntico ou mais tradicional. Se você é um tolo, precisa melhorar seu comportamento.

Questão mais complicada é o lugar que os modelos devem desempenhar na vida dos líderes autênticos. Sou um forte defensor dos modelos de comportamento. Vimos que eles estão historicamente presentes, desde que Aristóteles se tornou um modelo intelectual para Alexandre, o Grande. Também é verdade que mudanças de contexto podem exigir uma nova roupagem; uma nova "persona" FDR é um excelente exemplo: ele começou sua presidência como "doutor recuperação" e terminou como "doutor vencedor da guerra". Certa vez, ele disse a Orson Welles: "Orson, você e eu somos os dois melhores atores do país".

Então, como conciliar a importância dos modelos com a necessidade de ser autêntico? Bill George e eu discutimos isso em diversas ocasiões e concordamos que um líder emergente deve estudar bem as vidas e as lições dos modelos, mas não tentar copiá-los. Seja você mesmo; não tente ser outra pessoa. Ouça a sua própria voz interior.

Não se deve tentar ser uma cópia exata, é claro. Mesmo querendo, quem poderia copiar Lincoln? Eleanor Roosevelt? Mandela? Ou Golda Meir? Grandes líderes podem ser uma fonte de aspiração e inspiração. Podem levá-lo a olhar para dentro de si e começar a desenvolver as qualidades atemporais existentes no melhor da humanidade. Eu também sugeriria que, muitas vezes, há uma sequência em nossas vidas — como adolescentes e jovens adultos começamos a aprender por meio de modelos. Nos anos seguintes, esse aprendizado, ao lado de outras experiências, se torna a base para a formação de valores e, com o tempo, serve para descobrir seu Verdadeiro Norte.

Na peça *Life of Galileo*, de Bertolt Brecht, o personagem Andrea diz: "Infeliz é a terra que não gera heróis", ao que Galileu responde: "Não, Andrea, infeliz é a terra que precisa de um herói". Para mim, Andrea tem o melhor argumento. Sempre houve heróis nos EUA. Em parte, nosso problema hoje é que temos tão poucos. Como a oferta deles diminuiu muito nos últimos anos, quase esquecemos como é viver entre grandes homens e mulheres. Eles inspiram, dão esperança, são modelos.

Sou da opinião de que autenticidade não requer que um líder deva expressar todos os seus pensamentos. Nem que ser transparente signifique dar livre curso a todas as emoções. Em vez disso, a liderança autêntica exige que, nas interações, você permaneça fiel a seus valores e princípios. Mentalmente, e na maneira de se comportar, você aguenta firme seu destino a longo prazo. Porém, e na medida em que os contextos mudam, é preciso ajustar suas táticas. Há diferença entre firmeza e rigidez. O mundo ao redor está mudando tão rápido que, mesmo mantendo seus valores e princípios, sua liderança deve ser ágil.

Quanto aos críticos da liderança autêntica, deve-se perguntar: O que colocar em seu lugar? Não é uma solução perfeita, mas com certeza supera as alternativas. Para os líderes que enfrentam alguns de seus dias mais angustiantes, é ainda mais importante conhecer seus valores e permanecer fiel a eles. Os próximos capítulos mostrarão que, quando submetidos ao teste final, os líderes que surgem em tempos difíceis com a bússola intacta não são apenas admiráveis. Eles se tornam nossos heróis.

QUATRO

SOBREVIVENDO AO TESTE DO "CADINHO"

FDR, O PRÍNCIPE FERIDO

Ao acordar durante as férias em família na Ilha Campobello, Franklin Delano Roosevelt, 39 anos de idade, viu sua vida virar de ponta cabeça. Quando saiu da cama e tentou ir ao banheiro, sua perna esquerda cedeu e ele caiu no chão. Estava com febre de quase 39°C. No dia seguinte, a perna direita também estava com problemas. Ele não conseguia mais andar.

Os médicos iam e vinham, a princípio incertos quanto ao que o afligia. Mas logo houve unanimidade. Um homem atlético tinha contraído a doença mais temida de sua época: a poliomielite, um vírus que no auge de sua disseminação matava ou paralisava dezenas de milhares nos EUA a cada ano. Uma vacina demoraria ainda três décadas para chegar.

Até o vírus invadir seu sistema imunológico, a vida de Franklin era encantadora. Filho único, mimado, de uma das famílias mais proeminentes dos EUA, educado em casa às margens do Rio Hudson, editor do *Harvard Crimson*, primo de um dos presidentes mais famosos do país, o segundo civil na escala hierárquica da Marinha durante a Primeira Guerra Mundial, candidato à vice-presidência do Partido Democrata aos 37 anos e uma estrela que parecia destinada a cargos ainda mais altos — Franklin parecia ter tudo. Aos olhos dele, seu maior fracasso foi ser rejeitado pelo Porcellian Club de Harvard. Como disse um observador, seu caminho pela vida estava atapetado de pétalas de rosa.

Contudo, tanto para a família quanto para os amigos, Franklin, apesar de altamente promissor, também parecia superficial, egocêntrico e desinteressante. Pelas costas, os membros da família o chamavam de "Bertie Wooster", um personagem hesitante de uma série de romances britânicos que retrata os ricos indolentes. A filha de Teddy Roosevelt, Alice, pensou que ele era um filhinho da mamãe, agarrado à barra da saia dela. Após a faculdade, ele seguiu com Teddy na legislatura do Estado de Nova York; ao contrário de seu primo, que "disparou como um foguete", Franklin era visto como arrogante.

Assim, não estava claro como Franklin responderia às crueldades da pólio. Ele se retiraria da vida pública, sua mãe insistia. Sara Roosevelt era uma mulher dominadora que o queria de volta à casa para ficar sob seus cuidados. Ou ele tentaria voltar a andar e recuperar uma posição na vida pública, como estimulavam sua esposa, Eleanor, e o conselheiro político de longa data, Louis Howe. Dias se passaram na indecisão, e Franklin ficou depressivo. Deus havia esquecido dele, lamentava.

Porém, seja como for, ele foi ao fundo do próprio poço, redescobrindo não apenas seu otimismo ensolarado do passado, mas também encontrando uma força interior e determinação que ninguém sabia que ele tinha – nem ele mesmo.

E assim começou um dos mais dramáticos recomeços de vida da história americana. A pólio tornou-se um divisor de águas em sua vida — os dias antes e depois da doença. Ele se tornou um exemplo clássico de líder público que não apenas se recuperou de um nocaute por meio da resiliência, como também cresceu em caráter e compaixão. Ele esteve em seu maior cadinho na vida — e se transformou.

Surpreendentemente, ele não foi bem na primeira missão que via como central. Ele acreditava que não poderia concorrer de novo a um cargo sem antes voltar a andar e foi persistente na tentativa. Dia após dia, se arrastava para a frente; passado um ano, era capaz de ficar de pé com o apoio de aparelhos, cada um pesando três quilos. Também descobriu que as águas quentes de um centro de reabilitação em Warm Springs, na Geórgia, aliviavam sua dor física e psicológica. Ele adorava tanto trabalhar com outras vítimas da pólio, especialmente crianças, que comprou o lugar e ia lá com frequência. Um vídeo dele na água com crianças atingidas pela poliomielite está disponível online. É comovente.

No entanto, por mais que tentasse, ficou claro nos sete anos seguintes que ele nunca mais ficaria de pé ou andaria sem assistência. Ele parecia cansado da vida pública. Sua mãe havia ganhado uma batalha.

Mas algo que ninguém previu foi como Roosevelt seria transformado por esse golpe esmagador — ou talvez mais precisamente, como ele transformaria a si mesmo. Tanto parecia que o otimismo estava de tal modo impregnado em seu ser que ele o transformou em uma forma de arte, inspirando os outros com uma presença desenvolta, alegre, inteiramente atenta, insistindo que, como ele disse mais tarde em sua primeira posse, "a única coisa que temos que temer é o próprio medo".

Antes da pólio, Franklin era esnobe; depois dela, profundamente compassivo e empático com quem estava sofrendo. Antes da pólio, ele se interessava principalmente por si mesmo; depois, dedicou-se ao bem-estar do próximo.

Uma das minhas passagens favoritas sobre liderança política está na biografia de FDR de Ted Morgan. Em um capítulo intitulado "Stricken Prince" [que é também o título deste capítulo], lê-se que "embora suas pernas permanecessem murchas, seu espírito triunfara. Foi essa batalha espiritual, essa recusa em aceitar a derrota, essa capacidade de aprender com a adversidade, que o transformou de um jovem superficial, inexperiente, egoisticamente ambicioso e, às vezes, sem escrúpulos na figura madura que conhecemos como FDR".

Era visível a mudança pela qual passou. Seu rosto se alargou e os exercícios expandiram sua caixa torácica, que ficou enorme. Ele estava envaidecido de sua força, orgulhando-se de haver lutado por duas horas e, por fim, ter derrubado um tubarão de mais de 100kg. Contudo, maior do que a força da parte superior do corpo era a força de seu caráter. Ele ficou mais paciente, muito mais do que nos anos anteriores. Como presidente, tinha um primoroso senso de oportunidade, de capacidade de esperar uma questão amadurecer antes de se dedicar com afinco a ela.

Ele também era mais reflexivo. Quando foi eleito para um terceiro mandato presidencial em novembro de 1940, em meio à Segunda Guerra Mundial, os britânicos o pressionavam desesperadamente para obter ajuda militar. A opinião de sua equipe era que tão logo fosse encerrada a apuração dos votos, ele certamente daria andamento a uma série de reuniões de emergência. Em vez disso, ele decidiu passar vários dias a bordo de seu iate presidencial no Caribe. Os EUA eram oficialmente neutros e dar armas aos ingleses enfrentava forte oposição interna. Ele precisava de tempo para pensar.

E foi lá, em um cruzeiro no Caribe, que ele teve a brilhante ideia do Lend Lease: um estratagema que enquadrava o envio de armas como um empréstimo, não uma doação. Na estratégia de persuasão, inventou uma famosa analogia que fez sua ideia prevalecer. Ei-la: se a casa do seu vizinho estivesse pegando fogo e ele pedisse emprestada sua mangueira de jardim, você não brigaria. Você emprestaria na hora. Talvez a mangueira se perdesse no fogo, mas se isso ocorresse, o vizinho poderia substituí-la. Certamente, disse ele, podemos fazer o mesmo por nossos amigos em apuros. Em algumas semanas, o Congresso deu seu aval para o Lend Lease e Churchill conseguiu seus navios de guerra.

A astúcia, algo natural para Roosevelt, foi elevada por ele ao estado de arte em sua luta contra a pólio. Ele acreditava ser essencial que o público não visse o quão devastado ele estava. Mas para ganhar a eleição para governador de Nova York e depois presidente, ele teria que subir em muitos palanques. Como resolver tal enigma? Ora, criando uma miragem visual! Seu carro se aproximava o máximo possível do local. Fora da vista do público, os homens o levavam e à sua cadeira de rodas para o palco, colocavam-no de pé e travavam os aparelhos nas pernas. Roosevelt então empunhava uma bengala e, com a outra mão segurava o braço de um ajudante — geralmente um filho. No palanque, ele inclinava a cabeça, abria um grande sorriso e, enquanto o público o via iluminar-se, ele girava — não andava, girava — pelo palanque; era a própria expressão do homem intrépido e feliz mesmo na adversidade. O que a plateia não podia ver era que na hora de pegar o microfone, ele suava profusamente, e o braço de seu ajudante, às vezes, sangrava, tal a pressão exercida pelos dedos de Roosevelt. E funcionou! William Leuchtenburg, um importante historiador de Roosevelt, disse-me que, quando era um estudante universitário, viu Roosevelt falar em um comício e ficou convencido de que ele podia andar.

Hoje isso seria inviável, mas naquela época a abertura de FDR com a imprensa lhe permitiu persuadi-los a não publicar nenhuma fotografia que mostrasse sua deficiência. A biblioteca de FDR, em Hyde Park — uma das melhores, por ser tão modesta —, tem milhares de fotos de Roosevelt, mas apenas três o mostram em uma cadeira de rodas. Uma das razões pelas quais FDR ganhou a presidência foi a crença generalizada de que ele havia vencido sua doença. Um homem que pudesse recuperar-se da pólio, dizia-se, com certeza poderia tirar o país da depressão. Roosevelt sabia exatamente o que estava fazendo.

Os "cadinhos" moldam um líder público. Durante muito tempo, os estudiosos de liderança consideraram os cadinhos como uma forma de adversidade, concentrando-se nas maneiras pelas quais os líderes lidam com os reveses. Mais recentemente, os cadinhos ganharam destaque graças a biógrafos e outros que passaram a ver neles o efeito transformador que provocaram nos líderes em momentos-chave de suas vidas. Não há melhor exemplo do que FDR. Doris Kearns Goodwin, a maravilhosa historiadora, escreveu em seu livro *Leadership in Turbulent Times*: "O tormento de Franklin Roosevelt é o mais indubitável paradigma de como uma experiência devastadora no cadinho pode, contra todas as expectativas e lógica, levar a um crescimento significativo, ambição intensificada e ampliação do dom para a liderança".

O CADINHO DE UM SOLDADO

Nos estudos de liderança, e ao escrever esse tipo de livro, há o perigo de interpretar que a maioria das pessoas não se tornará presidente ou primeiro-ministro de seu país, muito menos FDR. Portanto, é tentador dar de ombros para o exemplo. Mas os cadinhos são mais universais do que algo que incluímos nas narrativas sobre um grande presidente para humanizá-lo ou explicar sua ascensão. Cadinhos, como disse um erudito, "podem ser encontrados entretecidos no tecido da vida cotidiana". Uma esposa não consegue dar adeus ao marido quando ele morre vítima da COVID-19; um pai assiste impotente sua filhinha se afogar; uma mãe negra fica arrasada quando seu filho de 25 anos, correndo por um bairro branco, é morto a tiros por homens brancos que dizem que o confundiram com um ladrão. Uma guerra devasta uma geração após a outra. A experiência humana é tal que, provavelmente, nenhum de nós se livrará de passar por um grande sofrimento em um ou outro momento. Resultando de uma tragédia pessoal ou de uma crise nacional, esses eventos podem nos permitir remodelar a visão que temos de nós mesmos e do mundo à nossa volta. Pouco antes de FDR contrair a pólio, uma das guerras mais mortais do mundo havia tomado conta da Europa, deixando 20 milhões de mortos e centenas de milhões de luto. A Primeira Guerra Mundial era, em particular, conhecida por sua extrema brutalidade.

A descrição que um soldado francês fez de sua vida nas trincheiras e a luta para voltar para casa é memorável. Para André Fribourg, reservista do exército, ver seus companheiros morrerem o enchia de dor e de dúvidas — sobre seu país, a guerra, seu papel nela e o propósito de voltar para casa, onde havia sido professor. Ele colocou em dúvida tudo o que achava ter ensinado e pelo qual lutou, assim como sua própria identidade.

Então, como muitos antes dele, Fribourg valeu-se da escrita para capturar memórias e pensamentos. Seu livro, intitulado *The Flaming Crucible: The Faith of the Fighting Men*, era uma tentativa de expressar a dor de muitos, o perigo enfrentado por seu país e os esforços para salvá-lo. O escritor que traduziu esse livro para o inglês, cuja versão em português está a seguir, fala sobre Fribourg:

> Com o corpo em ruínas, a visão, o olfato e o paladar quase inexistentes, o professor volta da guerra para meditar sobre os mortos e o buraco vazio de sua vida. Horas escuras, infinitamente mais tristes que os terríveis dias e noites nas trincheiras. Nesse breu, a alma está trancada nas cavernas sombrias de seu coração; mas, pouco e pouco, o despertar vem. Na multidão,

cuja aparente negligência a princípio o arrepiou e chocou, ele aprende a se inclinar.

Ele sente mãos gentis guiando seus passos incertos e ouve vozes amáveis. As paredes da caverna se afastam; seu coração dilata como foles de um órgão de igreja. Ele aprendeu que somente a Fé explica. Ele foi remodelado no Cadinho Flamejante.

Ainda que no caso de Fribourg a narrativa seja de guerra, muitos escreveram sobre suas atribulações pessoais de maneira semelhante. Paulo Coelho, escritor brasileiro e meu colega no conselho da Fundação Schwab, na adolescência foi internado em um hospital psiquiátrico porque seus pais odiavam sua aspiração a escritor. Ele se tornou compositor, mas foi preso por criticar o governo brasileiro. Após ser libertado, Coelho tornou-se escritor e, desde então, publicou dezenas de obras em mais de oitenta idiomas. Ele fala sobre os momentos de mudança de vida que passou: "Quando menos esperamos, a vida coloca diante de nós um desafio para testar nossa coragem e nossa vontade de mudança; nesse momento, não adianta fingir que ainda não estamos prontos. O desafio não espera. A vida não olha para trás".*

Não surpreendentemente, uma das maiores escritoras e poetisas norte-americanas deu voz a um fenômeno semelhante de dor e dúvida terríveis. Maya Angelou passou por muitos sofrimentos, incluindo o ódio de racistas e o trauma do estupro quando esse era um assunto do qual ninguém falava. De espírito tão forte quanto o teste que enfrentou, suas palavras ecoam a tenacidade de FDR ao escrever: "Você pode não controlar todos os eventos que acontecem com você, mas pode decidir não ser diminuído por eles".

O PODER DOS CADINHOS

Meu querido amigo Warren G. Bennis e seu colega Robert J. Thomas popularizaram de tal modo a importância dos cadinhos na literatura de liderança que agora ganham destaque com frequência, inclusive indiscriminadamente, em histórias de aflição e triunfo. Na *Harvard Business*

---

* A frase é a originalmente escrita em português por Paulo Coelho segundo o site Pensador [https://www.pensador.com/frase/MjEzNTczNQ/] [N. da T.]

Review, em 2002, perguntaram: "Por que certas pessoas parecem inspirar naturalmente confiança, lealdade e trabalho árduo, enquanto outras (cuja visão e inteligência podem ser as mesmas) tropeçam repetidas vezes?".

Após entrevistar mais de quarenta CEOs e figuras públicas, eles concluíram que a resposta está em como os líderes lidam com desafios físicos ou psicológicos extremos — cadinhos. Eles escreveram: "Um dos indicadores e preditores mais confiáveis da verdadeira liderança é a capacidade de uma pessoa encontrar significado em eventos negativos e aprender com as circunstâncias mais aflitivas. Em outras palavras, as habilidades requeridas para vencer a adversidade e sair dela mais forte e mais comprometido do que nunca são as mesmas que produzem líderes extraordinários". Sem exceção, homens e mulheres entrevistados passaram por grandes desafios em algum ponto de sua jornada e os consideraram transformadores.

A jornada do herói e aquelas intimamente relacionadas aos líderes estão, de fato, no cerne dos mitos ocidentais há mais de 3 mil anos. Na verdade, a narrativa de Homero sobre Odisseu pode ser considerada a história original do cadinho. Odisseu foi uma figura central nas vitórias gregas na Guerra de Troia, ele recrutou o melhor soldado dos gregos, Aquiles, e foi dele a ideia do Cavalo de Troia, que permitiu aos gregos entrar em Troia e vencer a guerra.

No entanto, voltar para casa após uma longa ausência foi uma provação muito diferente e difícil para Odisseu. Ventos fortes tiram sua nau do curso, ele e seus homens são capturados pelos Cícones e precisam derrotar um Ciclope. Vangloriando-se da vitória, a arrogância o perde: ele enfurece Poseidon, o deus do mar, que faz as águas ficarem revoltas e perigosas para a navegação. Uma aventura dá lugar a outra e Odisseu passa mais 7 anos no mar. Finalmente, ao retornar à sua ilha natal de Ítaca, enfrenta mais um desafio. Sua esposa, Penélope, depois de uma espera longa e paciente, vai se casar novamente. Mas os pretendentes são muitos, e há uma competição por sua mão. Odisseu, disfarçado, derrota todos os outros e por fim se reúne com a família e reassume o trono. Em contraste com a *Ilíada*, um conto sangrento de guerra e arrogância, *Odisseia* é uma história que por milhares de anos deu ânimo a líderes que lutam para superar profundas adversidades.

A partir de Freud e Jung, há um século, os psicólogos têm se concentrado não apenas nas lutas externas dos líderes, mas também em suas lutas emocionais internas. No início do século XX, o psicólogo e filósofo William James discorreu sobre líderes forjados em crises pessoais. "Ocasiões emocionais, em especial as violentas, são extremamente potentes em precipitar rearranjos mentais", escreveu ele em *As Variedades da Experiência Religiosa*. Uma forma de estar no mundo abre caminho para outra. James utilizou a frase "nascer duas vezes" para caracterizar indivíduos envolvidos em tais transformações. Ele acreditava que as pessoas que nascem duas vezes podem alcançar um "nível heroico... em que coisas impossíveis... tornam-se possíveis, e novas energias e resiliências surgem". Isso descreve Franklin Roosevelt, não?

É certo que os cadinhos descontinuam e transformam a vida dos líderes de muitas maneiras diferentes: traumas de infância que os atormentam na idade adulta, como é o caso de Oprah Winfrey; o trágico e abrupto assassinato de um ente querido, como aconteceu com Bobby Kennedy; a dor de uma perda provocada por causas naturais, como a de Sheryl Sandberg, cujo marido faleceu subitamente; a dor de enfrentar preconceito racial tenebroso e repulsivo, de que foram objeto Sojourner Truth, Shirley Chisholm e Gandhi; um cárcere longo, solitário e mentalmente perturbador, como o enfrentado por Nelson Mandela, Dietrich Bonhoeffer, John McCain e outros prisioneiros de guerra; e experiências de quase morte como a de Serena Williams, após dar à luz seu filho.

Como já vimos anteriormente, talvez o exemplo moderno mais conhecido do cadinho venha do Paquistão, onde um pai incutiu em sua filha o amor pelo aprendizado. Observar seu pai administrando a escola dele no vale do Swat, levou Malala Yousafzai a se interessar pela educação antes mesmo de saber falar: ela ia às salas de aula de seu pai e imitava os professores. Quando o Talibã passou a controlar o noroeste do Paquistão, dança e televisão foram proibidas; porém, o que mais pesou para Malala e sua família foi a proibição de meninas frequentarem a escola. Uma medida devastadora, que poderia inviabilizar a educação da maioria das garotas. Malala não se intimidou e começou a fazer campanha pela educação feminina. Ela foi à televisão e à plataforma urdu [a língua nacional do Paquistão] da BBC, perguntando: "Como o Talibã ousa tirar meu direito básico à educação?". Ela tinha apenas 11 anos quando publicou seu primeiro post no blog online. Muitos considerariam ser despojado de seu direito fundamental um "momento cadinho" em si mesmo; Malala, ao continuar sua educação sob o Talibã e encontrar um propósito moral ao defendê-la, provou que poderia superar as adversidades.

Já havíamos visto que, quando os combatentes do Talibã entraram no ônibus escolar em que ela estava, perguntaram "Quem é Malala?" e atiraram três vezes na cabeça dela. Esse foi outro cadinho do qual foi muito mais difícil se recuperar. Sua defesa do direito à educação feminina quase lhe custou a vida; ela acordou de um coma induzido em Birmingham, Inglaterra, após enfrentar semanas de cirurgias, tratamentos e terapias. Sobreviveu porque a sorte lhe sorriu. Quando se recuperou bem o bastante para voltar à escola, ela não o fez em silêncio; em vez disso, dobrou seu ativismo, estendendo-o além das fronteiras internacionais para defender a causa da educação de meninas em todo o mundo. Sua autobiografia detalhando tais eventos foi aclamada mundo afora; em 2014, aos 17 anos, se tornou a mais jovem vencedora do Prêmio Nobel da Paz. Hoje, ela está sob maior vigilância em seu país natal conforme cresce a influência do Talibã e de outros grupos militantes islâmicos; a polícia local tem invadido livrarias e escolas que possuam obras que partilham sua história.

As aflições de Malala vieram em ondas, uma após a outra. Primeiro ela enfrentou o domínio opressivo do Talibã, que a afastava de sua paixão com base apenas no gênero. Como muitas mulheres e pessoas não brancas antes dela, aprendeu que as circunstâncias em que nasceu criaram sua própria forma de extrema adversidade. Depois, encarou a morte de frente, mas saiu dessa luta mais forte. Não é necessário que os líderes passem por tal experiência, mas para quem a tem, esse tipo de encontro pode mudar toda sua jornada como pessoa e líder. Pessoalmente, tive perdas e lutas formativas, mas não transformadoras.

Sendo claro, cadinhos muitas vezes nunca deixam completamente quem foi afetado por eles. Ainda que o obstáculo seja superado, ainda que um líder pare e por fim cresça com a experiência, a memória desse cadinho pode enclausurar este na dúvida e na escuridão por décadas — aliás, até a morte.

Veja Eleanor Roosevelt. Ela cresceu com pais que não raro não se importavam com seu bem-estar e frequentemente a deixavam insegura e solitária. Depois de se casar com seu primo distante Franklin, ficou em casa criando seus cinco filhos. Então, foi como se um raio a atingisse: quando Franklin, na época um alto funcionário em Washington, voltou para casa de uma viagem a trabalho na Europa, estava tão doente que Eleanor teve que lidar com a bagagem para ele. Foi aí que descobriu um pacote de tórridas cartas de amor entre ele e Lucy Mercer, secretária pessoal de Eleanor. Seguiram-se anos de muita dor, mas Eleanor saiu mais forte do sofrimento e se tornou uma defensora dos oprimidos, pessoas que ela nunca teria conhecido se não fosse por essa experiência cadinho. Durante décadas, muito depois da morte de Franklin, ela foi a mulher mais admirada dos EUA. Porém, ainda que tenha perdoado, Eleanor nunca esqueceu. Após sua morte, um poema foi encontrado ao lado de sua cama. Nele ela havia inscrito "1918", o ano em que descobriu as cartas de amor de Franklin para Lucy Mercer. O poema era "Psyche", de Virginia Moore [em tradução livre]:

A alma que acreditou
E se desiludiu
Em nada pensa por um tempo,
Todos os pensamentos são insuportáveis
Então o sol
Com sua muda persuasão,
E por ser natural
A esperança na primavera e no outono,
A alma se abranda e suaviza,
Uma criancinha,
Encontra no fôlego
Opção melhor que a morte...
A alma que acreditou
E se desiludiu
Termina acreditando
Mais do que nunca

CINCO

O SEGREDO DA RESILIÊNCIA

Alguns líderes públicos, quando se deparam com uma situação crítica, não suportam a pressão e desmoronam, enquanto outros — como Odisseu, Franklin e Malala Yousafzai — conseguem enfrentá-la e até mesmo crescer. Por quê? Com base em suas pesquisas, o pai da psicologia positiva, Martin E. P. Seligman e seus colegas concluíram que as reações humanas a adversidades extremas tendem a ficar em um dos três campos ao longo de uma curva em forma de sino.

De um lado do espectro ficam aqueles que estão desesperançados — reação bastante compreensível para quem sofreu traumas extremos. Essas pessoas, não tendo a necessária ajuda para se recuperar, tornam-se ansiosas, caem em depressão, recorrem às drogas, sofrem de transtorno de estresse pós-traumático e, cada vez mais, chegam a tirar a própria vida. São vítimas do que Seligman e companhia descreveram como "impotência aprendida": uma sensação de que estão presas na vida e são incapazes de se libertar. Felizmente, são um grupo minoritário e que a cada dia encontra mais apoio e orientação de redes de familiares e profissionais.

No meio do espectro está um segundo grupo — a maioria — que de início cai em depressão e estresse elevado, mas que, passado um tempo, começa a se recuperar e voltar para onde estava. Chamamos essas pessoas de resilientes.

Quanto ao outro extremo do espectro, diz Seligman, "um grande número de pessoas mostra o que é chamado de crescimento pós-traumático". Tais pessoas normalmente passam por momentos difíceis logo após um evento traumático — até mesmo formas de TEPT —, mas um ano depois "estão mais fortes do que antes por mensurações psicológicas e físicas". São as pessoas de quem Nietzsche disse: "Se não me mata, me fortalece".

O Exército dos EUA, que dá grande importância ao treinamento de oficiais e sargentos para que desenvolvam sua resiliência com experiências desafiadoras, procurou Seligman alguns anos atrás solicitando a criação de um tipo especial de treinamento com essa finalidade. Milhares cursaram as aulas, dizem que com entusiasmo.

Os fuzileiros navais, naturalmente, souberam desses cursos. Em meados dos anos 1990, todas as instituições militares procuravam cumprir suas metas de recrutamento. Três delas — Exército, Marinha e Aeronáutica — decidiram facilitar a vida dos recrutas (por exemplo, exercícios militares mais curtos, mais tempo em terra etc.). Já os fuzileiros navais, por outro lado, decidiram tornar as coisas muito mais difíceis. Criaram uma semana final infernal chamada, com toda a propriedade, de "o Cadinho".

O corpo de fuzileiros navais se orgulhava de exigir que, após seis horas de sono e alimentação, os recrutas, em seus esquadrões, fossem submetidos a provações físicas, psicológicas e morais, sem dormir ou se alimentar, marchando cerca de 70km em um período de 54 horas. Ao transpor o último obstáculo do Cadinho, o candidato se torna fuzileiro naval. O resultado desse recrutamento? Exército, Marinha e Aeronáutica viram declinar os alistamentos enquanto os dos fuzileiros navais disparavam. Decorridos 25 anos, o Cadinho ainda é considerado a experiência definidora de ingresso nos fuzileiros navais. Um número considerável de jovens nos EUA — mais do que se poderia suspeitar — clama por traquejos que requerem grande bravura, resultam em vínculos estreitos e dão propósito à vida.

Com o mundo crescentemente caótico e perigoso, não é de admirar que os pais se esforcem tanto para proteger seus filhos. Ainda assim, muitas vezes fico pensando se devemos estimular os jovens a se robustecerem psicologicamente, a ter mais experiências fora de sua zona de conforto.

Com certeza, os muitos fuzileiros navais presentes em minhas salas de aula, principalmente na faixa de 20 e poucos anos, saíram da vivência militar com enormes autodisciplina, força mental e resiliência.

Em seus últimos anos, tive a ajuda — sem tamanho — de minha mãe em minha própria vida. Ela sabia, creio, que há muito eu sentia medo de morrer. Eu não queria nem falar, nem ler, nem pensar sobre isso. Então, ela me deu um grande presente: me ensinou como morrer. Ela não escondeu nada de seu declínio. Vi cada momento assustador; e estava lá, segurando sua mão, quando ela se foi. Tal foi sua graça e dignidade naquele momento que roubou da morte sua dor. Foi um momento de beleza e reverência. Naquela mesma manhã, o primeiro dia de primavera, nasceu um de seus bisnetos, chamando-me à noção dos ciclos da vida — pela graça de Deus, uma porta se fechava e outra se abria. Não guardo mais esses velhos medos. Ganhei mais força interior.

Conseguimos, até agora, ter uma boa compreensão a respeito das características que tornam os líderes mais vulneráveis aos infortúnios extremos. Sabemos que os profundamente inseguros e narcisistas fracassarão; o destino é mesmo para aqueles com ambição excessiva, falta de caráter, covardia ou incompetência preguiçosa. Ninguém quer estar em uma trincheira ao lado de uma pessoa assim.

Mas quais são as características mais relevantes para o fortalecimento da resiliência dos líderes públicos e para também incentivá-los ao crescimento pessoal? A pesquisa me parece inconclusiva. No entanto, vê-se que podemos tirar lições importantes das experiências pessoais, bem como da história, das ciências sociais e da filosofia. Dos meus próprios anos no setor público, servindo a quatro presidentes e ensinando por mais de duas décadas, penso que além das qualidades básicas, óbvias, de todos os líderes — caráter, integridade, coragem — há quatro outras qualidades-chave inerentes a homens e mulheres cujos cadinhos revelaram o quanto foram resilientes.

UM TEMPERAMENTO SOLAR

Em 1993, poucos dias após sua primeira posse, o presidente Franklin Roosevelt fez uma visita de cortesia a Oliver Wendell Holmes Jr., juiz da Suprema Corte por ocasião de seu 92º aniversário. Conversaram por uma hora. Depois que FDR se despediu, Holmes voltou-se para um assistente e disse sobre Roosevelt: "Um intelecto de segunda classe, mas um temperamento de primeira classe". Holmes tinha razão. FDR não era o homem mais inteligente da vida pública e, antes da pólio, era superprotegido. Todavia, como vimos anteriormente, sua índole extrovertida e vivaz lhe permitia enfrentar sua aflição de bom grado e confiança interior. Não venceu a pólio, mas escreveu uma nova narrativa sobre sua vida que não apenas o transformou, mas lhe rendeu a presidência.

Vi o quanto uma perspectiva otimista e positiva foi útil ao presidente Reagan não apenas para sobreviver, mas também evoluir depois que quase morreu de um atentado à bala. Gipper* acreditava na liturgia de seu cargo e nunca baixou a guarda. Eu estava na Ala Oeste naquela tarde fatídica de 1981 quando ele foi atingido. Seu carro parou no hospital e ele saiu do automóvel do outro lado. De pé, ele cuidadosamente abotoou o paletó, deu a volta no carro, sozinho, e apenas quando chegou até os médicos que esperavam, já fora do alcance das câmeras, caiu nos braços deles. Ele só sabia que conseguiria fazer isso — não queria que a nação visse seu presidente vulnerável e estatelado no chão.

Nos meses em que participei de reuniões com ele, Reagan estava sempre otimista. Ele sempre tinha muitas histórias engraçadas para contar; uma delas, que ele apreciava bastante, era sobre dois garotos na manhã de Natal. Um dos meninos era resmungão. Quando seus pais lhe mostraram uma bicicleta novinha em folha, ele começou a chorar, dizendo ter certeza de que sofreria um acidente, a bicicleta ficaria toda quebrada e ele ficaria muito triste. Frustrados, os pais levaram o garoto otimista para outra sala para lhe dar um presente. Abrindo a porta, tudo o que ele podia ver era uma montanha de jornais velhos. O menino ficou eufórico, e rindo de

---

* Apelido que Ronald Reagan ganhou por seu papel no filme "Criador de Campeões", de 1940. [N. da T.]

não se aguentar de felicidade, mergulhou no monte de jornais exclamando: "Onde está o pônei, onde?!". Não é algo que se possa dimensionar, mas Reagan foi outro presidente cujo temperamento sanguíneo o ajudou a crescer enquanto se recuperava de seu cadinho.

ADAPTABILIDADE

Difícil apontar uma geração na história norte-americana que tenha passado por mais cadinhos coletivos do que os Millennials e a Geração Z. Somente nas últimas duas décadas, como dissemos na introdução, houve horrorosos ataques terroristas em nosso próprio solo [EUA], duas das mais agudas recessões econômicas desde a Grande Depressão, uma pandemia que matou centenas de milhares de norte-americanos, além de ameaças ao próprio planeta. Sem contar que muitos também estão se formando em universidades à custa de dívidas pesadas e perspectivas de emprego incertas.

A capacidade de adaptação é condição indispensável em um mundo tão volátil e caótico como o nosso. Como escrevem Bennis e Thomas: "A capacidade de se adaptar, que inclui habilidades críticas como saber interpretar o contexto, reconhecer e aproveitar as oportunidades, é a competência essencial dos líderes". Eles citam o trabalho do psiquiatra George Vaillant, de Harvard, que passou a vida analisando os estágios de desenvolvimento no famoso Grant Study.* O primeiro volume desse trabalho, intitulado *Adaptation to Life*, descobriu que as pessoas que envelheceram com mais sucesso tinham grande capacidade de adaptação, continuavam a aprender coisas novas e olhavam para o futuro com entusiasmo e otimismo, não se deixando ficar presas ao passado.

A vida de Ida B. Wells pode ser considerada, em muitos aspectos, uma história de adaptação recorrente. Nascida escrava no Mississipi em 1862, ela e seus pais passaram os primeiros dias dela tentando ganhar a vida no sul do país após o fim da Guerra Civil.

---

* Trata-se de um estudo que acompanhou por 75 anos a história de vida de 268 homens norte-americanos que se graduaram em Harvard na década de 1940. [N. da T.]

Quando Ida, que era a filha mais velha, tinha 16 anos de idade, seus pais faleceram vitimados pela febre amarela. Diante de tal infortúnio, a comunidade da igreja decidiu que o melhor a fazer era separar as crianças, encontrando lares adotivos para cada uma elas. Ida, porém, se recusou. Ela disse aos que haviam tido essa ideia: "Meus pais se revirariam em seus túmulos se soubessem que seus filhos haviam sido dispersos." Ela resistiu à contínua pressão daquelas pessoas para separar a família. Não tardou para que se tornasse professora para manter todos alimentados e abrigados.

Essa adaptabilidade permitiu a Wells ascender para se tornar, nas palavras de um jornalista, "a heroína desconhecida do movimento dos direitos civis". Assim, o lançamento de sua maior obra talvez tenha acontecido apenas porque ela se dispunha a mudar de rumo sem hesitação ou medo. Na década de 1880, Wells retornou a Memphis, onde nascera, para administrar um jornal, o *Free Speech*. Lá passou a defender os direitos dos negros norte-americanos e começou a investigar a violência local de brancos contra negros. Em 1892, uma multidão branca linchou três homens negros. Um destes era o dono da mercearia que era o coração da comunidade negra de Memphis e um amigo dileto de Wells.

Wells foi às páginas de seu jornal, conclamando os cidadãos negros de Memphis a deixar a cidade. Sua voz era tão respeitada que "muitas pessoas, centenas delas" fizeram exatamente isso nas semanas que se seguiram. Quando ela publicou um editorial anônimo que dizia que o linchamento nada tinha a ver com a violência de homens negros contra as mulheres (que era a desculpa dos linchadores brancos), colocou em perigo sua própria vida. Aproveitando-se de que ela estava viajando para Nova York, uma multidão invadiu e depredou os escritórios do *Free Speech*. Logo a multidão descobriu que Wells era a autora daquele editorial anônimo; ela então sofreu ameaças de morte caso voltasse a Memphis.

O trabalho de sua carreira fora destroçado e seus investimentos, perdidos. A amiga estava morta e sua vida estava em risco. Circunstâncias terríveis, mas que serviram de catalisador para Ida. Mais tarde, ela escreveu: "Foi isso que abriu meus olhos para o que o linchamento era na realidade. Uma desculpa para se livrar dos negros que estavam adquirindo riqueza e propriedades e, assim, manter a raça aterrorizada e 'manter o n***** no chão!. Foi quando comecei uma investigação acerca de cada linchamento que lia. Topei com o incrível registro de que todos os casos de estupro relatados naqueles três meses foram tratados como tal somente quando se tornaram públicos". Ela se comprometeu a trabalhar a vida inteira para expor as duras e horrendas verdades do linchamento.

E fez exatamente isso: percorreu o país, contando às multidões o que estava descobrindo e escrevendo uma série investigativa sobre linchamento, *Southern Horrors*. Segundo o *New York Times*, suas técnicas de reportagem, pioneiras, permanecem centrais para a prática do jornalismo hoje. Ela também foi à Grã-Bretanha para angariar apoio para sua causa. Frederick Douglass, um dos maiores oradores e ativista dos mais eficazes do país, escreveu sobre os pronunciamentos de Wells: "Não houve palavra igual em poder de convencimento. Tenho falado, mas minha palavra é fraca em comparação". Mais tarde, Wells ajudou a fundar a NAACP e a Associação Nacional de Mulheres de Cor, enquanto encontrava tempo para ir às prisões para trabalhar. Ela chamou a atenção para o problema do encarceramento quando esse assunto era negligenciado. Uma lei aprovada em 2022 pela primeira vez tornou o linchamento um crime de ódio sob a lei federal. Esse marco legal foi uma parte significativa do legado de Ida Wells.

Há muito mais a dizer sobre Ida B. Wells — sua bravura, compromisso com a justiça e intelecto eram todos da mais alta ordem. Se ela não tivesse a capacidade de se adaptar com disposição e eficácia, porém, os EUA seriam, certamente, um lugar menos justo. Em vez de vergar com o peso das dificuldades com que se deparou, ela procurou tirar o melhor proveito das circunstâncias difíceis e viu oportunidade nos desafios mais graves. Mudar para outro lugar, o sofrimento e o infortúnio inesperado não impediram Ida de buscar uma vida melhor; em vez disso, ela aproveitou os tempos difíceis como uma chance de divulgar as injustiças. A maioria de nós nunca enfrentará atribulações semelhantes às de Wells e sua família; cada um, porém, se defrontará com circunstâncias imprevisíveis, muitas das quais parecerão insuperáveis. Os melhores entre nós lidarão com essas questões com calma, mudando a si mesmos e o modo como veem a vida a fim de iluminar as horas mais escuras.

RESISTÊNCIA

Há algum tempo, minha colega e amiga Nancy Koehn, professora de história na Harvard Business School, me reapresentou a Rachel Carson. Eu conhecia o trabalho de Carson como ambientalista. Seu livro *Silent Spring* foi um dos mais relevantes do século XX. Mas eu não tinha ideia de sua importância e de como ela se tornou um estudo de caso no que os moradores da Nova Inglaterra costumam chamar de "resistência". Outros chamam isso de "perseverança". E há os que, começando com a psicóloga e autora Angela Duckworth, o popularizaram como "garra". De acordo com ela, garra é uma combinação de paixão e perseverança unidas em direção a um objetivo importante; suas descobertas sugerem que é uma característica central de alto desempenho em uma variedade de setores de atividade.

Chame-a como quiser — resistência, perseverança ou garra — era algo que sobrava para Rachel Carson, e isso fez uma enorme diferença no impacto que causou. Em 1960, em meio à escrita de seu último livro, uma investigação sobre os crescentes perigos dos agrotóxicos amplamente empregados na época na agricultura norte-americana, ela se viu em apuros. Naquela primavera, seus médicos haviam removido pela terceira vez pequenos tumores em seu seio esquerdo. Eles eram "suspeitos" o bastante para justificar uma mastectomia radical, mas os médicos não recomendaram nenhum tratamento complementar. Lamentavelmente, essa recomendação revelou-se excessivamente otimista, pois em poucos meses, a Cleveland Clinic disse a ela que o câncer estava se espalhando.

Rachel Carson começou, então, uma corrida contra o tempo. Determinada a terminar seu livro, receava não conseguir, e era frequentemente afligida pela dor. Como Nancy Koehn aponta em seu livro sobre liderança, *Forged in Crisis*, Carson guardou para si seus pensamentos mais sombrios. "Eu lamento por dentro", ela escreveu na margem de seu caderno. "Acordo no meio da noite e choro silenciosamente pelo Maine (onde ela gostava de passar os verões)." Apesar de alguns dias terem sido produtivos em sua escrita, ela também enfrentou enormes desafios. "Como revelar o suficiente para fazer compreender os efeitos mais sérios dos [agrotóxicos] sem ser técnica, como simplificar sem erro — esses eram problemas de proporções bastante monumentais", disse ela a um confidente.

Talvez por milagre, Carson terminou seu manuscrito, mas depois encontrou outro obstáculo: quando a *New Yorker* publicou três excertos, a repercussão foi imensa. Apoiadores se manifestaram. William O. Douglas, juiz da Suprema Corte, chamou sua obra de "o livro mais revolucionário desde *A Cabana do Pai Tomás*." Por outro lado, no entanto, a indústria química liderou um movimento de descrédito tanto do trabalho quanto dela. Um dos líderes da indústria deu a entender que ela era uma fachada para influências comunistas. Outro disse que aqueles ensinamentos poderiam nos devolver à Idade das Trevas, para que "insetos, doenças e vermes herdassem novamente a terra". Gravemente doente, ela resistiu tempo suficiente para ajudar a fazer o governo entrar em ação.

Consciente de que a morte se aproximava rapidamente, ela fez uma caminhada final ao longo de Boothbay Harbor com um amigo próximo. Logo depois, Carson escreveu: "Não ficamos tristes quando falamos do fato de que não voltaríamos lá. E com razão, pois quando uma coisa viva chega ao fim de seu ciclo de vida, aceitamos isso como natural... É o que aqueles fragmentos brilhantes da vida me ensinaram esta manhã (em nossa caminhada). Encontrei uma profunda felicidade nisso".

Nancy Koehn escreveu: "O período em que o cadinho a forjou se estendeu por mais de dois anos. Essa queima longa e lenta exigiu dela, repetidas vezes, encontrar o caminho de volta do abismo do desespero e depois se comprometer novamente com sua missão". Nancy conclui:

> "Sua capacidade de seguir em frente, terminar seu livro e exercer enorme impacto foi alimentada por sua dedicação inabalável a uma causa poderosa." Tranquila e reservada, Rachel Carson é vista até hoje como a mãe do movimento ambientalista moderno. Temos sorte de que ela manteve o curso quando as águas ficaram turbulentas".

Carson nos mostra que provocar mudanças raramente é fácil e quase sempre requer um compromisso irrevogável com a causa. Em face da adversidade, grandes líderes são aqueles que se mantêm firmes em seus propósitos e objetivos. Dias, meses e até anos complicados virão, mas, muitas vezes, é por meio da resistência que podemos voltar a nos comprometer com nossos valores e seguir adiante.

Como Peter Gomes, o falecido pastor da Harvard Memorial Church, muitas vezes recomendou aos fiéis sobre a adversidade: "Acostume-se; supere isso; vá em frente".

ESTOICISMO

Gregos e romanos de 2 mil anos atrás foram há muito suplantados no que se refere à ciência, tecnologia, engenharia e muitos outros campos. No entanto, descobri que seus pensamentos sobre a vida continuam sendo uma fonte vital de sabedoria para os líderes de hoje. Na década de 1990, trabalhando na Casa Branca, acompanhei o presidente Clinton em um voo doméstico a bordo do Air Force One. A bordo estava também Ted Koppel, âncora de longa data da ABC, profundamente absorto em um pequeno livro. Quando entrou no avião, ao vê-lo, o presidente perguntou o que estava lendo. "Ah, um livro chamado *Meditações*, do imperador romano Marco Aurélio." Ao que Clinton comentou: "Eu também. Na verdade, procuro lê-lo uma vez por ano". E Koppel respondeu: "Eu também". De suas leituras, e conversas com líderes como Nelson Mandela, Clinton encontrou no estoicismo uma maneira útil de manter seu equilíbrio emocional e mental quando os republicanos tentaram retirá-lo do cargo. Mandela o aconselhou a não permitir que seus inimigos explorassem em benefício próprio suas emoções e estado mental.

Não posso dizer que sou como eles em seus hábitos de leitura, mas acho que, conforme envelheço, gostaria de ter estudado mais e melhor os gregos e romanos quando era jovem. Seus filósofos eram homens práticos que frequentemente se envolviam com seus seguidores na busca de sabedoria e de uma vida reta. E seus escritos e colóquios tiveram grande influência sobre os fundadores dos EUA, atraídos pelos filósofos romanos e por uma escola de pensamento chamada estoicismo. O historiador Forrest McDonald argumenta que não bastou os fundadores milagrosamente terem derrotado o exército mais poderoso do mundo; eles tiveram que fundar uma república duradoura, sabendo que nenhuma havia conseguido se manter por muito tempo. Para os fundadores, as ideias de filósofos atenienses como Platão e Aristóteles tinham pouca aplicação prática, e mesmo as de Locke e Montesquieu ficaram aquém.

Assim, os fundadores colocaram sua esperança e encontraram orientação nos estoicos da Antiguidade — filósofos e estadistas como Sêneca, Cícero, Epiteto e Marco Aurélio. Esses homens falaram sobre modos de vida e liderança, temas de imenso interesse para os norte-americanos. De acordo com os estoicos, o princípio maior de um povo era a virtude pública — "virtude no sentido de ser altruísta, em tempo integral e atuar com coragem em prol do bem público", como escreve McDonald. Esse espírito público prevaleceu durante a Guerra da Independência dos EUA — muitos fizeram grandes sacrifícios pela causa da independência —, mas havia a preocupação legítima de que, em tempos normais, as pessoas seriam movidas por suas paixões e que, para as que fossem públicas, ambição e poder seriam as que prevaleceriam — "o amor ao poder e o amor ao dinheiro". Historicamente, o estoicismo dá ênfase à liberdade e à independência, mas não só: a essas se unem valores como autocontrole, rígido autodomínio, deixar de lado as paixões, contenção, manter o lábio superior sem tremer e devoção resoluta à honra.

Em nosso próprio tempo, a história de James Stockdale, outro piloto combatente que foi aprisionado durante a Guerra do Vietnã, levou a um renascimento muito bem-vindo do interesse pelo estoicismo. Antes de sua prisão, Stockdale havia passado 20 anos como piloto de caça norte-americano e raramente saía da cabine da aeronave até os 30 e tantos anos, quando se matriculou em estudos de pós-graduação na Hoover Institution de Stanford, com especialização em segurança nacional. Sua ideia, pensava, era se preparar para uma carreira no Pentágono como planejador estratégico. Porém, logo admitiu que achava seus estudos um tanto aborrecidos, concluindo não ter o perfil necessário para mexer com papéis em Washington. Um dia, por acaso, vagando pela área de filosofia da escola, encontrou o reitor de Humanidades e Ciências, Phil Rhinelander. Aquele encontro casual lhe abriu as portas de um novo mundo.

Stockdale escreveu um relato emocionante dos anos que se seguiram em *Courage Under Fire: Testing Epictetus's Doctrines in a Laboratory of Human Behavior*. Trata-se de um ensaio de cerca de quarenta páginas, facilmente encontrado na internet. Recomendo a leitura a qualquer aspirante a líder. Nascido escravo na Ásia Menor em 50 d.C., Epiteto, aos 15 anos, foi enviado para Roma acorrentado. Devido à brutalidade com que o trataram, mancava de uma perna e foi leiloado como um "aleijado". Por sorte, foi comprado por um romano, o qual passou a admirá-lo por sua curiosidade e mentalidade. Por fim, de uma maneira ou outra, Epiteto acabou sendo aceito como um filósofo estoico por direito próprio.

Stockdale concluiu de seus estudos de Epiteto que: "O estoicismo é uma filosofia nobre que se mostrou poder ser posta em prática mais do que um cínico moderno suspeitaria... Os estoicos minimizam os danos físicos, mas não se trata de fanfarronice. Colocam dessa forma para efeito de comparação com a devastadora agonia de vergonha alheia pelo que os homens bons geravam quando sabiam em seus corações que haviam falhado em cumprir seu dever diante de seus semelhantes e de Deus". O padrão da posição do estoicismo por pensamento disciplinado e comportamento corajoso atraiu apenas uma minoria, mas citando *Life of Greece*, de Will Durant, Stockdale diz que "esses poucos eram os melhores em todos os lugares... homens de coragem, santidade e boa vontade".

Não demorou para que Stockdale fosse submetido a um severo teste para transformar seu pensamento em ação — seu momento cadinho. Retornando de Stanford para o serviço militar ativo, foi alocado em três viagens em porta-aviões nas águas do Vietnã. Levou em cada uma os escritos de Epiteto e os manteve ao lado da cama. No relato, escreveu sobre o ocorrido em 9 de setembro de 1965: "Voei a 500 nós direto para uma armadilha antiaérea, no nível das copas das árvores, em um pequeno avião A-4 que, de repente, não consegui dirigir porque estava pegando fogo... Após a ejeção, tive cerca de 30 segundos para fazer minha última declaração em liberdade antes de aterrissar na rua principal de uma pequena vila à frente. Então, o que fazer, sussurrei para mim mesmo: 'Cinco anos lá embaixo; ao menos estou deixando o mundo da tecnologia e entrando no mundo de Epiteto". Epiteto disse a seus alunos: "Não pode existir tal coisa como ser a 'vítima' de outro. Você só pode ser vítima de si mesmo. A questão toda é como você disciplina sua mente".

Nas mãos de seus captores, Stockdale, tal como John McCain — que em certo momento foi mantido em cativeiro duas celas abaixo de Stockdale — foi tratado com brutalidade e privações inimagináveis. Ele ficou 8 anos no Hanoi Hilton, sendo torturado 15 vezes, colocado em grilhões e trancado em uma solitária. Além disso, Stockdale, na condição de oficial mais graduado entre os prisioneiros de guerra, estava, segundo as regras militares que remontavam à Guerra da Coreia, encarregado de todos os companheiros de prisão, um contingente que aumentou de 50 para cerca de 400 homens.

Em meio a tudo isso, ele se lembrou de que um estoico sempre mantinha dois arquivos em sua mente: um para aquilo que dependia dele e estava disponível, e outro para aquilo que não dependia dele e, portanto, estava fora de alcance. Prestar demasiada atenção a eventos que fogem ao controle acabará levando a uma vida de medo e culpa; é preciso abstrair-se e centrar a atenção apenas nas coisas à mão. Quando foi abatido, pensou ele, se desfez de seu posto de comandante de ala encarregado de seus compatriotas norte-americanos e, aos olhos dos guardas, tornou-se um criminoso digno de desdém. Já que não tinha controle sobre essa mudança drástica, ele a consideraria como além de sua capacidade de ação — e, por isso, sofreria sem deixar seus captores manipularem suas emoções e pensamentos. Seu estoicismo lhe deu o poder de frear o medo e a ansiedade enquanto suportava imenso sofrimento.

Os momentos mais difíceis vieram quando os prisioneiros de guerra "entenderam as regras da casa". O check-in no Hanoi Hilton exigia que um recém-chegado primeiro visitasse uma sala de interrogatório, onde os guardas exigiam informações e, quando não as obtinham, brutalizavam seu detento. Os novatos perceberam rapidamente, no relato de Stockdale, "que você pode ser reduzido pelo vento, chuva, gelo e água do mar ou homens a um destroço indefeso e soluçante — incapaz de controlar até mesmo suas próprias vísceras – em questão de minutos... E como objeto de uma rápida e sucessiva série de ações [você pode se sentir frágil e indefeso], como ser contido com torniquetes bem apertados, feitos com cuidado por um profissional, as mãos atrás das costas, um canivete movido para frente e para baixo em direção aos tornozelos atados em presilhas fixadas em uma barra de ferro, que, com a ansiedade tomando conta, sabendo que a circulação da parte superior do corpo foi interrompida e sentindo crescer cada vez mais a dor induzida, e a iminente sensação de claustrofobia, você pode ter que por para fora respostas, às vezes respostas corretas, a perguntas sobre qualquer coisa que eles saibam que você conhece".

Stockdale concluiu: "Assim foram as sessões em que fomos levados à submissão e obrigados a soltar em gravadores antigos desgostosas confissões de culpa e cumplicidade norte-americana, e depois ser colocados no que chamo de 'geladeira', um mês e pouco de isolamento total para 'contemplar nossos crimes'. O que realmente contemplamos foi o que até o norte-americano mais afável viu como traição a ele e a tudo o que ele significava". Epiteto já compreendia isso lá atrás: "Não procure nenhum mal maior do que este: destruir o homem confiável, que se respeita e bem-comportado dentro de você". Surpreendentemente, durante seus longos anos de cativeiro, Stockdale optou por não falar abertamente de estoicismo para seus companheiros prisioneiros de guerra; em vez disso, tentou inspirá-los por meio de sua própria liderança estoica. Stockdale sempre creditou a Epiteto sua resistência e sobrevivência; ele próprio foi se tornando um modelo para sua geração.

Temperamento solar, adaptabilidade, resistência, estoicismo — quatro virtudes que permanecem sendo as marcas daqueles que reagem com sucesso e, por fim, superam seus cadinhos com uma resiliência interior. Evidentemente, ter todas essas quatro qualidades não é garantia de que você se transformará em um líder promissor e resiliente; mas caso não as tenha, há uma boa chance de acabar sendo um perdedor. Veremos agora como os líderes podem não só superar a adversidade, como também encontrar nela um propósito moral.

SEIS

TRANSFORMANDO ADVERSIDADE EM PROPÓSITO

"Os hábitos de uma mente vigorosa são formados ao enfrentar as dificuldades", escreveu Abigail Adams para seu filho John Quincy durante os dias mais sombrios da Guerra Civil Americana. "A História convencerá você disso… Grandes necessidades suscitam grandes virtudes. Quando uma mente é tocada e animada por cenas que envolvem o coração, essas qualidades, de outra forma adormecidas, despertam para a vida e formam o caráter do herói e do estadista."

As palavras de Abigail Adams continuam verdadeiras 250 anos depois. Não muito tempo atrás, o historiador David McCullough me disse que havia decidido escrever um livro sobre a troca de correspondência entre Thomas Jefferson e John Adams quando ambos estavam aposentados. No entanto, ao acompanhar mais detidamente a vida desses dois homens, desapaixonou-se por Jefferson e apaixonou-se por Abigail. O resultado disso foi a biografia premiada de John, que elevou a reputação dos dois. Jefferson não teria ficado feliz.

Abigail, com sua visão clara de que tempos difíceis convocam a força e a bravura latentes em uma cidadania alerta, também estava absolutamente coberta de razão. Não raro, líderes públicos derrotados se recuperaram e, na verdade, ficaram mais fortes. Entre eles, foram muitos os que também adquiriram um novo propósito moral em suas vidas — nas palavras de Abigail.

A vida de dois líderes contemporâneos ressalta seu argumento.

A HISTÓRIA DE HARVEY MILK

Era imprevisível o papel que Harvey Milk desempenharia na sociedade norte-americana. Ele era, originalmente, um conservador republicano de Goldwater que, após se demitir da Marinha em 1955 e começar uma carreira de professor, se tornou analista de ações em Nova York. Em seus primeiros anos, teve uma vida reclusa. Durante o ensino médio, assumiu a persona do tradicional atleta heterossexual, receando o ostracismo a que seria relegado como um homem abertamente gay. Sua mãe o alertou em termos silenciosos sobre o perigo que os homens gays representavam.

Aos 17 anos, foi confinado com outros gays em um veículo policial por estar sem camisa no Central Park; felizmente, foi liberado, mas quem sabia o que poderia ocorrer em uma próxima vez? Em Nova York, com medo, levava uma vida dupla; na particular, muitas vezes morando com homens, enquanto exibia para o mundo exterior seu emprego como analista financeiro de Wall Street. Esses anos não se caracterizaram por um único "momento cadinho", mas sim por experiências recorrentes, extenuantes e desmoralizantes de habitar um mundo que você sabe que não o aceita. Para Milk, a adversidade se consubstanciou no acúmulo de experiências nas quais era fortemente discriminado ou que o lembravam de seu não pertencimento.

No decorrer das décadas de 1960 e 1970, a postura política de Milk começou a assumir contornos cada vez mais à esquerda do espectro, participando de protestos contra a guerra do Vietnã e fazendo amizade com um grupo de ativistas mais progressistas. Percebendo que não podia mais viver no armário, mudou-se para São Francisco na década de 1970, abriu uma loja de câmeras na Castro Street, o epicentro cultural da comunidade gay da cidade, e passou a viver como um homem abertamente homossexual em meio à emergente comunidade gay local. Com seu carisma e senso de humor como polo de atração, sua pequena empresa logo se tornou a sede de uma revolução. Harvey convenceu muitos outros gays e lésbicas norte-americanos a se habilitarem a votar e os encorajou a se envolver na política, individual ou coletivamente, a fim de divulgar seus interesses e identidades. Ele não se aproximava dos clientes falando de vendas; em vez disso, perguntava: "Você está registrado para votar?". Ele impulsionou a ideia até então inovadora de que os EUA gays mereciam uma representação explícita — e, detalhe crítico, que a pessoa que simbolizava a comunidade deveria ser ela mesma gay, e não simplesmente um simpatizante. Não tardou para que Milk passasse a ser chamado de "Prefeito da Rua Castro" graças à sua liderança no bairro.

E também não demorou muito para Milk se tornar uma figura nacional controversa. Ele percorreu o país de Buffalo a San Antonio [mais de 2.600km por terra], dando palestras motivacionais. "É preciso dar esperança a eles", disse. Para milhões de norte-americanos gays, Harvey Milk fez exatamente isso. Não foi fácil. Ele concorreu a representante distrital de São Francisco em 1973, tentando ser a primeira pessoa abertamente gay a conquistar um cargo eletivo importante nos Estados Unidos — um feito que não seria equiparado até que Elaine Noble fosse eleita para a Câmara dos Representantes de Massachusetts em 1974. Apesar de não nascido ou criado em São Francisco, ele atraiu a atenção dos eleitores locais em virtude de se compromissar com questões liberais de interesse amplo e de seu discurso inflamado. Ele estava determinado a ser não apenas o candidato gay, mas também um candidato para todos aqueles deixados à margem pela elite californiana. Seus primeiros cartazes de campanha diziam: "Milk Tem Algo para Todos".

Harvey não foi eleito, mas não se intimidou. Alvo de críticas de ódio e homofóbicas, rotulado como perdedor nas urnas, ele se manteve firme, tornando-se cada vez mais resoluto. Líderes gays de raízes profundas na comunidade de São Francisco o criticaram pelo que consideravam radicalismo, sem esperar por sua vez. Milk não se incomodou com isso. Fiel ao compromisso com uma agenda ampla e com a liberação gay, suas convicções eram inabaláveis; como resposta, dobrou sua determinação. Não obstante o doído revés, ele havia tido respeitáveis 17 mil votos, muitos dos quais vindos da comunidade gay. Compreendendo que talvez precisasse levar a próxima eleição com mais seriedade, cortou o cabelo e persistiu na luta para conquistar um cargo eletivo.

Após a derrota de 1973, Milk ressuscitou a Castro Village Association, um dos primeiros grupos do país a organizar negócios LGBT. Isso significou uma mudança de foco, que passou de votar para apoiar negócios gays. Ele também lançou a feira e o festival de rua Castro Street Fair, uma iniciativa que visava atrair empresas para o distrito gay, ao mesmo tempo que criava uma fórmula para promover o sucesso de empresas de proprietários gays em todo o país. Um público enorme — cerca de 5 mil pessoas — compareceu àquele primeiro evento, trazendo negócios não apenas para a comunidade gay, mas também para outros lojistas da Rua Castro; anos depois, multidões participariam. Ele também defendeu as causas de outros grupos de uma maneira mais formal. Certa vez, fez um acordo famoso com os Teamsters, um grande sindicato de trabalhadores, apoiando a greve deles contra a cervejeira Coors Brewing Company e desestimulando os donos de bares gays de vender a cerveja em troca do sindicato contratar mais motoristas gays. Ele escreveu em uma coluna para o *Bay Area Reporter*: "Se nós, da comunidade gay, queremos que outros nos ajudem em nossa luta para acabar com a discriminação, devemos ajudar os outros nas lutas deles". O boicote funcionou, pois cinco dos seis distribuidores de cerveja concordaram com as proposições sindicais e mais motoristas gays foram contratados.

Em 1975, ele concorreu novamente àquele mesmo mandato eletivo, dessa vez com o forte apoio de seus novos amigos do sindicato, mas perdeu mais uma vez — um segundo golpe que teria nocauteado a maioria dos lutadores. No discurso oficial em que reconhecia a derrota, ele demonstrou a firmeza de suas convicções, dizendo: "Nós construímos uma grande rede de contatos. Vamos trabalhar baseados nela nos próximos dois anos". O apoio obtido durante a campanha de 1975 levou o recém-eleito George Moscone a nomeá-lo como o primeiro "commissioner" [alguém a quem se delega tarefas] gay da cidade. Na função, ele permaneceu comprometido com a causa de ajudar os norte-americanos gays a obter maior representação. Ele concorreu ao cargo novamente dois anos depois e finalmente venceu. Milk permaneceu fiel a seu compromisso com um propósito moral, promovendo os direitos da comunidade gay e defendendo os interesses de uma ampla coalizão de grupos marginalizados.

Em 1977, Milk voltou a enfrentar os mais poderosos do que ele, posicionando-se contrário à Proposição 6, que exigia a demissão de professores gays nas escolas da Califórnia. Ele também conseguiu mobilizar as pessoas — cuja presença nas paradas do orgulho gay na Califórnia crescia cada vez mais — para se manifestarem contra o senador estadual John Briggs, que liderava aquela iniciativa. Logo aqueles que normalmente eram mais participativos se voluntariaram para a campanha de Milk. Graças aos esforços de Milk e seus aliados, a Proposição 6 foi derrotada. Tornou-se uma vitória bem conhecida em uma época na qual, em outras partes do país, os políticos ameaçavam com sucesso a comunidade gay.

Menos de um ano depois, Harvey Milk foi morto a tiros, em mais um dos assassinatos que assolaram os EUA nas décadas de 1960 e 1970. O prefeito de São Francisco também foi morto no que parece ter sido uma combinação tóxica de ódio e vingança por parte de Dan White, membro do conselho de representantes distritais contra quem Milk fez campanha na recondução ao cargo.

No funeral de Milk foi possível aquilatar sua importância para a comunidade gay de São Francisco e para a cidade em geral: mais de 40 mil pessoas compareceram para lamentar sua morte e homenageá-lo. Em outubro de 1979, um movimento nacional inspirado em parte pelo assassinato de Milk levou mais de 100 mil manifestantes a Washington. Harvey Milk tornou-se mártir, ícone e incentivo para o movimento pelos direitos dos homossexuais nos EUA. Um de seus ex-assessores escreveu mais tarde sobre ele: "Harvey Milk nasceu em um mundo que não o queria e deixou para trás um mundo que descobriu que seria difícil estar sem ele".

Essa afirmação talvez seja ainda mais verdadeira hoje. Em 2008, a cidade de São Francisco erigiu uma estátua de Milk na rotatória central de sua prefeitura. O Terminal 1 do aeroporto de São Francisco tem seu nome, assim como vários outros locais na Califórnia; foram produzidos filmes populares sobre sua vida; a revista *Time* colocou-o entre os cem norte-americanos mais influentes do século XX; e Barack Obama lhe concedeu como homenagem póstuma a Medalha da Liberdade, a mais alta honraria civil do país. Um exemplo inspirador para milhões que saíram do armário e entraram na arena política, Milk estará para sempre no panteão dos líderes dos direitos civis. Poucos tiveram que enfrentar tantas lutas, internas e externas, quanto ele.

KATHARINE GRAHAM: UMA VIDA EM DUAS PARTES

Como é de praxe para aqueles que sofreram extrema adversidade, a vida de Katharine "Kay" Graham pode ser dividida em duas metades. Na primeira, parecia fadada a desempenhar um papel de menor relevância na vida pública. Mas nos anos que se seguiram à tragédia pela qual passou, ela se transformou em uma das mulheres mais influentes e admiradas do mundo, liderando o *Washington Post* durante o que muitos considerariam a era de ouro do jornal. Apesar das várias qualidades que a levaram adiante, seu enorme sucesso se deveu em grande parte a algo que ela encontrou arraigado, lá dentro, que muitas vezes é a luz que guia os líderes: um propósito moral.

Conheci Katharine por intermédio de meu relacionamento com pessoas do *Washington Post*, o qual remonta o início dos anos 1970, e meu tempo como redator de discursos na Casa Branca de Nixon. No meio do escândalo de Watergate, o repórter do jornal, Bob Woodward, ocasionalmente ligava, pedindo orientação da Casa Branca sobre uma história arrasadora que ele e Carl Bernstein estavam prestes a publicar. Com a aprovação de Nixon, Bob e eu conversávamos. Eu ouvia de meus superiores na Casa Branca que Nixon não havia feito nada de errado, que "Katie Graham e aquelas pessoas do Post estão apenas querendo nos ferrar". Já Woodward insistia que Haldeman e Ehrlichman mentiam. Como se sabe, os mentirosos eram meus chefes, e a verdade estava com o *Post*. O acobertamento funcionou melhor dentro da Casa Branca do que em qualquer outro lugar — uma lição relevante até hoje.

Anos mais tarde, a Casa Branca de Reagan e a imprensa desenvolveram um dos relacionamentos mais profissionais já visto — um alto grau de respeito no tratamento mútuo. Kay Graham teve um papel significativo nisso. Tudo começou inesperadamente bem quando Kay ofereceu um jantar de boas-vindas aos Reagan em Washington. O entrosamento foi tão esplêndido que Kay e Nancy se tornaram amigas para a vida toda. É importante frisar que o *Post* também encarregou dois jornalistas de primeira linha, Lou Cannon e Ann Devroy, para cobrir a Casa Branca.

Nosso chefe de Gabinete, Jim Baker, me pediu para assumir a Diretoria de Comunicações, um dos vínculos mais próximos, nos bastidores, com esses jornalistas. Acabei encontrando-os ao menos uma vez por semana, cada lado compartilhando o que podia sobre o que estava acontecendo. Não havia uma preocupação entre as partes em ser acolhedor; ambas queriam um relacionamento profissional. Pediram-nos transparência; pedimos a eles justiça — e, na maioria das vezes, a obtivemos. Ajudou o fato de um casal conservador como os Reagan se dar tão bem com uma anfitriã liberal como Kay. É certo que a relação entre o West Wing [a "Ala Oeste" — na Casa Branca, o local dos escritórios da presidência] e o *Post*, na época, não pode ser considerada perfeita, mas também não resta dúvida de que foi muito melhor do que qualquer outra já vista nos últimos anos.

Logo Kay começou a me convidar para recepções em sua casa. Nosso relacionamento foi aos poucos se aprofundando, tanto que ela escreveu uma nota calorosa e de apoio quando eu estava sendo criticado por ingressar na Casa Branca de Clinton seis meses após sua posse. À nota, seguiu-se um convite dela para almoçarmos, nós dois apenas, em seu escritório; foi ótimo passarmos um tempo conversando e trocando histórias. Pude sentir por que ela havia conquistado tantas pessoas. Sou grato por conhecê-la na segunda metade de sua vida, mas para verdadeiramente apreciar como ela se tornou Kay Graham, é preciso olhar para a primeira metade também.

Katharine nasceu durante a Primeira Guerra Mundial e foi criada em Nova York e Washington, D. C. Seu pai, Gene Meyer, um banqueiro de investimentos bem-sucedido, comprou o *Washington Post* durante a Grande Depressão. Preocupados com suas vidas profissionais, seus pais lhe dedicavam pouco tempo e amor. A consequente falta de autoconfiança foi um fardo na maior parte de sua vida.

Concluídos os estudos na Madeira, uma escola preparatória particular perto de casa, ela foi matriculada em outra instituição só para meninas, o Vassar College. Ao chegar lá, ela era republicana como seus pais, mas em breve se tornou uma liberal comprometida. Nos últimos dois anos de faculdade, transferiu-se para a Universidade de Chicago, onde exerceu um ativismo liberal, mesmo quando estudava os grandes livros de Robert Hutchins. Ela estava tentando abrir as asas. Após a formatura, começou no jornalismo no oeste do país; como "foca", cobriu distúrbios entre estivadores na Califórnia. É difícil imaginá-la almoçando com Harry Bridges, um combativo líder trabalhista que esteve na mira de promotores norte-americanos por mais de 30 anos, mas foi o que aconteceu.

Voltando a D.C. para trabalhar no jornal de seu pai, ela conheceu o homem que se tornou o centro de sua vida emocional. Philip Graham tinha todos os atributos de uma estrela: inteligente ao extremo, carismático, espirituoso, irreverente e sempre em movimento. Formado em Direito em Harvard, trabalhou para dois juízes da Suprema Corte: Stanley Reed e o aclamado Felix Frankfurter. Nas palavras de David Halberstam, um dos melhores escritores do país, Philip era um "homem ardente".

Katharine se apaixonou profundamente e os dois se casaram em 1940. Foi uma decisão desastrosa. Ela abandonou a profissão de repórter para se dedicar inteiramente à vida doméstica, algo que se esperava das mulheres da época. Nos anos seguintes, ela se tornou uma mãe e esposa dedicada conforme sua família aumentava, apesar de um aborto espontâneo e da perda de um bebê ao nascer.

Viver com Phil era, com frequência, prazeroso, mas mesmo em seu melhor seria considerado intolerável hoje. Certa vez, olhando em retrospectiva, ela comentou: "Eu realmente sentia que minha missão na Terra era cuidar de Phil Graham... Ele era tão charmoso que eu era inteiramente feliz só por limpar a casa. Eu fazia todo aquele trabalho rotineiro e enfadonho: pagava as contas, administrava a casa, levava as crianças para a escola. Sempre fui motivo para as piadas em família. Você sabe, a boa e velha mamãe, parada no tempo. E eu aceitei. Era assim que eu me via".

Seu marido serviu ao país como oficial de inteligência na Segunda Guerra Mundial e quando voltou, o pai de Katharine foi lhe passando, gradualmente, as responsabilidades administrativas do jornal — não para Katharine, observe. Phil dirigiu o jornal por 17 anos, enquanto Katharine foi deixada de lado para que pudesse ser uma boa mãe e esposa. Nesse tempo todo, Phil se revelou uma figura bastante arrojada.

Vistos de fora, pareciam um casal perfeito. Mas tintas escuras foram toldando pouco a pouco o casamento. Em alguns dias, Philip podia ser radiante e desenfreado; em outros, melancólico, deprimido, irritadiço e até violento. Para repelir a aflição, bebia demais. Um dos amigos de Kay a descreveu como "Griselda, a paciente", referindo-se à esposa, em um conto de Chaucer, que permanece submissa enquanto o marido a atormenta cruelmente. Em 1957, Philip teve um colapso mental e precisou ser internado. Alguns anos depois, no final de 1962, Katharine soube que ele mantinha um caso extraconjugal. Confrontado, contou a ela sobre outros relacionamentos casuais. Logo depois, Philip deixou Katharine para viver abertamente em D.C. com uma amante, exigindo o divórcio. Em sua autobiografia, Katharine escreve que o mundo que conhecia e amava havia desaparecido.

Como escreve o biógrafo Robin Gerber, o distúrbio mental de Phil deu indícios de estar se agravando rapidamente em um jantar, em 1963, para donos de jornais e editores. De súbito, sem aviso, foi até o microfone, citou e falou mal de convidados, identificou uma mulher que dizia estar tendo um caso com o presidente Kennedy e depois começou a tirar a própria roupa. Precisou voltar ao hospital psiquiátrico. Ao sair de lá, tentou dar a parte de Katharine nas ações da empresa para sua amante.

Os dias subsequentes foram, muito provavelmente, infernais para Katharine. Mas ela segurou as pontas, tentando fazer tudo o que podia para resgatar o marido da loucura. Depois de seis semanas em um hospital psiquiátrico, Philip convenceu os médicos de que estava melhor, e eles lhe permitiram ir com Katharine passar um fim de semana juntos na fazenda de 350 acres que tinham nos arredores de Washington. Naquele sábado, o casal deitou-se para uma soneca à tarde. Philip logo se desculpou e se levantou. Alguns minutos depois, Katharine ouviu o som terrível de um tiro. Ela desceu as escadas correndo e entrando no banheiro, viu que Philip tinha apontado uma espingarda para si mesmo. Ele foi sepultado em um terreno do outro lado da rua, diante da casa do casal, com seu túmulo visível da janela de Katharine.

As cortinas se abaixaram, encerrando a primeira metade da vida de Katharine. Nos dias que se seguiram, ela recebeu o apoio de um exército de amigos e admiradores. Ainda que profundamente agradecida, Katharine manteve fechado a sete chaves seu abalo emocional. Historiadores e amigos lembram de haver poucas conversas com ela sobre aqueles trágicos tempos. A seu modo, preferiu dominar as emoções. "Era difícil falar sobre isso", ela confidenciou uma vez. "Acabei trancando a porta." Em outra ocasião, explicou: "Essencialmente, o que fiz foi fechar os olhos e dar um passo na frente do outro até descer dali. Caí, mas a surpresa foi que caí de pé".

Ben Bradlee, que se tornou um dos conselheiros mais confiáveis de Katharine, escreveu que a maioria de seus amigos e colegas de jornal "secretamente queria que ela vendesse o *Post*". Não se tratava apenas de que lhe faltava significativa experiência jornalística e de gestão. Havia também a questão de que ela era uma mulher e dona de casa que entraria em um ambiente altamente masculino e competitivo. Nenhuma mulher estivera antes à frente de um grande jornal nos Estados Unidos. Muitos, no jornal, argumentavam que seria melhor para todos se ela se afastasse. "O que mais me impedia de fazer o tipo de trabalho que eu queria fazer era minha insegurança", Katharine observou em determinada ocasião. "[Isso] se originava da maneira estreita como os papéis das mulheres eram definidos, era uma característica compartilhada pela maioria das mulheres da minha geração. Fomos criadas para acreditar que nossos papéis eram ser esposas e mães, educadas para pensar que fomos colocadas na terra para deixar os homens felizes e confortáveis, e fazer a mesma coisa por nossos filhos."

Katharine não pensava em si mesma como feminista, mas sua força interior era maior do que os homens imaginavam. "Quando meu marido morreu, eu tinha três alternativas", ela contou mais tarde. "Poderia vender [o jornal]. Poderia encontrar alguém para administrá-lo. Ou poderia ir trabalhar. Não havia, na verdade, uma escolha." Em sua primeira reunião com o Conselho, informou que não estava vendendo o jornal; ela o estava dirigindo. Katharine deixou claro que seria dela a palavra final sobre a área de jornalismo e seria coparceira na gestão da empresa.

Em público, ela tinha que esconder seus medos. Ela também, tal como muitos líderes, era assombrada pela síndrome do impostor, mas insistiu em ser responsável por seu destino e pelo de seu querido jornal. Seu compromisso com o *Post* e com o que ele representava rapidamente se tornou a força propulsora de sua vida — um produto tanto de seu calvário quanto da fortaleza dentro de si que a ajudou a superá-lo. Katharine saía de sua experiência cadinho com um novo propósito na vida: transformar o *Post* em um jornal de primeira linha cujo impacto colaboraria para mudar o mundo. Ela com certeza percebeu que, transformando o jornal, poderia também se transformar.

O processo de se tornar uma exímia diretora-executiva teve seus ocasionais percalços e levou tempo. Na vida, as grandes transições sempre consomem mais tempo e energia do que se espera. Mas Katharine se dedicou com afinco e, apesar da falta de experiência como gerente e líder, começou a atuar como se fosse algo natural.

Ela não demorou quase nada para ter ideias semelhantes às do guru da liderança Jim Collins. Em seu livro *Empresas Feitas para Vencer* [Alta Books, 2018], Collins escreve que para um CEO é essencial, logo no começo, tirar as pessoas erradas do ônibus e colocar as pessoas certas nos bancos cor aquilatar retos. Katharine, gradualmente, foi tirando do ônibus o editor-executivo, o responsável pelo editorial e o gerente de negócios, e formou sua própria equipe. Ela era certeira na identificação de talento, como provou ao chamar Ben Bradlee para ser seu editor-executivo. Ela colocou a vocação acima das antigas amizades — isso não só atraiu novos talentos como lhe garantiu um amplo espaço de manobra para investir na contratação de estrelas em ascensão como David Broder. Juntos, Katharine e Ben formaram uma das parcerias mais formidáveis da história do jornalismo norte-americano. Ajudou bastante que a linguagem de ambos fosse tão multifacetada, repleta de nuances.

Desde os primeiros anos, Katharine sempre gostou de socializar com jornalistas, de conversa fiada e de trocar histórias. Katharine fez questão de se aproximar de seu pessoal e, o mais importante, de ouvi-los atentamente. Ela aprendeu com eles como dirigir um jornal; eles aprenderam com ela a se comprometer totalmente com a causa. Esse processo gradual na década de 1960, de construir uma comunidade e criar um propósito compartilhado, ao lado da própria resistência e adaptabilidade de Katharine, preparou-a, e à sua equipe, para a importante década de 1970 e os anos subsequentes.

Os eventos dos anos seguintes dão lugar a uma longa história, cujos detalhes devem ser preservados para outra ocasião. Em poucas palavras: sem aviso, duas crises de grandes proporções atingiram o *Post* na década de 1970, cada uma representando uma ameaça à própria existência do jornal. No caso dos Documentos do Pentágono, Katharine teve que escolher entre duas opções difíceis: publicá-los ou retê-los. Ambas, perigosas. Colocando o princípio acima do lucro e fiel aos mais altos padrões de sua nova profissão, ela decidiu pela publicação. O acerto da escolha logo veio quando a Suprema Corte votou a favor da publicação. Depois disso, Ben Bradlee gostava de dizer sobre Katharine: "Ela tem a coragem de um batedor de carteiras". Ela não se importava com isso — nem um pouco.

Mal se passou um ano, e uma segunda saga teve início, ainda mais crucial para ela e sua equipe. Tudo começou em uma manhã de sábado em junho de 1972, quando o editor-chefe ligou para Katharine para atualizá-la sobre os casos ocorridos na noite anterior. Ele reportou duas histórias estranhas: um carro se chocou contra uma casa e saiu do outro lado enquanto um casal transava em um sofá; e cinco homens bem vestidos invadiram a sede do Comitê Nacional Democrata no conjunto de apartamentos de Watergate. Ambas as histórias provocaram o riso dos repórteres na redação. O *Post* atribuiu a cobertura da história de Watergate a dois de seus repórteres novatos, Bob Woodward e Carl Bernstein. Ninguém imaginava até onde isso chegaria. Nos dois anos seguintes, como se sabe, foi deflagrado o maior escândalo político dos tempos modernos, o qual forçou um presidente dos Estados Unidos a fazer o inimaginável: renunciar ao mais alto cargo do mundo. O lado positivo de Watergate é que os freios e os contrapesos concebidos pelos fundadores funcionaram; a força das instituições trabalhou para o bem comum. Nenhuma delas se portou melhor do que uma tão injuriada pela Casa Branca quanto *The Washington Post*.

Difícil pensar em um exemplo mais clássico do que o de Katharine: ser jogada em um cadinho — e sofrer, debater-se em vão, afundar cada vez mais — até que o amparo da resiliência venha, se instale, e então, felizmente, faça encontrar um propósito e um caminho para a generosidade e a sabedoria. Essa era a Katharine Graham que conheço e admiro.

Ela representou, para mim, um dos melhores servidores públicos que se pode conceber. Sua vida no jornalismo foi, certeza absoluta, uma maneira admirável de servir. A questão toda não se restringia apenas em defender a Primeira Emenda; envolvia o quanto se valorizava a verdade no discurso público. Nos últimos anos, descobri que o *Washington Post* é muito mais confiável do que mais uma de nossas recentes administrações da Casa Branca.

A Katharine Graham que conheci tinha a força moral, o charme, a graça e a generosidade de espírito que faziam com que todos se sentissem queridos. Eu não a conheci durante a primeira metade de sua vida, mas — como tantos outros — sempre me sentirei grato pela segunda.

A NECESSIDADE DE PROPÓSITO MORAL

No século XVI, um poeta e místico espanhol, Juan de La Cruz, escreveu um poema sobre a penosa jornada de uma alma errante pelos desvãos de si mesma. Hoje, quando vemos um amigo em uma fase difícil, enfrentando um problema grave, dizemos que ele atravessa uma "noite escura da alma". Contudo, esquecemos que, no poema, a alma alcança seu propósito: uma união mística com Deus. No final, após longas dores, a alma triunfa.

Nas páginas deste livro, vimos essa história ser contada repetidas vezes, com problemas terríveis e dolorosos atingindo suas vítimas. A pólio chegou à noite para Franklin Roosevelt e ele nunca mais voltou a andar; para Ida Wells, as desgraças a acometeram uma após a outra enquanto turbas brancas tentavam silenciá-la; um câncer agressivo forçou Rachel Carson a correr contra o tempo; James Stockdale passou oito anos no Hanoi Hilton, onde foi brutalizado continuadamente; Harvey Milk podia ouvir os passos de pretensos assassinos vindo em sua direção; Kay Graham escutou aquele tiro aterrorizante. Foram muitas as "noites escuras da alma".

Entretanto, também vimos esses líderes, todos eles, enfrentarem o desafio e, determinados e resilientes, darem a volta por cima. E o que é ainda mais impressionante, cada um deles reexaminou as possibilidades da vida e traçou um novo rumo. De FDR a Kay Graham, fortaleceram-se interiormente, dedicando suas vidas a um propósito moral mais elevado. Eles são a prova de que o escritor William Faulkner estava certo em seu discurso no Nobel há 70 anos, quando disse que "o homem não apenas perdurará: ele prevalecerá".

Ao longo dos séculos, filósofos, figuras religiosas, poetas e historiadores insistentemente tentaram persuadir a humanidade a se comprometer com propósitos além dos individuais — uma sabedoria que continua aplicável nos dias atuais. Algumas citações dão a ela um sabor todo especial.

De Buda:

> *Seu trabalho é descobrir seu trabalho e então, com todo seu coração, se entregar a ele.*

De Thomas Carlyle, um historiador escocês dos anos 1800:

> *Um homem sem propósito é como um navio sem leme — um abandonado, um nada, um ninguém. Tenha um propósito na vida e, ao tê-lo, coloque em seu trabalho a força mental e muscular que Deus lhe deu.*

De Oprah Winfrey:

> *Se você não sabe qual é sua paixão, perceba que uma das razões de sua existência na terra é descobrir.*

E de Helen Keller [escritora e ativista social], que perdeu a visão e a audição após uma doença aos 19 meses de idade e ainda assim se tornou uma inspiração:

> *Muitas pessoas fazem uma ideia errada do que constitui a verdadeira felicidade. Ela não é alcançada pela autogratificação, mas por meio da fidelidade a um propósito digno.*

Para os líderes, há uma diferença essencial entre o propósito pessoal — metas para si mesmo — e algo com uma voz mais alta, um propósito moral que conduz as pessoas a servir e a buscar o ativismo e a política. Milk, ao ser discriminado e testemunhar as dificuldades que acometiam sua comunidade, comprometeu-se a agir em prol daqueles pouco vistos em cargos preenchíveis por intermédio de eleições. Kay viu que seu jornal não apenas continuava circulando, mas se tornou referência do jornalismo em seu tempo. Em que pese o papel importante da ambição pessoal na obtenção de mudanças, ela não substitui a descoberta de uma causa ou de uma coletividade com a qual um líder compromete a vida.

Nos últimos anos, psicólogos e religiosos passaram a se concentrar mais intensamente em como ter um propósito moral muda a vida das pessoas. É consensual entre eles que, na maioria dos casos, um propósito aumenta a energia e a satisfação, motiva e proporciona maior resiliência. Isso fortalece nosso espírito cívico e senso de cidadania. Também inclina-se a neutralizar nossas tendências destrutivas para o egocentrismo. Como o estudioso William Damon escreveu: "O propósito concede à pessoa alegria nos bons tempos e resiliência nos tempos difíceis, e isso vale durante a vida toda".

Um dos empreendimentos de pesquisa mais interessantes é o projeto Good Works divulgado em 1996 por uma gama de estudiosos. Um de seus primeiros frutos foi *Good Work: When Excellence and Ethics Meet,* um livro de 2001 escrito por três psicólogos de prestígio, Howard Gardner, de Harvard, Mihaly Csikszentmihalyi, de Claremont, e William Damon, de Stanford. Eles descobriram que quando o propósito moral era a preocupação maior das pessoas, isso as satisfazia, lhes renovava a energia quando alcançavam seus objetivos e lhes dava persistência para enfrentar os obstáculos. Eles constataram, ainda, que a satisfação em um trabalho dependia, entre outras coisas, de ter uma missão convincente e de atender aos mais altos padrões de uma profissão; não sendo assim, os profissionais procuram outro lugar. Pode-se imaginar que o propósito moral — e o amor por seu trabalho — permitiu que Katharine Graham e Harvey Milk persistissem diante da constante adversidade como mulher e como homem gay, respectivamente.

Segundo os estudiosos, nunca é cedo demais para os jovens assumirem um propósito moral, nem tarde demais para os adultos mais velhos. Joana d'Arc era adolescente quando reagrupou seus compatriotas. Greta Thunberg e Malala Yousafzai também eram adolescentes quando despertaram pela primeira vez nossa consciência social. Quando jovem, Nelson Mandela contou a seus amigos de sua pretensão em ser o primeiro presidente de uma África do Sul independente. No outro lado, a Vovó Moses começou a pintar aos 78 anos, e suas cenas de fazendas e vida rural foram amplamente aclamadas.

Todo líder, como espero que nossa conversa tenha deixado evidente, deve começar uma jornada interior. É recorrente nas lições da história que a liderança parta lá de dentro — até dominar seu eu interior, você não pode servir aos outros. Delimitamos nosso foco aqui em três elementos cruciais para essa jornada interior: o desenvolvimento do caráter, a capacidade de voltar atrás e crescer a partir de um momento crítico, e a assunção de um propósito moral. Cheguei ao ponto de acreditar que esses traços são essenciais para um líder ter a coragem moral de fazer o que é certo. Sem eles, as chances de este falar em poder consciente e arriscar carreira e elogios a favor do avanço em atender às necessidades do país decrescem significativamente.

Porém, para que o propósito e a coragem morais sejam levados em conta e causem impacto, é preciso que os líderes enfrentem um conjunto diferente de desafios que os habilitam a persuadir e inspirar. Eles têm de partir em uma jornada externa, na qual aprendem a reunir seguidores, a como fazer as coisas acontecerem e, com paciência e persistência, a alcançar o propósito central que os motiva.

PARTE DOIS

SUA JORNADA EXTERIOR

SETE

APRENDENDO A LIDERAR

Na faixa dos 20 a 30 anos, quando a maioria de nós "sai para o mundo", podemos acalentar visões de que em alguns anos estaremos administrando nossa própria organização e dizendo aos outros o que fazer. Afinal, pensamos, abordamos nossos problemas internos, estudamos muito e estamos perfeitamente credenciados. Somos, com certeza, a pessoa que nosso novo chefe estava esperando. Ledo engano!

Quando jovens, mal avaliamos que o caminho pela frente será muito mais longo e complicado do que pensamos. Sou um bom exemplo disso. Participei, por mais de 20 anos após me graduar em Direito, de equipes de trabalho subordinadas a alguém mais alto na hierarquia. Felizmente, conforme ia ganhando experiência, minhas responsabilidades aumentaram tanto que passei de mero auxiliar a conselheiro presidencial. Mas, ainda assim, muito dificilmente eu dava as ordens — eu estava a serviço da pessoa que o fazia. Ao longo do último meio século, trabalhei em mais de uma dúzia de organizações e para ao menos quinze chefes diferentes nos setores público, privado e sem fins lucrativos. Durante esses anos todos, fui aprendendo sobre mim e meus valores, continuando minha jornada interior enquanto começava a entender o que podia significar ter as rédeas nas mãos às vezes.

Este capítulo e o seguinte são dedicados àqueles que trilham caminhos promissores de liderança e ainda estão aprendendo a gerenciar não apenas a si mesmo, mas também seu chefe, colegas, equipe e até colaboradores externos. Gerenciar para cima e lateralmente é uma verdadeira arte — ainda mais diferenciada quando feita ao mesmo tempo. Liderar é organizar e interagir eficazmente com aqueles que trabalham junto a você, saber quais são e entender as prioridades e os objetivos de seus colegas, ver que estão em execução as ações necessárias para alcançar esses objetivos. Costumo dizer que todo líder sabe gerenciar, mas ser um gerente não basta para fazer um grande líder. Em outras palavras, as habilidades de gerenciamento são a base sobre a qual a liderança é imaginada e construída. Como Warren Bennis costumava dizer: "O gerente faz as coisas direito; o líder faz a coisa certa".

Ao longo dos anos, a maioria dos meus chefes foram pessoas maravilhosas. Vez ou outra, contudo, eu tinha um chefe que era um "daqueles". Na minha primeira missão naval, fui designado como engenheiro júnior; uma escolha completamente equivocada. Eu não sabia bem a diferença entre uma porca e um parafuso. Meu capitão, um homem grosseiro e arrogante, deve ter percebido como eu era desastrado e, todos os dias, me enchia de memorandos com ordens para consertar isso, fazer a manutenção daquilo ou arrumar aquela torneira que não fechava direito. Mas também notei que era raro ele checar os resultados; ele apenas gostava de mandar. Isso se tornou maçante. Então, quando chegava uma ordem, eu a deixava quieta em uma gaveta e esperava para ver se ele perguntaria de novo. Se ele o fizesse, eu saía correndo para fazer o serviço; caso contrário, uma hora ou outra o papel acabava na lixeira. Tenho certeza de que a Marinha ficou feliz em me ver pelas costas, mas sobrevivi. Essa seria a primeira de muitas lições que eu teria sobre gerenciar — uma habilidade que tentei aperfeiçoar em meio a incontáveis provações e vicissitudes.

GERENCIANDO SEU CHEFE

Bem, o que eu poderia lhe dizer que acrescentaria alguma coisa ao que você já sabe sobre como gerenciar outras pessoas? Quais são as principais lições que aprendi durante tantos anos em inúmeros empregos? Como apoiar melhor seu chefe para ser, assim como sua equipe, mais bem-sucedido?

Permita-me oferecer-lhe uma visão geral das melhores maneiras que encontrei para gerenciar. A maioria das lições aprendidas se aplicará a trabalhos de assessoria em todo o âmbito organizacional.

Então, aqui vamos nós:

Ao Começar em um Emprego, Saiba como É seu Chefe e se Valha dos Pontos Fortes Dele

Ao longo dos capítulos anteriores, concentramo-nos em sua jornada interior — desenvolver sua autoconsciência e autodomínio, aprender a andar com as próprias pernas. Gerenciar é embarcar em sua jornada exterior — aprender como ajudar seu chefe a navegar e ter sucesso como líder de outros. O que você vê nele? Quais são os pontos fortes e fracos dele? Como você pode robustecer uns e minimizar os outros?

No início dos anos 1990, com quatro meses na presidência, Bill Clinton reconheceu que estava patinando e me perguntou se eu poderia ser seu conselheiro na Casa Branca. Uma nomeação controversa — para ele e para mim, que já havia trabalhado para três presidentes republicanos. Mas ele era um amigo e nosso presidente, então eu disse sim. E, de fato, fiquei honrado.

Nos primeiros dias lá, descobri que o Clinton que eu conhecia, o homem que havia sido um dos melhores e mais inovadores governadores do país, havia perdido o passo completamente. Na agitação de Washington, sua autoconfiança se esvaiu. Assim que vinha de um evento público, ele frequentemente me perguntava como havia se saído, ansioso por aconselhamento. Eu não estava certo sobre o que fazer, mas decidi que não deveríamos tentar transformá-lo em outra pessoa. Não, como eu tinha visto com Reagan, precisávamos "deixar Clinton ser Clinton". Tivemos que estimulá-lo a resgatar seus antigos pontos fortes e reafirmar sua própria autenticidade. E funcionou! A equipe não o levantou; ele fez isso sozinho, aos poucos, enquanto o aplaudíamos. É isso que uma boa equipe faz: traz à tona o melhor dos outros, a começar pelo chefe.

Mantenha um Olho no Hoje e o Outro no Amanhã

Quem faz parte de uma equipe inteligente, além de fazer como se deve o trabalho de cada dia, também presta muita atenção ao que está prestes a acontecer. O que está lá longe, na linha do horizonte, mas que pode nos atingir mais cedo do que pensamos? Como podemos nos antecipar? Qual deve ser nossa estratégia? Quais providências imediatas seriam úteis? Um dos sucessos de Mike Deaver no governo Reagan foi reunir um círculo interno de conselheiros lá fora, em retiros periódicos, para traçar estratégias e táticas para os meses seguintes; uma Casa Branca que não pensa no longo prazo é uma Casa Branca atrás de problemas. Donald Trump teria sido muito mais bem-sucedido — e poderia ter sido reeleito — se tivesse desde o início orientado sua equipe a averiguar em profundidade os possíveis efeitos de uma pandemia. Seu chefe de gabinete foi tão responsável quanto o próprio presidente pelo enorme fracasso de liderança.

Conscientizar o Poder

Diz a tradição, é claro, que um bom componente da equipe deve falar a verdade ao poder. Trata-se de ponto pacífico, tanto que quase não é preciso citar. Mas as ocasiões de maior relevância são aquelas em que os seguidores falam sobre conscientizar o poder, uma ação que muitas vezes exige uma dose maior de coragem. Afinal, se está desafiando o julgamento e até mesmo a ética do chefe.

Talvez o exemplo mais famoso seja George Marshall. Quando Marshall era um jovem oficial de um regimento de combate na França, o general John "Black Jack" Pershing, comandante das Forças Expedicionárias Americanas, fez uma visita às tropas na linha de frente. Encontrando-os exaustos e desgrenhados, Pershing os criticou duramente e, colérico, saiu pisando forte. Marshall chamou-o à parte e defendeu veementemente seus homens, dizendo que estariam prontos para a batalha se o quartel-general de Pershing tivesse feito seu trabalho.

Depois disso, outros jovens oficiais, certos de que ele seria dispensado, ofereceram suas condolências a Marshall. Mas Pershing, reconsiderando aquela ocasião, estendeu a mão para Marshall, tornando-o seu principal assessor. Os dois desfrutaram de um relacionamento longo e produtivo. Um incidente semelhante ocorreu quando Marshall, que era vice-chefe do Estado-Maior do Exército e estava se preparando para a Segunda Guerra Mundial, enfrentou seu comandante e chefe, Franklin D. Roosevelt. Não obstante ser o menos graduado entre os participantes da discussão e todos os outros concordarem com a proposta do presidente de expandir o poder aéreo norte-americano, Marshall rejeitou de forma peremptória o plano de FDR. Mais uma vez, os colegas pensaram que Marshall havia chegado ao fim da linha. Mas, em vez disso, FDR o promoveu, e Marshall acabou se tornando, merecidamente, o líder público mais respeitado do país. Instar o poder a se conscientizar, além de ser a coisa certa a fazer, pode também construir sua reputação.

Argumente; Depois, Suba a Bordo

Vozes discordantes são bem-vindas em uma boa organização; porém, uma vez que o chefe toma uma decisão, o(s) membro(s) da equipe o cumprimenta(m) e começa(m) a trabalhar. Para quem não pode viver com a decisão, existe a porta da rua.

Lembro-me bem de uma calorosa discussão na Casa Branca de Gerald Ford sobre o conteúdo de um de seus discursos sobre o Estado da União. Como a eleição presidencial se aproximava, alguns queriam uma longa lista de promessas e outros uma linha mais temática. O presidente pediu a seus conselheiros de longa data do Capitólio que redigissem o discurso com as promessas e me pediu para me reunir com Alan Greenspan (na época seu principal conselheiro econômico) para escrever o discurso temático. Com ambas as minutas em mãos, Ford convocou todos nós ao Salão Oval para votar. Pelo que me lembro, foram doze votos para a temática e apenas dois para a lista de promessas — e um destes era de Ford. Adivinhe: Ford escolheu as promessas e não funcionou bem. Mas cada um de nós cerrou fileiras, torcendo por ele. É assim que deve ser.

Regras Sem Surpresas

É cada vez mais comum que bons líderes deleguem responsabilidades a seus subordinados. Oficiais de gabinete e principais executivos corporativos permanecem responsáveis pela elaboração de estratégias, mas capacitam os líderes um ou dois escalões abaixo para implementá-las. Um exemplo típico de diretriz: "Eis aqui aonde queremos chegar. Cabe a você descobrir como". Há muito a dizer sobre essa abordagem.

Essa ação traz em si uma questão: é essencial que os líderes de cima e de baixo sejam transparentes e francos uns com os outros. "Sem surpresas!" Se não for assim, a falta de confiança se instala e vai contaminando toda a organização. É especialmente importante saber das más notícias e tomar as providências cabíveis antes que cheguem à imprensa.

Servir como Bons Olhos e Ouvidos — e como "Chief Diplomat"*

Um dos desafios mais difíceis para um chefe é ter uma leitura clara e honesta das pessoas a ele subordinadas. O moral delas é elevado? Elas se sentem respeitadas? Consideram que o trabalho da organização é relevante? É preciso ter alguém por dentro do que se passa na equipe e que, discretamente, mantenha o chefe bem informado. Sem surpresas, lembre-se. Normalmente, quem tem essa função é o assistente-executivo do chefe ou um adjunto. Ou pode ser alguém próximo ao CEO.

Por outro lado, cabe a essa mesma pessoa exercer a função de diplomata-chefe, incluindo em sua esfera de ação os colegas além daqueles pertencentes ao círculo interno, mantendo-os informados sobre o moral, mudanças de humor e perspectivas do líder. Não havendo um fluxo constante de informações confiáveis, as pessoas na equipe podem começar a se sentir distantes e ficar desconfiadas. Boatos podem se espalhar e o risco do moral se deteriorar aumenta.

A gama de responsabilidades de um assistente no alto escalão pode ser enorme. Por uma década e meia, Rosanne Badowski, que foi assistente-executiva de Jack Welch, escreveu um bom livro de memórias, *Managing Up*. Veja como ela resumiu suas experiências com Welch: "Por

---

* Em tradução livre, "diplomata-chefe" é um funcionário público que administra e é responsável pela política externa de um país. Equivalente, no Brasil, a Ministro das Relações Exteriores; nos EUA, essa função é exercida pelo presidente da República. [N. da T.]

mais de 14 anos, fui uma secretária eletrônica humana, discador automático, processador de texto, sistema de filtragem e checadora de fatos; além de caixa de ressonância, a amigona que leva e traz as coisas, portadora de boas e más notícias; que serviu de crítica, diplomata, quebra-galho, líder de torcida e uma barreira; e desempenhou dezenas de outros papéis sob o título de 'assistente' para um homem tido pela *Fortune* em 1984 como um dos dez chefes mais difíceis da América". Já Welch resumiu sua visão em duas frases: "Rosanne era — e qualquer grande assistente tem que ser — leal, discreta e sempre disposta a perdoar. E não apenas um pouco de qualquer uma dessas virtudes, mas uma quantidade enorme".

Seja Emocionalmente Solidário

Um dos relacionamentos mais improváveis já ocorrido nos modernos mandatos presidenciais se desenvolveu entre o presidente Harry Truman e seu secretário de Estado, Dean Acheson. O primeiro cresceu em uma fazenda no Missouri, nunca concluiu o ensino superior e trabalhou como vendedor de artigos para corte e costura. Por outro lado, Acheson nasceu no nordeste do país; filho de uma família da elite local, foi para Yale e depois para Harvard, e se tornou advogado de prestígio e conselheiro do presidente. Ele e Truman nunca foram amigos íntimos, mas sua relação profissional era extremamente calorosa.

Em *Present at the Creation*, um dos melhores livros sobre os anos Truman, Acheson descreve a liderança de Truman em termos calorosos e esfuziantes. Com base na peça Henrique V, de Shakespeare, na batalha de Azincourt, Acheson escreve sobre como se inspirou várias vezes por "um pequeno 'toque' de Harry na noite". Um momento desse relacionamento que vale destacar ocorreu após as eleições de meio de mandato de 1946. Os eleitores republicanos deram uma surra homérica nos democratas de Truman, e seu governo parecia destinado ao fracasso. Quando Truman voltava a Washington de trem, era costume ser sempre recebido na Union Station por seu gabinete e muitos outros. Nessa ocasião, chovia muito e a plataforma estava vazia, exceto por um homem, Dean Acheson. Ele deu a Truman o apoio emocional de que precisava. Truman sempre foi grato.

Aqui nos EUA, muitas vezes, pensamos em nossos presidentes como figuras distantes que ocupam uma cadeira "pesada" e são diferentes do resto de nós. Na verdade, eles são seres humanos complexos sujeitos às vicissitudes da vida assim como todos nós. Tal como tantos outros líderes, precisam de reforço emocional.

De fato, olhando de perto os presidentes norte-americanos, percebe-se que os mais bem-sucedidos dependiam muito de uma ou duas pessoas de confiança para ajudar a realizar grandes coisas. George Washington chamava Alexander Hamilton de cabeça-dura, mas indispensável. Ao deixar Illinois, Abraham Lincoln trouxe consigo dois jovens: John Hay, de 23 anos, e John Nicolay, de 29; eles ajudaram a colocar em prática suas políticas, conheciam todos os seus estados de espírito e iluminaram sua alma nos dias mais sombrios da Guerra Civil. No final do século, Hay se tornou um líder político e secretário de Estado. Em meados do século XX, FDR contou com Louis Howe, Harry Hopkins e Frances Perkins — sem mencionar sua esposa, Eleanor. Harry Truman tinha George Marshall e os "sábios" da segurança nacional. Para John F. Kennedy, era seu irmão Bobby, além de Ted Sorensen e outros; para Richard Nixon, foi Henry Kissinger.

UM PUNHO DE FERRO EM UMA LUVA DE VELUDO

Em uma época mais recente, parece muito precoce fazer avaliações definitivas sobre aqueles que melhor serviram aos presidentes norte-americanos. Porém, se me pedissem para apontar um contemporâneo como o melhor, seria uma tarefa fácil: James A. Baker III. Tive o privilégio de trabalhar com ele durante a campanha de Gerald Ford em 1976 e depois no início da década de 1980 como um de seus principais lugares-tenentes durante os três primeiros anos da presidência de Reagan. Por meio do exemplo, Baker me ensinou mais sobre liderança — para cima, para baixo e para os lados — do que qualquer outra pessoa. E fez isso de maneira gratificante e prazerosa.

Bem em meio à sua idade adulta, ninguém imaginava que Jim Baker trilharia o caminho da vida pública. Seu bisavô, avô e pai eram advogados corporativos de grande sucesso em Houston, com papéis importantes na transformação daquela cidade em uma próspera metrópole. Desde sempre a presunção era que Jim Baker manteria a tradição de família. Seu avô insistia com ele: "Trabalhe duro, estude... e fique fora da política." E década após década, ele fez exatamente isto.

Os primeiros anos de Baker estavam em linha com o que caracterizava um homem privilegiado do sul dos EUA. Sua família o mandou para o melhor internato, depois para Princeton. Durante uma viagem do time de rúgbi da faculdade para as Bermudas, ele conheceu a mulher que se tornaria sua esposa: uma estudante do Finch College chamada Mary Stuart McHenry. No verão de 1950, a guerra eclodiu na Coreia. Baker, aos 20 anos, alistou-se no corpo de fuzileiros navais, casou-se com Mary Stuart e começou a tratar a vida com seriedade. Deu baixa após 2 anos, formou-se em Direito na Universidade do Texas e ingressou em um dos mais prestigiados escritórios de advocacia corporativa de Houston. Nos 10 anos seguintes, seus sucessos nessa área sugeriam toda uma carreira na profissão.

Era uma vida boa. Ele passava os momentos de lazer ao ar livre no Texas e nos seus grandes descampados, e no rancho da família em Wyoming. Também ficou sócio de um clube de campo em Houston, onde ele e George H. W. Bush, ambos na casa dos 20 anos, tornaram-se parceiros de tênis e, por vários anos, deixaram para trás o que os opunha. Eles também começaram uma amizade constante e duradoura.

Então veio a tragédia. Em 1968, a esposa de Jim, Mary Stuart, contraiu câncer e viveu pouco depois disso. Foi um cadinho devastador para Baker. Ele e Mary Stuart tentaram proteger um ao outro de saber até o fim. Ela deixou quatro filhos e uma comovente carta de despedida para o marido. Ele não tinha certeza de que algum dia se recuperaria completamente.

Como vimos, cadinhos podem arrasar ou deixar você maior do que era. No caso de Baker, sua resiliência gradualmente o ajudou a se renovar, e ele começou a pensar em largar a advocacia. Surgiram, também, outras duas pessoas cujo apoio mudou sua vida. Uma era Susan Winston, uma amiga da família que estava se divorciando naquela ocasião; os dois acabaram se casando em 1973. Ela o ajudou a se reerguer e tem sido uma fonte constante de força desde então. A outra figura era seu amigo George H. W.

Bush. Republicano, Bush estava em busca de uma cadeira no Senado em Washington e pediu a Baker que cuidasse do interesse dele no condado de Harris. Surpreso, Baker respondeu: "Há dois problemas aqui, George. Primeiro, não entendo nada de política. Em segundo lugar, eu sou democrata!". Bush insistiu que eles poderiam curar os dois.

Com 40 e poucos anos, Baker começou a segunda metade de sua vida em um campo completamente novo. Ele havia atendido a um chamado mais elevado. Esse novato na política, no decorrer do quarto de século seguinte, se tornou o chefe de gabinete mais bem-sucedido da história da Casa Branca. Ele conduziu quatro campanhas presidenciais, empatando nas vitórias e nas derrotas. Como secretário do Tesouro, ajudou a evitar ao menos dois desastres internacionais. Quando foi secretário de Estado de seu amigo George, provaram ser uma das equipes de política externa mais eficazes do século XX. Uma história marcante, contada melhor por Peter Baker (sem parentesco com Jim) e Susan Glasser na excelente biografia de Baker, *The Man Who Ran Washington*.

Como Baker subiu tão rapidamente em Washington? O que o fez ter tanto êxito como chefe de gabinete de Reagan na Casa Branca? Muito simples: seu talento natural era tanto, e ele o aplicou com tamanha disciplina, que sua ascensão parecia ser favas contadas na época. Em retrospecto, foi meteórico.

Tudo começou em 1976, quando George H. W. Bush, então um representante republicano no Congresso, o convenceu a entrar na política. Baker logo aceitou uma nomeação para ser o número dois no Departamento de Comércio da administração Ford. Normalmente, trata-se de um cargo de menor relevância, mas acontece que o número um era Rogers Morton, um peso pesado do Partido Republicano. Morton, que não estava bem, com frequência pedia a Baker para substituí-lo nas reuniões com Ford na Casa Branca. A equipe da Casa Branca, então liderada pelo chefe de gabinete Dick Cheney, estava desgastada pela disputa das primárias entre Ford e Ronald Reagan, ex-governador da Califórnia. Em poucos meses, Cheney e outros constataram que Baker tinha "a coisa certa" para enfrentar as forças de Reagan. Como "caçador-chefe" de delegados, Baker persuadiu os representantes do Mississípi a mudar de lado na convenção do Partido Republicano e, em última análise, colocou Ford no topo. Assim nasceu "o Homem Milagroso", como Baker era chamado. O amigo George H. W. Bush, claro, tomou nota. Ronald Reagan, idem.

Quatro anos se passaram. Durante a campanha primária de 1980, os republicanos stablishment, liderados por George H. W. Bush, estavam envolvidos em outra luta acirrada e dura com Reagan. Dessa vez, Reagan venceu de lavada. Porém, mesmo na derrota, Baker mostrou uma capacidade impressionante de organizar e fazer avançar a campanha de Bush. No dia seguinte à eleição, Reagan convidou o homem que havia conduzido duas campanhas contra ele para ser seu chefe de gabinete na Casa Branca — então considerado o segundo cargo mais poderoso em Washington.

A rapidez com que eles se uniram foi fundamental para o sucesso que tiveram. Reagan viu que Baker não era apenas talentoso, mas leal; ele também sabia como era o jogo em Washington. Baker percebeu que os republicanos da Costa Leste haviam subestimado Reagan por completo: os instintos do Gipper eram extraordinários. Um passou a confiar no julgamento do outro. Positivo foi, também, o fato de Baker construir fortes alianças dentro do círculo íntimo de Reagan — Nancy, para começar, além do vice-chefe de gabinete Mike Deaver e Stu Spencer, o Louis Howe [referência na função por seu desempenho nos mandatos de FDR] dos conselheiros políticos de Reagan.

Sim, havia detratores, em especial entre os conservadores que se empenharam arduamente em prol de Reagan durante seus 8 anos como governador da Califórnia. Conselheiros como Ed Meese e Bill Clark consideravam Baker um liberal da Costa Leste, não um conservador do Texas. Pressionaram para que ele saísse, mas Reagan o protegeu em mais de uma ocasião.

Em uma Casa Branca onde corria solta a fogueira das vaidades, Baker teve que aprender um novo conjunto de habilidades — administrar lateralmente. Cuidadosa, mas persistentemente, ele avançou em três frentes relacionadas entre si. Primeiro, costurou arranjos para que seus pretensos inimigos usufruíssem das vantagens do poder. Ele assegurou, por exemplo, que Meese se tornasse membro do gabinete, assim, Baker continuava na equipe e Meese tinha um convite permanente para todas as reuniões políticas importantes. Hábil, Baker deu prestígio a Meese mesmo mantendo o poder para si.

Segundo, logo de início, Baker, Meese e Deaver serviram como uma troica para Reagan. Baker era responsável pelas relações com o Congresso, comunicações, divulgação e afins — o lado operacional da Casa Branca. A Meese, no papel, cabia um portfólio maior, responsável pelas políticas interna e externa. Ainda que Meese fosse de trato agradável, algo que eu apreciava, ele não era páreo para Baker organizacionalmente. O poder gravitava de forma natural em direção a Baker. Deaver, quase um filho do casal Reagan e uma peça-chave, aos poucos se bandeou para o lado de Baker. No final do primeiro ano, Baker era o *primus inter pares* entre os três, ficando conhecido como "o martelo de veludo".

Em terceiro lugar, Baker reuniu e deu poder a uma das melhores equipes da Casa Branca na memória recente. Richard Darman era a força intelectual; ao analisar as implicações de várias propostas políticas, tinha uma misteriosa capacidade de olhar para o futuro, contornando as arestas e os percalços do passado. Era arrogante e "dono do pedaço", mas dava conta do recado. Margaret Tutwiler era próxima de Baker e George H. W., não tinha medo de dizer verdades duras a Baker, e acabou se tornando a porta-voz chefe de Baker no Departamento de Estado. Como veremos, John F. W. Rogers também se tornou essencial.

A abordagem tripla de Baker — ganhar a confiança dos Reagan, consolidar o poder em seu próprio terreno e cercar-se de lugares-tenentes talentosos — criou uma base sólida a partir da qual ele poderia trabalhar. Baker não via a si mesmo como o principal tomador de decisões; para ele, quem fazia isso era o presidente, que depois o procurava para executá-las.

Na maioria das organizações, a parte difícil não é ter ideias, mas transformá-las em realidade. Para isso, Baker sabia que também precisava transitar com destreza em duas das forças mais poderosas em Washington: o Congresso e a imprensa. Assim que os líderes do Congresso perceberam sua influência na Casa Branca, passaram a chamá-lo com frequência com pedidos e reclamações; ele tinha o hábito de não voltar para casa à noite até retornar todas as ligações. Também percebeu que, se ligasse depois das 22 horas, poderia deixar uma mensagem — uma bênção após um longo dia. Os conservadores reclamavam que Baker convencera Reagan a se comprometer com o Capitólio com muita facilidade. Baker viu que Reagan era partidário do "melhor pingar do que secar".

Baker também construiu vínculos fortes com a imprensa, especialmente repórteres da grande mídia. Ele me designou — assim como Darman — para conversar com repórteres, que podem, a seu critério, passar informações passíveis de ser utilizadas sem identificação da fonte ["on background"] e outras que exigem sigilo absoluto ["off the record"], para que pudéssemos ajudar a moldar a narrativa pública e receber alertas antecipados no caso de grandes histórias investigativas estarem a ponto de ser divulgadas. Quando intrigas internas agitavam a Ala Oeste, descobri que os repórteres me contavam tanto delas quanto eu podia contar a eles.

Não muito tempo atrás, Baker, sua esposa Susan e eu estivemos em Houston relembrando aqueles tempos. Demos muitas boas risadas enquanto também repassávamos as lições daqueles dias juntos. Ambos concordamos que a mudança operacional mais importante que ele introduziu na Casa Branca de Reagan — uma que seria bem útil a outros — foi a criação do Grupo de Estratégia Legislativa (GSL). O GSL se reunia ao menos uma vez por dia no escritório de Baker para comparar anotações e definir planos de ação, começando pelo Capitólio. Baker comandaria; Darman prepararia a agenda (com base na teoria segundo a qual quem controla a agenda geralmente controla o resultado); e eu ficava com a comunicação e a governança. Meese e seu contingente estariam lá, bem como Deaver e oficiais de gabinete pertinentes, prepostos encarregados das relações com o Congresso, imprensa, das comunicações e da divulgação política. Passamos horas discutindo como apresentar um projeto de lei no Congresso ou mudar a narrativa pública. A maioria das decisões enviadas a um presidente são aquelas difíceis de tomar. Não iríamos a Reagan em busca de um veredito antes de haver ponderado minuciosamente todas as opções. Parecia injusto com ele e com o processo decisório entrar e sair voando de seu escritório sem estarmos preparados primeiro no nível de equipe — como vimos em outras administrações. Baker escreveu diversas vezes como, no início da vida, sua família o instruiu nos Cinco Ps: "A Preparação Prévia Previne Performances Pobres". Ele seguiu essa filosofia ao longo daqueles anos na Casa Branca.

Baker desde há muito me parece representar um estudo de caso sobre como administrar para cima, para baixo e para os lados. E como fazer isso funcionar com o presidente Reagan, o posto mais alto de chefia. No decorrer de seu primeiro mandato, Reagan aprovou, com a ajuda de Baker, uma legislação econômica que abriu caminho para um longo período de crescimento robusto. Além disso, ao lado de uma comissão liderada por Alan Greenspan, Baker orientou a Casa Branca e o Congresso na questão da revisão da Seguridade Social — um dos projetos de lei bipartidários mais importante dos últimos 40 anos. Reagan não apenas foi reeleito com margem esmagadora de votos no colégio eleitoral, mas seu vice-presidente, George H. W. Bush, ganhou a eleição subsequente (alguns a chamaram de "terceiro mandato de Reagan"). Como seu avô o havia instruído, Jim Baker estudou e trabalhou duro a vida toda, mas me sinto feliz por ele não "ficar fora da política".

OITO

LIDERANDO SUA EQUIPE

Quando vêm à lembrança líderes do passado eficazes, pode vir à mente a figura de John F. Kennedy no auge de sua presidência. Uma das fotos mais memoráveis dele captura Kennedy sozinho nas sombras do Salão Oval, ligeiramente curvado, o peso do mundo nas costas e, quem sabe, com *Camelot* tocando suavemente ao fundo. Durante décadas, os norte-americanos o consideraram a personificação perfeita de um líder.

Os estudos de liderança tradicionalmente se concentraram em indivíduos heroicos e solitários engalfinhando-se contra as forças das trevas. Mas, com o passar dos anos, muita coisa mudou. Neste novo século, em vez de lutarem sozinhos, os líderes geralmente integram equipes, e seu êxito depende muito de quão bem eles e todos os outros componentes colaboram entre si. A "colaboração criativa" tornou-se o novo modelo de organizações bem administradas. A foto mais memorável do presidente Obama no cargo, por exemplo, não foi tirada na solidão do Salão Oval, mas na Sala de Situação da Ala Oeste, na qual ele e meia dúzia de membros da equipe de segurança nacional estavam aglomerados, eletronicamente acompanhando os SEALs da Marinha do outro lado do globo, em sua missão de livrar o mundo de Osama bin Laden. Trabalhando em conjunto — uma equipe compacta e eficaz.

Outro exemplo recente ilustra um distanciamento ainda mais contundente do passado. Vimos antes que o Black Lives Matter é uma organização sem fins lucrativos criada em 2013 por três jovens mulheres negras irritadas com o tratamento desumano sofrido por jovens negros norte-americanos pela polícia e supremacistas brancos. A organização ganhou enorme impulso quando George Zimmerman, um homem branco, foi absolvido do tiro fatal que dera em Trayvon Martin, um rapaz negro inocente. A surpreendente absolvição provocou grandes manifestações de rua, com o BLM à frente. Não demorou e cerca de 30 comunidades coordenaram representações locais do BLM e formaram alianças com outros grupos ativistas. O BLM, porém, não encarnou em uma única e heroica pessoa sua face pública. A ideia era a descentralização do movimento. Seus fundadores queriam, intencionalmente, que o poder fluísse de baixo para cima, e não o contrário.

O crescimento do BLM e de outras estruturas implementadas de baixo para cima demonstra inequivocamente que, neste novo século, as equipes se tornaram tão importantes quanto os indivíduos na configuração de nosso futuro. Ao refletir sobre a mudança da forma de ser da liderança, lembrei-me do conselho que a primeira CEO da Fundação Gates, Patty Stonesifer, frequentemente dava a jovens empreendedores sociais. Ela citava um antigo provérbio africano: "Se quiser ir rápido, vá sozinho; mas se quiser ir longe, vá junto". Como Patty reconhecia, isso não significa que podemos prescindir do desenvolvimento de líderes corajosos e de caráter. Longe disso – precisamos deles em maior número. Inspirar pessoas, reunir organizações e estabelecer estratégias são tarefas que os fazem continuar sendo indispensáveis. Entretanto, no mundo de hoje, entre as principais funções de um líder também está a de recrutar e habilitar os membros de uma boa equipe. Avançar juntos é, agora, o caminho para realizar grandes coisas.

FUNDAMENTOS PARA FORMAR UMA BOA EQUIPE

Em minha vida profissional, desde o início, tive o privilégio de liderar meia dúzia de equipes — algumas boas, outras ótimas — e em todas aprendi muito com meus companheiros. As equipes foram as mais diversas, tanto em estrutura quanto em propósito: cinquenta marinheiros a bordo de um navio da Marinha aportado no Japão no final dos anos 1960; uma pequena equipe de seis ou sete pessoas escolhidas pela Casa Branca de Nixon para ajudar na inspeção do alistamento militar; ainda na Casa Branca, cinquenta colaboradores em um grupo de redação de discursos e pesquisa; uma equipe de comunicações de cerca de cem pessoas na Casa Branca de Reagan; uma equipe editorial e administrativa de mais de cem pessoas como editor principal do *U.S. News & World Report*; e uma equipe de várias dezenas na construção do Centro de Liderança Pública (CPL) na Harvard Kennedy School. Também participei de duas dúzias de Conselhos de organizações sem fins lucrativos e liderei vários deles. E, como observei anteriormente, aprendi muito com promissores jovens aspirantes a líderes ao trabalhar em estreita colaboração com eles — nossos dois filhos em rápidas passagens, diversos universitários graduados muito talentosos que fizeram parte de minha equipe principal, e um vai e vem de estudantes em minhas salas de aula, ansiosos para mudar o mundo. Todos foram uma bênção.

A partir dessas experiências, e me valendo de uma literatura em rápido crescimento de outras escolas de políticas públicas e de negócios, além de biógrafos e historiadores de renome, utilizarei o restante deste capítulo para abordar três questões centrais para os líderes de amanhã:

- Quais são os princípios básicos para formar uma boa equipe?
- Como fazer de uma boa equipe, uma excelente equipe?
- Quando uma equipe se dá melhor se há menos hierarquia e mais colaboração?

Respostas definitivas para essas questões não estiveram ao alcance nem mesmo dos gurus acadêmicos ou da administração — mas eles iniciaram conversas que apontam o caminho, seja nos negócios, no governo ou no setor social. O falecido J. Richard Hackman, ex-colega meu de Harvard, argumentou com muita propriedade que, se deixássemos de nos concentrar exageradamente no papel dos indivíduos na criação e na gestão de uma organização, poderíamos determinar os elementos no entorno que permitem o progresso de uma equipe como tal. Em seu livro pioneiro *Leading Teams: Setting the Stage for Great Performances*, Hackman identificou cinco desses elementos condicionantes: responsabilidades pessoais na equipe bem definidas; sólida estrutura de suporte; direção cujo apelo é convincente; contexto geral favorável; e pessoas envolvidas que saibam o que estão fazendo. O principal papel do líder, diz ele, é fazer com que tais elementos estejam atuantes. Daremos uma olhada rápida nas três condições capacitadoras mais importantes que Hackman identifica.

Responsabilidades Bem Definidas e Mutuamente Aceitáveis

Em muitos casos, escreve Hackman, as equipes se deram mal em razão de as responsabilidades individuais se sobreporem umas às outras, os membros perderem o rumo ou porque, francamente, os diretores mal se toleravam. No governo Carter, por exemplo, o secretário de Estado, Cyrus Vance, era uma pomba, mas o conselheiro de segurança nacional, Zbigniew Brzezinski, um falcão feroz. O conflito sobre poder e política era corriqueiro entre eles. Quando o presidente Carter estava se preparando para um discurso de formatura na Academia Naval, cada um deles enviou uma minuta refletindo seu próprio ponto de vista. Questionado sobre o que fazer, Carter respondeu: "Misture os dois". O discurso foi uma miscelânea, assim como a política.

Embates desse tipo também atazanaram os primeiros anos de Reagan; para Al Haig, o secretário de Estado, era ele o encarregado da liderança geral em assuntos de segurança nacional, algo que o secretário de Defesa, Caspar Weinberger, discordava veementemente. No início do governo, a revista *Time* publicou uma reportagem de capa com Haig cuja manchete era "O Vigário".* Isso causou um rebuliço interno. Os confrontos logo se tornaram titânicos até que Reagan "puxou o fio da tomada" de Haig. Trump, é claro, teve pela frente muitos desafios desse mesmo tipo e, como estamos tomando conhecimento por muitos livros, a vida naquela Casa Branca era um caos completo.

Estruturas Fortes e Competentes

Elaborar um processo eficiente e eficaz para a tomada de decisões e sua execução é outro requisito básico para a formação de equipes identificado por Hackman. Em março de 2014, quando a Organização Mundial da

---

* Vigário é um termo geralmente associado ao campo semântico religioso, mas que tem uma acepção cujo sentido é "aquele que substitui um outro; que faz o trabalho de um outro". [N. da T.]

Saúde relatou um surto de Ebola, o presidente Obama e sua equipe não previram tal evento, mas estavam bem capacitados para agir com a urgência que a situação requeria. Conforme relatado pela *Vanity Fair*, o governo "tinha protocolos claros e cadeias de comando para essa espécie de ameaças". Eles sabiam como mobilizar uma resposta em nível nacional e, talvez tão importante, tinham uma equipe de liderança que apoiava sua missão e sua pesquisa. Ron Klain foi designado o czar do Ebola. Muito inteligente e organizativo, Klain coordenou diferentes instâncias do governo federal, levando-as a trabalhar em sincronia, fazendo todo o possível para combater o vírus de forma eficaz e rápida. No fim das contas, o Ebola mal deixou uma marca no país — graças em grande parte à rápida cooperação e organização da equipe de Obama.

Mais tarde, percebendo a importância vital de ações estruturadas no combate a pandemias, eles criaram uma unidade permanente no Conselho de Segurança Nacional [CSN] como medida de precaução para uma eventual situação semelhante no futuro. Elaboraram também um guia de 69 páginas com orientações sobre o tratamento de ameaças emergentes de doenças infecciosas, incluindo novos coronavírus. No entanto, em 2020, quando o novo coronavírus se espalhava pelo mundo, o corrente governo Trump rejeitou o manual de Obama — na verdade, ele foi jogado fora. Nuvens de tempestade estavam se formando, mas o presidente Trump desviou os olhos. Quando a crise se instalou, Trump deu um passo importante ao reduzir o fluxo de chineses para os Estados Unidos. Sua abordagem geral, porém, era trôpega, vacilante e visava mais seu próprio interesse político do que o bem-estar do país. Sua equipe estava tão desconcertada quanto ele. O conselheiro de segurança nacional, John Bolton, aliás, extinguiu a unidade do CSN projetada para proteger o país em uma crise de saúde pública. Trump e muitos de sua equipe não confiavam na ciência e nas instituições federais. Ainda mais danosa foi sua ação persuasiva em grande parte do país no sentido de recusar a vacinação, deixando a população exposta a novos surtos. No inverno de 2022, mais de 900 mil norte-americanos morreram em razão da pandemia.

Em última análise, a equipe de Obama se revelou eficaz porque contava com estruturas bem embasadas e uma cadeia de comando clara. Quanto à equipe de Trump, seu fracasso pode, em boa parte, ser explicado pela ausência de estruturas que possibilitassem uma resposta uniforme. Como Hackman reconheceu, é fácil dar o crédito por liderar uma boa equipe à pessoa no topo do organograma, mas são as estruturas incorporadas ao fator-chave que dão as condições necessárias para que uma equipe tenha sucesso. Cumpre notar que, ao ser empossado em 2021, o presidente Biden trouxe Ron Klain para ser seu chefe de gabinete. A experiência dele em combater o Ebola, implantando uma estrutura forte e de apoio, provou ser inestimável na luta contra o coronavírus.

Uma Direção Convincente

Finalmente, ao pensar no que é preciso para formar uma boa equipe, vamos considerar o papel de um líder na definição do rumo a seguir. Em seu conhecido livro *Leadership Is an Art*, Max De Pree escreveu: "A primeira responsabilidade de um líder é definir a realidade. A última é dizer obrigado. Entre as duas, o líder deve se tornar um servo e um devedor". Dar significado ao trabalho e estabelecer uma direção convincente — essa é a essência das equipes mais bem-sucedidas. Ao longo da história, os norte-americanos se uniram em grupos ou equipes informais na busca por direitos iguais para todos. Elizabeth Cady Stanton não poderia ter sido parceira de Susan B. Anthony por mais de meio século na liderança da campanha pelo voto e demais direitos das mulheres caso elas não compartilhassem um conjunto claro de objetivos. Nem Thurgood Marshall teria se juntado à liderança da NAACP, transformando-a em uma força poderosa pela justiça racial. Uma após a outra, equipes importantes encontraram significado em trabalhar por causas maiores.

Ao sair vivo dos campos de concentração nazistas, o psiquiatra Viktor Frankl abriu as comportas de suas memórias em um livro escrito em apenas nove dias, o best-seller de 1946, *Em Busca de Sentido*. Nele, concluiu que a diferença entre os que viveram e os que morreram nos campos girava em torno de uma coisa: significado. Aqueles que encontravam sentido na vida tinham muito mais esperança e resiliência. Ele argumentava com outros prisioneiros que eles, em vez de perguntar o que ainda podiam esperar da vida, deveriam perguntar o que a vida esperava deles.

Líderes sábios entendem que em uma equipe, independentemente de pertencerem ao setor público ou privado, o moral submete-se muito de quanto seus funcionários — seus companheiros de equipe, se preferir — acreditam que estão servindo a um propósito maior. No Projeto Manhattan, por exemplo, o exército estava tão preocupado em manter segredo de sua corrida para construir uma bomba atômica que o número de pessoas por dentro do objetivo real do projeto foi mantido propositalmente baixo. Um físico que mais tarde ganhou um Nobel, Richard Feynman, logo percebeu que o desempenho dos técnicos de sua equipe era desanimadoramente medíocre. Feynman perguntou a J. Robert Oppenheimer se ele poderia revelar para sua equipe, de forma extremamente restrita, qual era a missão do projeto. Oppenheimer concordou e, assim que Feynman confidenciou aos técnicos que eles tinham um papel central no desenvolvimento da bomba, notou "uma transformação completa" no desempenho da equipe. Eles começaram a trabalhar noite afora e aumentaram em dez vezes sua produtividade. Eles foram inspirados pelo pensamento de levar os Aliados à vitória.

TRANSFORMANDO UMA BOA EQUIPE EM UMA ÓTIMA EQUIPE

Até agora, nos concentramos no que é preciso para formar uma boa equipe. Mas o que se deve fazer para que essa boa equipe suba ainda mais de patamar? Qual é a mágica por trás das poucas que se tornam excelentes? Como sugere a análise de Hackman, eu diria que, para formar uma *boa* equipe, os organizadores devem estabelecer regras e estruturas de gestão que permitam que ela ganhe corpo. A ênfase deve estar em alcançar um nível de desempenho forte e consistente. Mas uma *ótima* equipe requer não apenas uma estrutura de gestão de primeira categoria; também requer pessoas no topo que compartilhem grandes aspirações, imaginação fértil e formas de trabalhar que despertem nos outros desempenhos extraordinários. Nelas, há excepcionalidade em palavras e ações.

Na década de 1990, Jim Collins, um ex-professor de Stanford, tornou-se um guru na formação de grandes equipes. Ele primeiro atraiu seguidores com um livro sobre os fatores que faziam com que algumas empresas perdurassem e outras fechassem as portas. Depois desse sucesso, encarregou uma equipe de uma vintena de pesquisadores para realizar um estudo de 5 anos abrangendo 28 grandes empresas, cujo intuito era verificar as razões pelas quais as boas, e até mesmo as medíocres, podiam alcançar reputações duradouras. Collins disse-me certa vez que, de início, pediu aos pesquisadores que deixassem à parte os estudos sobre líderes individuais. "Esqueça-os por enquanto", disse. Ele achava que os líderes já recebiam muito crédito pelo desempenho de suas organizações e queria se concentrar mais nas práticas gerais de uma corporação, ou seja, nas equipes que trabalhavam melhor. Mas ficou surpreso com a frequência com que seus pesquisadores descobriram que líderes individuais de qualidade em uma empresa — em particular na alta administração — não podiam ser ignorados. Inclusive, eles foram fundamentais no sucesso de uma grande organização. Igualmente surpreendente foi o perfil que surgiu do melhor líder: "um indivíduo que combina humildade pessoal com intensa vontade profissional". Vontade intensa? Sim, disse a pesquisa. Mas humildade pessoal? Entre aqueles que atravessaram os anos 1990, quando CEOs como Jack Welch eram celebridades, poucos esperavam que os anos 2000 se tornariam a década do CEO humilde.

Por mais improvável que parecesse, o argumento de Collins sobre o que é preciso, venceu. Em 2001, ele e seus pesquisadores publicaram os resultados em seu livro intitulado *Good to Great*, que vendeu 4 milhões de exemplares e se tornou um best-seller número um [no Brasil, o livro foi publicado pela Alta Books com o título *Empresas Feitas para Vencer*]. Até hoje, continua sendo uma "bíblia" de aspirantes a empresas. Depois, Collins escreveu uma monografia perguntando por que os empreendimentos sociais também podem se tornar grandes; também um best-seller.

Colocando a Equipe Certa no Ônibus

Como observado anteriormente no Capítulo 6, o conselho mais relevante em *Empresas Feitas para Vencer*, de Collins, pertinente ainda hoje, não era sobre a estrutura de gestão, mas sobre a conectividade das pessoas em uma equipe: "Coloque as pessoas certas no ônibus, as pessoas certas nos assentos certos e as pessoas erradas fora do ônibus". Esse se tornou um dos refrões mais citados na literatura de liderança. A título de corroboração, a equipe de Collins mencionou o sucesso de 15 anos da Wells Fargo nas décadas de 1980 e 1990, cuja liderança percebeu que grandes mudanças estavam chegando no setor bancário, embora não soubessem quais. Assim, ela reposicionou o foco: em vez de perguntar *o que* deveriam fazer, perguntar *quem* deveria fazer — e o fluxo de talentos estabelecido ao longo de 15 anos a partir de 1983 levou a empresa a um desempenho espetacular. Muitos de seus contratados se tornaram CEOs de outras grandes companhias. Como Collins descobriu, toda organização depende muito da capacidade de sua liderança para identificar, recrutar e capacitar talentos de primeira categoria.

Nas décadas de 1960 e 1970, o programa espacial norte-americano ganhou reputação semelhante graças à alta qualidade dos homens e das mulheres envolvidos. Tom Wolfe passou alguns anos entrevistando astronautas e suas famílias, ficando maravilhado com o grau das exigências físicas e psicológicas deles. Em seu best-seller de 1979, referindo-se àqueles que satisfizeram tais requisitos, disse que eles tinham "A Coisa Certa" — uma expressão memorável. O programa Apolo, ao longo do tempo, empregou impressionantes 400 mil pessoas. Há não muito tempo soubemos que um número significativo das que exerceram papéis críticos eram indivíduos não brancos. Por volta de 30 e tantas mulheres negras, por exemplo, trabalharam incansavelmente como computadores humanos, calculando a trajetória das missões espaciais. Seus cálculos eram tão respeitados lá dentro que John Glenn não partiria para sua primeira missão orbital até saber que Katherine Johnson, uma mulher negra responsável por calcular sua trajetória de voo, havia dado sua aprovação.

Retirando as Pessoas Erradas do Ônibus

Como Jim Collins bem disse, a uma grande organização cabe fazer mais do que colocar as pessoas certas no ônibus e nos assentos certos; ela também precisa afastar as pessoas erradas. Isso é mais desafiador do que aparenta, algo que eu mesmo descobri em minhas experiências. Quando Mort Zuckerman, o novo proprietário da revista semanal *U.S. News & World Report*, me pediu para ser seu editor-chefe em 1986, deixou claro que achava que a revista estava modorrenta, desorganizada e precisava de um freio de arrumação. Ordenando que demitíssemos dezenas de repórteres

— as pessoas erradas no ônibus —, disse-nos que precisávamos formar uma nova equipe. Eu nunca havia demitido profissionais em massa antes. Também novo na organização, eu não sabia quem era bom e quem não era. Além de ser justo, eu queria proteger a reputação dos que saíam, bem como a reputação da revista como um bom lugar para trabalhar. Resumindo, eu precisava proceder com grande sensibilidade.

Nas semanas seguintes, em meio ao processo de decisão sobre quem deveria ir, chamei um a um para uma conversa particular. "Receio que tenhamos que terminar nosso relacionamento", eu dizia, "mas também precisamos proteger sua reputação. Caso a notícia de que você foi demitido se espalhe, isso não o ajudará a encontrar um novo emprego. Então, eis o que proponho: mantemos esse segredo entre nós dois. Você passa os próximos 90 dias discretamente, procurando outro emprego. Ao encontrar um, anunciaremos que você decidiu aceitar uma proposta de uma publicação diferente e faremos uma grande e alegre festa de despedida. E se você precisar de mais de 90 dias, me avise. Mas até lá, boca de siri". Fiquei orgulhoso, visto que quase todos eles encontraram outro emprego e, de cabeça erguida, seguiram adiante com suas vidas. Quanto à revista, o investimento de energia e dinheiro de Mort com certeza ajudou, pois obtivemos ganhos recordes em circulação e publicidade. Hoje, o *U.S. News* está lucrando bastante como uma publicação online.

Uma Lista de Grandes Grupos

Um quarto de século atrás, em um livro intitulado *Organizing Genius*, Warren Bennis e Patricia Ward Biederman foram coautores de um relato muito interessante sobre grandes grupos e como eles colaboram. Os norte-americanos, assinalaram eles, amam heróis e lhes dão mais status do que outros indivíduos e grupos. Mas quase sem um projeto especificado, grupos de pessoas combinaram, com êxito, esforços individuais e coletivos para produzir algo novo e maravilhoso.

Além do Projeto Manhattan e do Projeto Apollo, a lista de honra de grandes equipes de Bennis-Biederman inclui:

- Steve Jobs, da Apple, que criou o computador Macintosh, perseguindo seu sonho de "tatear o universo".

- Palo Alto Research Center (PARC), da Xerox, que teve um papel fundamental em inovações tecnológicas, como o computador pessoal moderno, Ethernet e impressão a laser.
- "Skunk Works", da Lockheed Martin, uma equipe com grande autonomia dentro da corporação e livre de excessos burocráticos, bem-sucedida em projetar secretamente aeronaves dos EUA no auge da Guerra Fria.
- O movimento Bauhaus, que atraiu para a Inglaterra e os EUA arquitetos e artistas pioneiros fugindo da Alemanha nazista.
- Black Mountain College, na Carolina do Norte, famosa instituição experimental das décadas de 1930 e 1940 que foi um polo de atração de artistas, compositores, poetas, arquitetos e designers de renome. Serviu como incubadora e refúgio para artistas modernos que eram alvo do senador Joe McCarthy.

Desde que Bennis e Biederman publicaram seu livro há mais de 20 anos, observou-se, é claro, um fluxo enorme de outras inovações, particularmente em ciência e tecnologia. Isso, porém, não impede que aquilo que escreveram não permaneça verdadeiro hoje: o século XX e o início do XXI, apesar de todos os revezes, foram "uma era de ouro de conquistas colaborativas para os EUA". De fato, como o historiador e escritor francês Tocqueville argumentou quase 200 anos atrás, os norte-americanos parecem ter um gênio para a ação coletiva — quando estão unidos!

O que Diferencia os Grandes Grupos?

Em sua maioria, os grandes grupos têm características que os distinguem das organizações medianas. Há neles a tendência de serem motivados internamente, além do gosto em solucionar problemas. "Se você pode sonhar, pode realizar", acreditava Walt Disney, um dos líderes originais de uma grande corporação, ainda hoje reverenciado em Hollywood. Para quem participa de grandes grupos, trabalhos são missões; eles não se importam de viver e trabalhar em ambientes desafiadores. No Black Mountain College, por exemplo, os alunos tinham que construir seus próprios alojamentos com martelos, pregos e madeira.

Quem seleciona pessoas para fazer parte de grandes grupos quer saber se os candidatos têm paixão pela excelência, talento para resolver problemas e capacidade de trabalhar e lidar bem com os outros. Desde a época de Thomas Edison, os grupos vêm frequentemente criando suas próprias formas de mensuração. Nos testes de Edison para os candidatos a emprego, havia 150 perguntas bem difíceis cujas respostas eram cronometradas. Dois exemplos: "Como o couro é curtido?" e "Quanto você deve pagar por 12 pepitas de ouro?". Hoje, o Google é famoso por perguntas como: "Por que uma tampa de bueiro é redonda?". Quando eu e os alunos que me acompanhavam passamos um dia em seus novos alojamentos em Midtown Manhattan, os corredores da Google ferviam, com os funcionários patinando de um escritório para outro. Tal como outras empresas de tecnologia, a Google teve contratempos nos últimos anos, mas raramente vi um ambiente de trabalho tão interessante e irresistível. Foi uma ótima experiência.

Algo a ter em mente quanto às grandes equipes: não confundi-las com uma equipe de grandes estrelas. Estas são formadas por indivíduos centrados em si mesmos; em uma grande equipe, os jogadores olham uns pelos outros. No entanto, em muitas organizações competitivas, ainda há uma tendência a acreditar que reunir estrelas suficientes leva naturalmente a uma combinação vencedora. Geoffrey Colvin, um respeitado colunista da *Fortune*, afirma que não se pode contar com uma equipe composta só de grandes figuras. Em 2004, por exemplo, a equipe olímpica de basquete dos EUA reuniu estrelas da NBA que se estranhavam umas com as outras. Não deu certo: eles perderam para a Argentina nas semifinais e acabaram ficando com o bronze. Em contrapartida, como escreve Colvin, a equipe olímpica de hóquei dos EUA de 1980 não foi formada pensando em um "time dos sonhos", mas com base em princípios bem diferentes. "Não estou procurando os melhores jogadores", disse o treinador. "Estou procurando os jogadores certos." Os norte-americanos que ele convocou eram um grupo de universitários com idade média de 21 anos; os soviéticos tinham estrelas que patinavam juntas há anos. A equipe dos EUA era vista como azarão em Lake Placid. Contudo, em um confronto dramático, que alguns chamam de o maior evento esportivo do século XX — o "Milagre no Gelo" —, a equipe dos EUA derrotou os soviéticos nas semifinais e conquistou o ouro.

O LEGADO DA LIDERANÇA CENTRADA NO GRUPO

Na memória norte-americana, o movimento pelos direitos civis evoca imagens de Martin Luther King Jr. dirigindo-se a uma multidão de seguidores no Lincoln Memorial. Talvez, como alternativa, imaginemos Rosa Parks sentada na parte da frente daquele ônibus em Montgomery, Alabama. Fomos ensinados que líderes como John Lewis, Malcom X e Thurgood Marshall abriram o caminho como porta-vozes da mudança. Entretanto, outros ficaram, resolutos, em segundo plano.

Ella Baker é uma pessoa raramente lembrada pela história. Ela não se valeu de uma retórica elevada nem chamou a atenção da nação da forma como heróis como MLK fizeram. Contudo, adotou uma teoria de liderança diferente e, com sua dedicação e persistência, fortaleceu comunidades em todo o país. No entender da maioria dos norte-americanos, o movimento pelos direitos civis era em grande parte dirigido pelos "Big Six" — vinha de cima para baixo. Ella Baker deu ao movimento um caráter oposto, de baixo para cima. As reverberações dessa postura são vistas nos movimentos de hoje, exatamente quando sua teoria de liderança está sendo testada.

Assumir o compromisso de trabalhar a partir da base permitiu a Baker fazer mudanças reais nas comunidades em todo o país. Seu ativismo começou cedo, ao lidar com questões trabalhistas no Harlem como diretora nacional da Liga Cooperativa de Jovens Negros durante a Grande Depressão. Tendo construído uma forte rede de relacionamentos, ela então se candidatou à secretária assistente de campo da NAACP — um trabalho que a levaria de volta ao sul natal para recrutar membros e abrir novos capítulos. Conforme avançava na organização, ela se tornava cada vez mais crítica em relação ao foco dado à expansão do número de membros sem envolvê-los ativamente na programação; o interesse central da NAACP em batalhas legais significava um enorme potencial inexplorado de suas centenas de milhares de membros. Baker acabou se afastando da organização, ingressando em outros grupos de direitos civis, incluindo um período de 2 anos e meio como diretora-executiva da Southern Christian Leadership Conference. Novamente sentiu que sua filosofia de liderança a partir da base foi subestimada na medida em que grandes grupos de mulheres e jovens negros foram ignorados pelos programas da SCLC.

O trabalho de Baker na SCLC e na NAACP não satisfez seus objetivos de construir o movimento dos direitos civis de baixo para cima; mas quando, na década de 1960, os estudantes começaram a organizar protestos, Baker aproveitou as numerosas conexões locais que havia formado ao longo dos anos para divulgar notícias sobre os protestos em todo o país. Percebendo que os alunos de todos os lugares ansiavam por participar, convidou-os para se reunir na Shaw University, a escola na qual se formara; dessa reunião nasceu o Student Nonviolent Coordinating Committee. Ela enfim conseguira criar a organização com a qual sempre sonhara, na qual mulheres e jovens eram participantes ativos, comunidades rurais estavam envolvidas e a liderança era incentivada e desenvolvida localmente. John Lewis, que naquela ocasião participava dos protestos de Nashville, não pôde estar presente, mas logo depois ingressou no SNCC, tornando-se presidente. A crença de Baker de que o movimento deveria se concentrar mais na mudança de base bateu forte em Lewis, que acreditava que o movimento estudantil "era tanto contra a estrutura tradicional de liderança negra desta nação quanto contra a segregação e a discriminação racial". Após essa reunião inicial, os ativistas do SNCC continuaram sua campanha de manifestações pacíficas e em seguida estenderam as ações por meio de outras campanhas, incluindo um envolvimento significativo nos Freedom Rides. Depois dos Freedom Rides, os ativistas do SNCC se espalharam pelo sul, conectando-se com as comunidades e batendo de porta em porta para registrar eleitores. O trabalho deles nem sempre foi glamoroso, mas por intermédio de centenas de conversas bem concatenadas, conseguiram estabelecer confiança nas comunidades que visitavam e fizeram progressos reais ao incentivar os negros a votarem.

Embora, em muitos aspectos, Baker fosse uma líder do SNCC, ela fez questão de fazer com que os alunos tivessem a capacidade de tomar decisões e liderar por conta própria. Nesse sentido, Baker promoveu o que foi chamado de "liderança centrada no grupo" em vez de criar um "grupo centrado no líder". Nas palavras dela: "Sempre pensei que o necessário é o desenvolvimento de pessoas que estão interessadas não em ser líderes, mas em desenvolver liderança entre outras pessoas". Ela insistiu na importância de "organizar as pessoas para serem autossuficientes, e não dependentes do líder carismático". Baker entendia o que tão poucos de seu tempo reconheceriam: às vezes, reformas acontecem em virtude do trabalho árduo e vagaroso de muitas pessoas trabalhando juntas por semanas, meses e até anos. Eles não precisavam de uma figura de destaque para dirigi-los; cada membro do SNCC sentiu que era de seu próprio interesse promover os esforços da organização.

Atualmente, surgem a cada dia organizações que seguem o modelo "Miss Baker" de liderança centrado no grupo, como seus discípulos a chamavam carinhosamente. Os movimentos a favor da democracia que vão do Oriente Médio a Hong Kong assumiram essa forma conforme ganham força e apoiadores por meio das mídias sociais e das táticas orgânicas de atuação. Os movimentos globais de ação climática e igualdade de gênero organizaram-se de forma similar. Com a ascensão das mídias sociais e a democratização da troca de ideias, questões locais podem chamar a atenção nacional da noite para o dia. Há os que se referem a esse novo modelo de liderança como "não hierárquica"; outros o chamam de "sem liderança". Patrisse Cullors, cofundadora do BLM — talvez o exemplo contemporâneo mais proeminente desse modo de liderança — prefere o termo "liderança plena", sugerindo que ao chamá-lo de "sem liderança" ignora-se o grande contingente de líderes do movimento que impulsionam seu trabalho à frente. Seja qual for o nome, não há dúvidas de que organizações em que não há um porta-voz único estão em ascensão — e estão deixando uma marca no cenário norte-americano.

De muitas maneiras, esse modelo decorre naturalmente da colaboração que se vê em grandes equipes. Ao confiar aos indivíduos responsabilidades de liderança, dando-lhes condições de fazer avançar um conjunto de metas, as organizações líderes requerem do grupo um alto nível de confiança e cooperação. Implantar esse modelo possibilita aos que estão à margem — mulheres e pessoas não brancas, como Baker experimentou, mas também outros indivíduos sub-representados — tenham um lugar à mesa e cuja voz pode ser ouvida. Qualquer pessoa é capaz de se envolver em um movimento como o BLM ou em manifestações a favor da democracia: basta comparecer a um comício, ser voluntário para um ato próximo ou responder a um chamado local à ação. À medida que as pessoas comuns se dispõem a construir esses movimentos, elas propositalmente evitam nomear figuras carismáticas e que negociam acordos. O trágico assassinato de Martin Luther King Jr. nos ensinou que a morte de um líder pode fazer um movimento perder sua força. Erica Chenoweth, que estuda resistência não violenta na Kennedy School, observa que, além de proteger seus líderes e interesses, as organizações descentralizadas também são capazes de responder mais rapidamente às mudanças dinâmicas, livres que são da carga burocrática suportada pelos líderes que são comandantes. Além disso, uma ampla gama de objetivos pode ser defendida em um movimento de liderança plena. Não é necessário que haja um único foco em uma política específica, o que permite um alto grau de colaboração entre grupos com diferentes interesses.

Ao lado desses benefícios, é claro, vêm as deficiências e os desafios logísticos. Em uma crise, por exemplo, uma organização de liderança plena não tem um indivíduo dando as ordens. Não ter um controle central pode implicar em uma fragmentação ideológica e no desvio dos objetivos do grupo. Por exemplo, quando um pequeno número de brancos vandalizou lojas durante os protestos do BLM em 2020, a direita conservadora capitalizou o comportamento radical em prol de seus próprios pontos de vista, apontando o ato como representativo de todo o movimento. Ainda que a maioria das manifestações tenha sido pacífica, o Black Lives Matter ganhou reputação em círculos mais conservadores e frequentemente fanáticos por violência e radicalismo. Infelizmente, o grupo sofreu insultos racistas, o que levou alguns a acreditar que movimentos de protesto de negros são, por natureza, raivosos e violentos. Por último, e mais crucial, quando uma organização de liderança plena se torna *muito* plena de líderes, a discordância na tentativa de traduzir metas em mudanças políticas é inevitável. O júri está decidindo se grupos como Sunrise Movement, March for Our Lives e BLM verão suas demandas atendidas com uma ação do governo. Todavia, uma coisa é certa: ao dar condições para uma diversidade de indivíduos reunidos — jovens e idosos, negros e brancos — se tornarem líderes, tais movimentos despertaram a atenção mundial. O discurso público, não resta dúvida, foi influenciado em resposta às ações deles, e os líderes políticos norte-americanos estão atentos a isso. Em uma série de questões cujo arco engloba desde a equidade racial e as mudanças climáticas até os direitos dos gays e o controle de armas, os ativistas já começaram a exercer influência sobre a opinião pública a favor de suas lutas, e os líderes políticos estão atentos a esse fato. Se os grupos ativistas podem inspirar uma nova geração, podem transformar o país.

NOVE

A ARTE DA PERSUASÃO PÚBLICA

Em certo dia de 1830, em um estaleiro em Baltimore, um menino escravizado de 13 anos escutava com atenção um grupo de meninos brancos que ele conhecia recitando uns para os outros passagens de um livro de leitura da escola. Intrigado, o menino economizou US$0,50 engraxando botas e foi a uma livraria comprar seu próprio exemplar de *The Columbian Orator*.

David Blight, editor de uma versão recentemente republicada do livro, diz que o menino recorreu ao *Orator* para instrução e inspiração quase tanto quanto fazia com a Bíblia. Ele copiava trechos de ambos, os estudava e recitava para si mesmo, extraindo deles a persuasão moral que continham. "Lia esse livro todas as vezes que podia", observou ele anos depois.

Um ano depois, em Illinois, um rapaz de 22 anos que vivia em uma fazenda também descobriu *The Columbian Orator* e logo o devorou. Sua escolaridade formal era curta e intermitente — no total, não passava de um ano e pouco — e estava faminto por autoeducação. O que o fisgou no *Orator* foram não apenas os contos moralizantes, mas também a coleção de discursos do parlamento britânico enfatizando a importância da democracia e da liberdade.

Os surpreendentes caminhos da vida os levariam a se encontrar pela primeira vez 33 anos depois no lugar mais improvável: a Casa Branca.

Frederick Bailey mudou seu nome para Frederick Douglass e se tornou o maior líder e orador negro de seu tempo. Seu anfitrião na Casa Branca foi Abraham Lincoln, sem contestação, o maior líder e orador americano de todos os tempos.

Os paralelos em suas vidas chegam a impressionar. Parafraseando David Blight, os dois vieram de baixo, dominaram o idioma inglês e falaram com os EUA como ninguém mais sobre como o país poderia se reinventar. Em suas vidas há também lições sobre liderança tão relevantes agora quanto foram no século XIX. Hoje, como outrora, desenvolver sua capacidade de persuasão — encontrar sua própria voz e aprender a mobilizar os outros — pode ser sua força motora mais poderosa. Você não precisa ter nascido em berço de ouro; de fato, aqueles que trabalham mais próximos de suas comunidades — ou têm proximidade, como diria Bryan Stevenson, advogado especializado em direitos humanos e fundador da Equal Justice Initiative Bryan Stevenson —, geralmente, são os melhores em verificar as necessidades delas. O importante é aprender a dominar a persuasão pública praticando e trabalhando arduamente, tal como Douglass e Lincoln. Falar brilhantemente não é um dom; é uma conquista.

É verdade que o discurso público mudou nos últimos anos, para o bem e para o mal. Longas expressões de pensamento deram lugar a tuítes, escrever cartas cedeu seu espaço a e-mails. A tecnologia de hoje democratizou, de diversos modos, a comunicação, permitindo alcançar as pessoas onde elas estão e disponibilizando ferramentas antes acessíveis somente por grupos menores. O progresso, porém, muitas vezes traz em sua esteira uma degradação do discurso público. Clichês políticos e frases de efeito são mais usados hoje do que antes. Nos sete debates que Lincoln e Stephen A. Douglas travaram na campanha para senador de 1858, cada um falou durante 90 minutos e sobre um único assunto: a expansão da escravidão. Pessoas curiosas caminharam até 9 horas para chegar ao local do debate, e depois permaneceram em pé, em um descampado, por mais 3 horas para ouvi-los. Na campanha presidencial de 2020, ao contrário, no primeiro debate entre Donald Trump e Joe Biden, os candidatos falaram por apenas 39 e 38 minutos, respectivamente, e abordaram 15 temas. Argumentos deram lugar a afirmações. Em 1985, o educador Neil Postman refletiu sobre os sentimentos de sua época em seu best-seller *Amusing Ourselves to Death: Public Discourse in the Age of Show Business*. E isso foi 30 anos antes de Trump. Aqui nos EUA, já não nos divertimos mais.*

As raízes do discurso público foram plantadas pela primeira vez há uns 2.500 anos na antiga Atenas, quando os gregos começaram a experimentar formas de governo mais democráticas. Para ganhar a vida, especialistas na arte de falar em público iam de uma comunidade para outra oferecendo-se para ensinar sua arte a homens envolvidos em política e governança. Com o tempo, os oradores abriram escolas nas quais Aristóteles e Platão lecionariam. Segundo Cícero, o epíteto de Pai da Oratória cabe a Isócrates, que começou — é sério — como redator de discursos; aos poucos, desenvolvendo sua própria fala, foi aumentando sua reputação. Outros consideram Demóstenes como o retórico mais influente da Grécia clássica. Não foi um grande orador no início — durante seu crescimento, sofria de gagueira e não tinha potência vocal —, mas a prática árdua a que se obrigou tornou-o mais habilidoso a ponto de conseguir reunir atenienses para resistir à expansão da vizinha Macedônia. Filho do Renascimento grego das décadas de 1830 a 1860, quando a democracia ateniense era muito popular nos EUA, Lincoln gostava de citar Péricles, especialmente sua oração fúnebre ao final do primeiro ano da guerra de Atenas com Esparta.

Ao longo dos séculos, as práticas de persuasão e democracia tornaram-se tão entrelaçadas que parece provável que sobreviverão juntas. De fato, historiadores sugerem que períodos de grande estresse e divisão em uma sociedade provocam com frequência uma profusão de discursos e escritos; são ocasiões nas quais os estudiosos da coisa pública tentam compreender as realidades que vivenciam e dar-lhes um novo significado. Assim, a persuasão pública, praticada como uma arte em seu sentido mais elevado, pode se revelar uma fonte de unidade. Mas não podemos ter certeza quanto a isso, pois é motivo mais que suficiente para começarmos a cultivar um ambiente cívico mais saudável persuadindo os obstrucionistas; é como o magnata da mídia norte-americana Ted Turner gostava de dizer: "Faça alguma coisa. Lidere, siga ou saia do caminho."

---

* No livro, cuja tradução, em estilo livre, é "Divertindo-se até a Morte: Discurso Público na Era do Show Business", seu autor mostra a força diluidora do entretenimento na sociedade da época. [N. da T.]

É ponto pacífico que a experiência norte-americana foi definida pela liderança retórica de homens e mulheres que deram um passo à frente em momentos-chave e inspiraram outros a seguir um caminho nobre: Patrick Henry, Thomas Jefferson e Alexander Hamilton durante a fundação; Henry Clay e Daniel Webster no início do século XIX; Lincoln, Douglass, Sojourner Truth e Dorothea Dix à medida que a Guerra Civil se aproximava; Teddy Roosevelt durante a Era Progressista; Anna Howard Shaw na luta das mulheres pelo direito ao sufrágio; FDR e Eleanor na Grande Depressão e na Segunda Guerra Mundial; King, Kennedy, Reagan, Barbara Jordan, Ann Richards e Hillary Clinton em tempos mais recentes. Estudar suas vidas e métodos de persuasão pública continua sendo indispensável se você quer entender o passado dos EUA. Surpreendentemente, o norte-americano que se tornou um dos escritores mais talentosos do país, Jefferson, odiava falar em público. Como presidente, fez apenas dois discursos públicos — na primeira e na segunda posse; ele confiou em sua caneta para persuadir outros.

Felizmente, há entre nós os que mantêm a fogueira acesa aqui e no exterior, lembrando-nos que palavras e ideias ainda são capazes de mobilizar uma população. Em 2004, sem mais nem menos, um jovem negro tornou-se figura nacionalmente conhecida com um único discurso. Ele proclamou que não existem dois Estados Unidos, um vermelho e um azul;* existe apenas um. Mais recentemente, o apelo emocional de X González na Marcha por Nossas Vidas despertou a nação para a epidemia da violência armada. E depois que uma mulher de 37 anos, bem falante, conquistou o cargo de primeira-ministra na Nova Zelândia, sua liderança logo se tornou uma antítese global à da norte-americana que ocupava o Salão Oval. Apesar de todas as diferenças perniciosas que temos nos EUA, os líderes ainda têm o poder de condicionar.

A questão é como. Como dominar o estudo e a prática da persuasão pública? Como começar? Como praticar? Como desenvolver uma reputação pública capaz de fazer as pessoas ouvirem e lerem o que você tem a dizer? Trataremos agora dessas questões muito práticas.

---

* Referência a uma divisão do país entre o Partido Republicano e o Partido Democrata, simbolizados pelas cores vermelha e azul, respectivamente. [N. da T.]

ENCONTRANDO SUA VOZ PÚBLICA

Entre as várias citações que o presidente Kennedy gostava de fazer, uma das favoritas era um diálogo de Shakespeare:

> **GLENDOWER:** Eu consigo chamar espíritos das profundezas.
> **HOTSPUR:** Ora, também posso, qualquer homem pode; Mas eles virão, quando você os chamar?
>
> Shakespeare, *Rei Henrique IV, Parte 1*

Kennedy era também um grande admirador de Churchill e aprendeu com ele que uma das primeiras providências a serem tomadas por um aspirante a orador é desenvolver sua própria voz pública — uma que atrairá espíritos das profundezas quando você os chamar. Churchill não foi um estudante brilhante; no ensino médio, foi reprovado em um curso e, repetente, nunca estudou latim. Como se viu, foi um golpe de sorte: ao retomar seu curso da língua inglesa, o fez com tal afinco que a dominou e utilizou muito bem. Ele fez mais do que memorizar grandes discursos. Antes da formatura, ele entregou, sem anotações, 1.200 linhas de *Lays of Ancient Rome*, de Macaulay. Ele não tinha os créditos acadêmicos para ser aceito em Oxford ou Cambridge e acabou em Sandhurst apenas em sua terceira tentativa. Mais uma vez, um golpe de sorte. Ele foi enviado para o exterior como oficial militar júnior e jornalista ambicioso; os relatos vibrantes de suas façanhas em Cuba, Índia, Sudão e África do Sul foram tão bem escritos que ele atraiu seguidores em toda a Grã-Bretanha.

Leitor voraz, aproveitava suas horas de folga devorando a montanha de livros que fazia sua mãe lhe enviar. Entre eles estavam transcrições literais de debates no Parlamento; Churchill os lia e depois pensava cuidadosamente no que diria se estivesse na oposição ou na situação. Começou também a ler os clássicos ingleses, como Shakespeare e a Bíblia King James, além das obras de historiadores e poetas. Ao voltar para a Grã-Bretanha, já havia desenvolvido habilidades públicas suficientes para entrar na política. Ele estava pronto. Aos 26 anos, conquistou seu primeiro assento no Parlamento. E o olhar público o acompanhou por quase 60 anos.

Ao longo das décadas, valendo-se de discursos, textos escritos e debates parlamentares, ele desenvolveu uma voz pública ímpar. "Churchill mobilizou a língua inglesa e a enviou para a batalha", disse o jornalista Edward R. Murrow. Como se soube, ele investiria até uma hora de preparação para cada minuto que ocupasse no plenário do Parlamento. Churchill é citado como tendo dito: "De todos os talentos concedidos aos homens, nenhum é tão precioso quanto o dom da oratória. Quem a exerce empunha um poder mais duradouro que o de um grande rei. Ele é uma voz independente no mundo".

Desenvolver a própria voz é muitas vezes visto como desenvolver um estilo próprio ou uma visão filosófica característica. Para o bem ou para o mal, Donald Trump tem um estilo e uma perspectiva; Barack Obama também, e inteiramente distintos. As diferenças são identificáveis por qualquer um. Da mesma forma, se alguém lhe vendar os olhos e depois ler em voz alta os editoriais do *New York Times* e do *Wall Street Journal*, você saberá distingui-los instantaneamente.

Mas a voz também tem um significado mais relevante: a paixão em sua vida — aquilo que faz sentido lá no fundo do ser. Quando você quer que essa voz se faça ouvir, ela vem. Em seu famoso ensaio *Self-Reliance*, o filósofo e escritor Ralph Waldo Emerson escreve sobre ouvir essa voz interior e segui-la: "Insista em você mesmo; nunca imite".

Lincoln era apenas mais um político de Illinois até que os sulistas no Congresso ameaçaram disseminar a escravidão nos novos Estados no oeste do país. Isso trouxe à tona suas paixões profundas, e ele se dedicou depois a mudar o rumo da nação. No início, Martin Luther King Jr. se via como pregador — e apenas um pregador. Contudo, em Montgomery, de acordo com Garry Wills, enquanto ele falava às suas congregações sobre os males da segregação, sentiu que tinha que ir às ruas com eles. Foi quando começou a encontrar sua voz. É algo recorrente, pois descobri que os comunicadores mais eficazes são aqueles que se dirigem ao público falando com sua voz interior.

William James escreveu, de modo notável: "Muitas vezes pensei que a melhor maneira de definir o caráter de um homem seria buscar a atitude mental ou moral particular na qual, quando ocorresse, o faria se sentir profunda e intensamente vivo e ativo. Em momentos assim, há uma voz interior que vem e diz: 'Este é o meu verdadeiro eu'".

Quando sua voz é mais eficaz? É quando sua paixão dá lugar às próprias pessoas; é quando aquilo no qual acredita e diz realmente repercute dentro delas. Quando Gandhi, que estava na África do Sul, foi instado a voltar para a Índia a fim de liderar a luta contra o colonialismo, ele se recusou a princípio a falar de modo agressivo em público. Em vez disso, viajou de terceira classe por sua terra natal por um ano, ouvindo atentamente o que seu povo dizia. Quando finalmente falou, ficou evidente que ele estava dando voz às próprias pessoas.

Encontrar sua voz não é um processo fácil ou rápido. É comum vir após você tocar a vida por um tempo, filtrando suas experiências, começando a entender a si mesmo. Às vezes, como vimos, a autocompreensão chega cedo, provocada por uma crise de cunho pessoal ou por circunstâncias da vida. Nas décadas de 1960 e 1970, muitos jovens norte-americanos encontraram suas vozes nas controvérsias nos direitos civis, nos direitos das mulheres, no Vietnã e no movimento ambientalista. Já na atualidade, muitos encontram suas vozes em face das desigualdades sistêmicas que enfrentamos. Mas para a maioria, encontrar sua voz leva tempo, acontece conforme a vida interior se desenvolve e abre espaço para reflexões. Muitos de nós, aos 20 ou 30 anos — e até mais tarde — nos enredamos na vida profissional ou mundana, parecendo haver menos tempo do que gostaríamos para um autoexame. Porém, com o passar dos anos, começamos a prestar atenção nessa "voz interior" descrita por William James e Emerson. Passe a observar os eventos e as situações ao redor que o tocam, que ressoam em você. Fale quando você acredita em algo, ou quando se opõe ao que está acontecendo no mundo à sua volta. Conscientize-se do que é verdadeiro para você e seus valores. Aí, então, descobrirá sua verdadeira voz interior.

OS FUNDAMENTOS DA FALA EM PÚBLICO

Alguns anos atrás, um pesquisador relatou os três maiores medos dos norte-americanos. Em terceiro lugar, insetos, cobras e outros animais; no segundo, locais altos; e no topo da tabela, falar presencialmente a uma plateia. Mesmo os melhores enfrentaram dificuldades. Winston Churchill foi bem em seu discurso inaugural no Parlamento, mas no seguinte, como tinha anotações incompletas, tentou cobrir demais as lacunas e sua fala foi sofrível. A atriz Rosalind Russell expressou-se mais diretamente a respeito: ela comparou falar em público a ficar nua na frente de uma plateia de estranhos e se virar... devagarinho. Então, veja bem, não se considere o único a sentir medo em suas primeiras ocasiões. Certa ansiedade até lhe faz bem porque injeta energia em seu metabolismo.

Ademais, a sucessão de experiências aumentará, gradualmente, o nível de satisfação com seu desempenho. Ao longo das últimas quatro décadas, fiz mais de mil discursos. Muitos foram em universidades ou organizações sem fins lucrativos. Outros graças ao Washington Speakers Bureau (WSB) [agência especializada em eventos de palestras corporativas]. Este último viabilizou a obtenção de honorários que ajudaram a colocar meus dois filhos na escola e me permitiram ficar mais tempo na vida pública. Também percebi que falar para diferentes públicos pode ampliar muito minha compreensão sobre a nação norte-americana. Além disso, pode ser muito prazeroso.

Agora, vamos em frente, visto que é necessário incorporar algumas noções básicas sobre falar em público. Comecemos por explicar algumas:

Primeiro, Conheça seu Propósito

Antes de ficar na frente de uma plateia, convém você saber o que o motiva a estar lá. Informar, defender, motivar, comemorar ou entreter? Cada propósito requer uma abordagem própria, distinta. O horário da fala também é importante. Uma apresentação matinal normalmente é informativa; o público está mais receptivo a uma palestra séria. Durante o almoço, você também pode informar, mas é melhor contar uma ou duas histórias pitorescas. Lembro que em um almoço com a presença de um público de porte médio, bem no momento em que eu estava sendo apresentado, um senhor mais velho na plateia começou a roncar alto! Se for à noite, tente falar antes do jantar; depois que as pessoas se alimentam, e você pega um microfone por volta das 21h30, metade da plateia está ansiosa para ir para casa. Em uma dessas ocasiões noturnas, na Flórida, meu anfitrião me disse: "Não chegue tarde. Lembre-se, aqui nós seguimos a regra NHD". "O que é isso?", perguntei. "Na Horizontal às Dez!", ele respondeu.

Segundo, Tenha uma Mensagem Clara

O que determinado público quer de você e como satisfazê-lo? Um discurso não é uma oportunidade de dizer o que está em sua mente, mas sim de abordar o que está nas mentes das pessoas. Por meio de meus amigos do WSB, aprendi a passar meia hora com os patrocinadores uma ou duas semanas antes de um evento para que eles possam me dar uma ideia das preocupações do público. Chegando ao local, feito um "foca" de jornal, vou atrás dos líderes do grupo para uma última opinião sobre o que possa ser, no momento, do interesse deles. Repetindo: conhecer seu anfitrião pode ser uma experiência extremamente educativa para você. Outra questão é lembrar-se de que, ao fazer um discurso, muitas vezes *você* é a mensagem — as pessoas avaliam o que você diz com base em quem você parece ser.

Terceiro, Atente para os Elementos-chave do Discurso

Na Antiguidade, Aristóteles e outros gregos valorizaram o estudo da Retórica de tal modo que, durante a maior parte da história ocidental, ela se tornou uma das sete artes liberais básicas (o *trivium* — Gramática, Lógica e Retórica; e o *quadrivium* — Geometria, Aritmética, Astronomia e Música). O apelo da retórica como estudo não se cingia apenas à oratória, mas também à ética. As próprias artes liberais estiveram no centro da formação universitária até o século XX, quando começaram a ser abandonadas.

Não obstante, muito do ensino dos antigos sobrevive até hoje nos lugares em que a Oratória é disciplina curricular. Se você deseja se destacar por falar em público, recomendo familiarizar-se com a área de Ciências Humanas. Em seus influentes escritos de meados do século XX, Mortimer Adler argumentou que a Oratória é, por definição, a arte da persuasão e que, como se acreditava na Antiguidade, há nela três elementos principais: *logos*, *pathos* e *ethos*, um tripé que remonta a Aristóteles. Veremos uma breve explicação sobre cada elemento e como se relacionam:

- *Ethos* significa o caráter de uma pessoa. As pessoas prestarão atenção no que você diz somente se você transmitir credibilidade, confiança e simpatia. Na mente dos antigos gregos, *ethos* representava a identidade do falante. Às vezes, o humor pode ser um bom instrumento para abrir mentes. O famoso economista Joseph Schumpeter, ao completar 80 anos, visitou Harvard. Lá, teria dito que sempre teve três ambições na vida: ser o maior economista do mundo, o maior cavaleiro e o maior amante. Agora que estava mais velho, disse ele, sentiu que era obrigado a desistir de uma dessas ambições. Ele já não queria mais ser o maior cavaleiro do mundo.

- *Logos* é o raciocínio de um orador ao expor um argumento. O objetivo não é produzir convicção, mas persuadir o ouvinte a preferir um caminho em detrimento de outro. *Logos* é muito mais importante do que geralmente se pensa.

- *Pathos* é um apelo à emoção, ao contrário de um apelo à razão. Na maioria de nós, coração e cabeça dividem igualmente o comando sobre nossas ações. Como o filósofo George Campbell argumentou: "Quando a persuasão é o fim, a paixão também deve estar envolvida". Um discurso inteiramente racional não desperta nem a imaginação nem a alma do público. A poesia entra onde a prosa não.

Um discurso bem estruturado geralmente segue um padrão: quem o apresenta diz ao público as razões pelas quais você é merecedor da atenção dele (*ethos*); daí então você talvez comece com uma história cativante (*pathos*) antes de passar para seus argumentos principais (*logos*), e depois articula um final emocionante que deixa as pessoas arrebatadas por sua chamada à ação (*pathos*).

Quarto, a Importância das Histórias

Parafraseando Mark Twain, todo bom orador deveria ter a confiança tranquila de um cristão com quatro ases na manga. Em meio a um discurso em que impera a aridez, você tem que ter a necessária presença de espírito para tirar leite de pedra e encontrar histórias pitorescas que possam entreter e persuadir seu público. Kathleen Hall Jamieson, especialista em comunicações na era eletrônica, assinala que Ronald Reagan nunca discursou de modo a rivalizar com o primeiro discurso de posse de FDR ou o discurso de Kennedy em Berlim, ou ainda o de Lyndon Johnson sobre direitos civis; entretanto, Reagan era um comunicador muito eficaz. Ele adorava contar histórias e, como diz Jamieson, traduzia palavras em memoráveis imagens de televisão. Quando você puder, revisite a primeira posse dele, ocasião em que lembrou os heróis que estavam dispostos a arriscar a vida para proteger a democracia norte-americana.

Quinto, Domine os Elementos da Eloquência

Na época de Shakespeare, em meados de 1500, poetas, dramaturgos e líderes públicos utilizaram a língua inglesa para se expressar com eloquência. Certas figuras de linguagem serviram como fonte para muitos dos melhores discursos da história: "Eu tenho um sonho", de King; "Não temos nada a temer a não ser o próprio medo", de FDR; "Nós lutaremos nas praias", de Churchill; e "casa dividida", de Lincoln, para citar alguns. O dicionário Oxford define figura de linguagem como uma palavra ou uma frase usada em sentido figurado para efeito retórico ou vívido — uma metáfora, aliteração e símile entre elas.

Não há consenso sobre quantas figuras de linguagem existem — para alguns, mais de cem; para outros, menos de vinte. Se você pretende se tornar escritor, sugiro primeiro dominar a meia dúzia mais usada.

PERSUASÃO NO MUNDO DIGITAL

Lincoln, talvez o melhor orador estadunidense, foi um dos primeiros presidentes que utilizou novas tecnologias para governar com sucesso. Como comandante em chefe, viu que a chegada do telégrafo poderia ser uma ferramenta poderosa. Ele não precisaria passar pela agonia de esperar dias por notícias de um campo de batalha distante. Sabendo dos acontecimentos em poucas horas, ele podia decidir rapidamente os próximos passos e também manter sob controle seus generais rebeldes. A sala de telegrafia tornou-se sua segunda casa. Na era de Teddy Roosevelt, os jornais diários adquiriram enorme circulação. TR logo se tornou o favorito da imprensa da Casa Branca ao lhes fornecer um fluxo constante de notícias. Ninguém havia visto nada parecido antes.

Para Franklin Roosevelt, a chegada do rádio fez uma enorme diferença; suas conversas ao pé do fogo, embora pouco numerosas, mantiveram o país unido durante a Grande Depressão e a Segunda Guerra Mundial. Dizia-se que em uma noite de verão, com as janelas abertas, uma pessoa podia andar pelas ruas de Baltimore e ouvir cada palavra de FDR. Já para John F. Kennedy, foi a chegada da televisão. Uma vez, ele disse a seu secretário de imprensa, Pierre Salinger: "Não poderíamos fazer isso sem a TV". Ronald Reagan fez um uso ainda melhor dela, iniciando um realinhamento de nossa política. Agora estamos em meio a mais uma grande evolução: a era digital.

Tal como os avanços tecnológicos anteriores, a internet e as mídias sociais abrem enormes possibilidades para jovens aspirantes a líderes reinventarem a política. Apenas 10 anos antes da eleição de Donald Trump, o Facebook ficou disponível ao público após seu lançamento inicial em um dormitório de Harvard. Nesse mesmo ano, Jack Dorsey lançou o Twitter. Redes sociais como LinkedIn e MySpace já haviam se destacado, mas poucos entre nós poderiam ter previsto o impacto que o mundo online teria na vida e na política.

Vários meses após Facebook e Twitter estarem disponíveis para a população, uma estrela política emergente — Barack Obama — deu início à sua campanha pela presidência dos EUA. Ele parecia ser um evidente azarão, mas sua equipe tinha uma vantagem. A candidatura presidencial de Obama em 2008 foi a primeira incursão política real a explorar o potencial das mídias sociais. Diz a sabedoria tradicional que os políticos devem encontrar os eleitores onde eles estão; Obama viu que seus eleitores, principalmente os jovens, estavam online, então foi lá para encontrá-los. A campanha construiu uma página para seu candidato em todas as principais redes sociais, aproveitando o apelo pessoal de Obama.

Randi Zuckerberg, irmã de Mark e ex-diretora de marketing do Facebook, observou que a autenticidade de Obama nas mídias sociais era seu ingrediente secreto. "Você de fato sentia estar conectado a ele e à campanha", disse ela. "O perfil de Obama era constantemente atualizado, falando às pessoas que estavam na campanha, comendo pizza ou presos no trânsito. Esse tipo de voz fazia com que todos se sentissem como se estivessem em uma conversa juntos."

Além de servir como meio de relacionamento com o candidato, as mídias sociais e os mecanismos digitais permitiram que a equipe de Obama divulgasse sua mensagem, recrutasse voluntários e arrecadasse dinheiro de maneira jamais vista. Sua equipe formou uma rede de apoiadores usando sua própria rede social, MyBO, que atraiu 2 milhões de usuários no final da campanha. Eles persuadiram digitalmente os voluntários a sediar seus próprios eventos, capacitando aqueles que normalmente não estariam envolvidos em campanhas. E, questão crucial, ao conhecer o eleitor online, Obama conseguiu arrecadar 6,5 milhões de doações digitais. O uso de ferramentas virtuais por Obama subverteu a cartilha política; ele as usou não apenas para se conectar com seus eleitores, mas também para inspirar pessoas de todas as origens e cantos do país.

A campanha de Obama se valeu das mídias sociais como forma de ampliar o alcance de um senador dos EUA que em breve seria o candidato presidencial de seu partido. Mas hoje a mídia social também pode levar ao estrelato indivíduos outrora sem projeção. É o caso de uma mulher latina de 28 anos, garçonete em meio período do Bronx. Ela era uma discreta ativista social em sua comunidade, batendo de porta em porta a favor de Bernie Sanders, em 2016, mas nunca havia considerado entrar nos holofotes políticos. Quando, em 2017, foi consultada para um posto no Congresso, ficou admirada, mas decidiu ir em frente. Contando com um grupo heterogêneo de voluntários em seu minúsculo escritório político no Queens, ela desafiou oficialmente o democrata em quarto lugar na Câmara, Joe Crowley. Parecia uma missão suicida. Porém, combinou sua personalidade forte, intelecto e convicção ideológica com o da mídia social, ela agora se tornou a queridinha da esquerda — e para a direita, uma vilã. Com base nas ferramentas atemporais da retórica e da voz, ela criou uma mensagem poderosa, uma que, usando *pathos*, *ethos* e *logos*, se relacionava com muita gente, abrindo as portas para sua crescente popularidade. Utilizando-se das redes sociais, ela levou sua visão para o mundo. A maioria dos políticos passa décadas na vida pública antes que as pessoas os identifiquem com suas três iniciais, mas não AOC.

Não é preciso concordar com a visão política dela para reconhecer que Alexandria Ocasio-Cortez demonstra o poder das mídias sociais e é um exemplo para líderes em ascensão que tentam se fazer ouvir nos canais digitais. Nativa digital, conhecedora do que atrai os eleitores em cada plataforma de mídia social, ela é autêntica, apaixonada, cheia de energia e muitas vezes bastante engraçada. Curiosamente, muitos de seus funcionários eram ex-atores reinventando-se na vida, com seu treinamento retórico e dramático provando ser inestimável para contar a história dela.

Sua trajetória deve-se em grande parte à sua narrativa pessoal. Ela deu ênfase a seu verdadeiro eu ficando online e se beneficiando da natureza variada de sua campanha. Em contraste, seu adversário democrata, no Congresso por dez mandatos, fazia uso das mídias sociais baseando-se em clichês políticos ultrapassados. A presença online de AOC parecia moderna e compatível com o distrito que ela representava. Até o momento em que escrevo, ela não deixou que seus recém-descobertos deveres governamentais mudassem sua persona online. Ela permanece autêntica, para si mesma e suas crenças, enquanto vive sua vida como uma filha millenial do Bronx. Ficou conhecida online por suas sessões no Instagram Live, respondendo perguntas que variam de nuances de um pacote de estímulo a como ela se prepara para as audiências da comissão — ao mesmo tempo em que cozinha macarrão com queijo para o jantar daquela noite. Em determinado momento, ela dá uma réplica bem humorada no Twitter, no próximo está jogando online no Twitch enquanto incentiva os jovens a votar. Com apenas algumas semanas no cargo, disse a colegas democratas em uma sessão de treinamento sobre mídias sociais que "A maneira como aumentamos nossa presença é estando lá".

Na era digital, para que uma liderança autêntica se afirme, é preciso percorrer um longo caminho. Ela permite que os líderes se relacionem e inspirem seus seguidores sem um ar de superioridade. Também possibilita aos líderes criar um impulso ininterrupto e manter conversas em constante evolução. O aspecto talvez mais importante é que as plataformas digitais se tornaram um grande equalizador. Basta olhar para o que os jovens norte-americanos criaram: AOC, fundadores do Sunrise Movement, Tarana Burke, estudantes do ensino médio e universitários na vanguarda do ativismo BLM em suas comunidades, alunos de Parkland, Little Miss Flint. Cada um deles pode, há dez anos, ter sido figurado entre os impotentes e os destituídos de voz. A mídia social lhes deu um novo megafone com o qual podem amplificar suas ideias. Hábeis no uso dessas ferramentas, eles atraíram inúmeros seguidores. Suas vozes autênticas têm o potencial de mobilizar milhões nas próximas décadas.

Mas há o outro lado da moeda: as mídias sociais também podem ser exploradas pelas forças das trevas na sociedade. A mídia social, tal como a maioria das outras tecnologias, é moralmente neutra, mas passível de ser empregada para servir a propósitos negativos e positivos. Os últimos anos têm mostrado como as mídias sociais estão, cada vez mais, sendo usadas para aprofundar os abismos entre esquerda e direita, negros e brancos, ricos e pobres, gente do campo e da cidade, esperançosos e desesperados. Para a esquerda, nos EUA, não se trata apenas da raiva despertada por Donald Trump e Tucker Carlson, mas do desprezo dos dois pelas tradições democráticas. Em grande parte via mídias sociais, ambos envenenam o corpo político em uma dose tal que pode levar anos para ser drenada. Infelizmente, a esquerda norte-americana não goza de um histórico impecável; também sentiu, às vezes, o poder que vem de desvirtuar o adversário. Por outro lado, os conservadores acreditam, com certa razão, que estão sendo tratados como cidadãos de segunda classe, pintados pela grande mídia como um grupo inferior. A confiança nos líderes e nas instituições do país vem diminuindo, assim como a confiança no futuro.

Não devemos ficar totalmente surpresos com o surgimento de tantos demagogos em nosso meio, aproveitando-se das novas tecnologias. Já vimos padrões semelhantes no passado. Quando o rádio dava as cartas, FDR não foi o único a utilizar seu enorme poder de comunicação. No Centro-oeste, Coughlin, um padre católico, apresentava um programa de rádio no sábado à tarde que apregoava o fascismo e o antissemitismo. Tornou-se obrigatório ouvir grandes segmentos da população. O *New York Times* estima que, no auge, os sermões inflamados de Coughlin "comandavam uma audiência semanal de rádio de 90 milhões que se apegavam a cada palavra ricamente enunciada". Ódio repercute. Ou dê uma espiada em *Triumph of the Will*, um famoso filme de propaganda nazista feito por Leni Riefenstahl; sua proeza cinematográfica aprofundou drasticamente o domínio de Hitler sobre o imaginário alemão.

Reagir à demagogia, hoje como no passado, não é ficar simplesmente na lamentação. Em vez disso, devemos trabalhar para manter vivas as tradições retóricas de outrora. Não obstante a óbvia diferença, os formatos do mundo digital adequam-se às práticas consagradas e verdadeiras da retórica. Entender o propósito e a mensagem de um tuíte ou hit de rádio, por exemplo, é tão importante quanto ter um propósito e uma mensagem claros em um discurso público — e definir com nitidez esses elementos pode ser ainda mais importante em razão das restrições da mídia hoje. Em um tuíte ou postagem no Facebook, não é nada fácil estabelecer o trio *logos*, *pathos* e *ethos*, entretanto, é preciso pensar em como cruzar esses elementos em qualquer aparição pública ou comentário divulgado. Hoje, o público não é tão facilmente convencido por um discurso na televisão como no passado; sendo assim, os líderes também devem aprender a expor uma ideia ou uma política por meio de opiniões online bem formuladas, postagens em mídias sociais e grandes programas de televisão.

Meu amigo Jamie Humes disse, com propriedade, há alguns anos: "A arte da comunicação é a linguagem da liderança". Caso ele esteja correto — e penso que sim —, essa é uma lição de fundamental importância para um jovem líder emergente. A persuasão pública não é algo que possa ser aprendido de um dia para o outro, mas ao praticar com constância as dicas aqui expostas, você pode se aproximar bastante de inspirar outras pessoas a segui-lo.

PARTE TRÊS

LIDERANÇA EM AÇÃO

DEZ

QUANDO AS JORNADAS CONVERGEM

Nas Partes Um e Dois deste livro, exploramos, respectivamente, as jornadas interior e exterior de muitas pessoas ao desenvolver sua capacidade de liderança. Como vimos, a liderança não é para aqueles a quem falta coragem. Pode ser exasperante, até mesmo perigosa. Mas vimos que também pode ser energizante e até enobrecedora.

Agora, na Parte Três, nos voltamos para a integração de ambas as jornadas de uma pessoa — e como ela pode levar ao objetivo final dos líderes hoje: realizar grandes coisas. Começamos contando as histórias de três líderes em diferentes áreas: o senador Robert Kennedy, logo após o assassinato de seu irmão; Susan Berresford, presidente de alto desempenho da Fundação Ford; e Stacey Abrams, cuja organização comunitária poderia virar nossa política nacional de ponta-cabeça. Seus caminhos foram diferentes, não raro árduos e frustrantes, mas cada um teve a coragem como fortaleza interior e, externamente, as habilidades sociais que os tornaram modelos para os líderes emergentes de hoje.

Nas páginas finais deste capítulo, entraremos nas recentes Casas Brancas onde servi, a fim de examinar mais de perto os primeiros dias das administrações presidenciais. Esses dias são os mais preciosos e relevantes de cada presidente ao iniciar seu mandato; são momentos em que eles e suas equipes colocam a visão em ação. O que funcionou? O que falhou? E que lições cada um deles oferece aos líderes em ascensão em outros campos? Algumas das histórias aqui serão joviais, pois precisamos ver com mais nitidez o lado humano da liderança.

A CONVERGÊNCIA DAS JORNADAS INTERIOR E EXTERIOR

Robert Coles é psiquiatra infantil e autor de mais de 55 livros. Certa vez, escreveu sobre as experiências pelas quais passou ao tentar despertar a atenção dos norte-americanos para o sofrimento de crianças passando fome, especialmente no sul. Por mais que ele e sua equipe tentassem, por meio de suas pesquisas, escritos e peregrinações pessoais a áreas pobres e sua defesa em Washington, não conseguiram mobilizar a nação.

Depois de peregrinarem, sem êxito, por outros lugares do Capitólio, eles receberam um convite do senador Robert Kennedy para tomar um café. Eles se surpreenderam com a atenção de Kennedy, que passou horas interagindo, tomando notas e orientando sobre o caminho das pedras no Congresso. De início devagar, mas ganhando tração depois, Kennedy se tornou um fervoroso apoiador da causa. E ele também tinha as habilidades sociais para fazer as coisas acontecerem nos corredores do Congresso.

Depois de atendê-los, Kennedy conseguiu que a equipe fosse oficialmente ouvida no Congresso e que um dos médicos fosse entrevistado por Walter Cronkite, o jornalista mais confiável do país. Quando ficou evidente que a Washington oficial ainda estava impassível, o próprio senador participou de uma turnê pelos condados mais pobres do Mississípi e da Virgínia Ocidental, vendo de perto as crianças desnutridas e seus pais, convencendo os repórteres a narrar o que ele havia presenciado. Por fim, as histórias de Coles ganharam projeção pública e obtiveram vitórias legislativas que antes pareciam fora de alcance.

Coles e sua equipe concluíram que, por mais importante que fosse o trabalho original, o que fazia a diferença era a liderança de Kennedy, que converteu em ação os pensamentos e as experiências deles. Sua odisseia foi um exemplo perfeito de como as jornadas interior e exterior de um líder podem convergir e mudar significativamente a vida nacional.

Em seus primeiros anos na política, Kennedy tinha sido uma figura implacável e sem limites. Ter trabalhado para o senador Joe McCarthy só aumentou essa reputação. Mas o assassinato de seu irmão e outros eventos infelizes foram golpes devastadores — cadinhos, como vimos com tantos líderes. Fechado em si mesmo, passou por uma transformação notável. Tornou-se um personagem trágico, à beira da santidade, no cenário norte-americano à medida que sua tortuosa jornada interior convergia para a exterior. Ele era agora a personificação de um líder moral tentando tornar o mundo modestamente melhor. Quando se despediu da equipe de Coles, o senador disse: "Você aprende o que está por vir vivendo — e o que fazer, da mesma forma". Ao longo do tempo, há muitos exemplos de líderes que integraram seus "eus" internos e externos de maneira a servir aos outros, como Colin Powell, Robert Gates e Oprah Winfrey, para começar. Ninguém poderia saber o que a vida lhes traria, mas eles tinham uma noção mais nobre do que apresentariam para esta. Bobby Kennedy ajudou a mostrar o caminho.

Uma das integrações mais inusitadas de jornadas interiores e exteriores que testemunhei também foi a mais inesperada. No final da década de 1980, fui convidado a presidir uma comissão de seleção apartidária para premiar anualmente as melhores inovações do governo norte-americano no período. O programa tinha como patrocinador a Fundação Ford, hoje a segunda maior do país. Foi lá que conheci Susan Berresford, o segundo membro em tempo de casa da fundação.

Passados alguns anos, o CEO da fundação anunciou sua aposentadoria. Tradicionalmente, o sucessor era encontrado por meio de uma empresa headhunter. Porém, um dos membros mais respeitados do conselho, Henry Schacht, foi contra. Não, ele argumentou, eles já tinham a melhor pessoa possível lá dentro. Chegara a hora de a fundação nomear sua primeira presidente e CEO mulher: Susan Berresford.

Schacht viu sua ideia prevalecer (tal como aconteceu ao patrocinar, admiravelmente, outras mulheres que se tornaram CEOs corporativas). Contudo, nem ele mesmo poderia ter previsto a grande líder que Berresford seria. Considerando que ela, no momento da nomeação, havia trabalhado internamente para a fundação por mais de 20 anos, o conselho gentilmente lhe concedeu um período sabático de três meses fora da organização. Durante esse período, ela cortou o contato com a liderança da fundação e viajou pelo mundo para conversar com clientes e aliados sobre o papel que a Ford deveria desempenhar nos anos seguintes. Ela também alugou um pequeno apartamento em Nova York para poder trabalhar sozinha e ponderar sobre o que tinha ouvido. Ali, colocou nas paredes grandes folhas de papel a fim de comparar notas e percepções. Quanto à vida mundana, tirou um tempo para refletir sobre suas próprias experiências e se envolver com outras pessoas que muitas vezes eram negligenciadas como fontes de inspiração.

Ao voltar, e já no primeiro dia, Susan tinha em mãos um plano de ação imediata e estava preparada para trabalhar com outras pessoas no sentido de repensar a estratégia no longo prazo. Sua transição do mundo exterior para o apartamento da esquina, do pensamento para a ação, foi deveras produtiva. Os anos Berresford continuam a ser lembrados com carinho na fundação. Durante esse período sabático, ela conseguiu integrar suas experiências passadas com oportunidades futuras e se preparar para trabalhar com outras pessoas em prol do futuro da fundação.

Nem todos têm a oportunidade de se afastar antes de assumir um novo papel, como Berresford. Famílias para cuidar, contas a pagar, carreiras a considerar. As chances de liderança podem parecer estar ao longe em um caminho incerto. Para muitas pessoas, a oportunidade de liderança surge inopinadamente, enquanto outras podem identificar uma oportunidade e optar por aproveitar o momento.

Vimos isso acontecer em novembro de 2010, depois de uma derrota particularmente brutal do Partido Democrata nas eleições de meio de mandato. Na Geórgia, os republicanos venceram todas as disputas estaduais e pensavam que controlariam a política estadual por uma década ou mais. A deputada democrata Stacey Abrams, no entanto, estava determinada a encontrar um fio de esperança para seu partido em meio ao fracasso. Na disputa com seus colegas democratas, a jovem representante foi eleita líder da minoria. Olhando para o futuro do partido, ela se recusou a insistir em frustrações recentes. Em vez disso, Abrams viu um enorme potencial. A demografia dentro do Estado já estava começando a mudar para uma população mais diversificada e, portanto, mais liberal. Ela só precisava convencer os novos eleitores e fazê-los capazes de votar.

Convicta de que os democratas poderiam, cedo ou tarde, colorir a Geórgia de azul, Abrams deflagrou o que se tornaria uma cruzada de 10 anos em seu Estado e no país. Ela montou um PowerPoint de 21 páginas examinando como os democratas poderiam reconquistar o Estado e traçando o caminho da vitória até 2020. Levou com ela essa apresentação nas reuniões do partido e com doadores, exortando-os a não deixar a Geórgia ficar para trás. A maioria das pessoas estava cética de que a condição, solidamente conservadora, iria virar, mas alguns enxergaram viabilidade no projeto e juntaram seus esforços para colocá-lo em ação.

Abrams descobriu, nessas reuniões, que havia grupos que, como ela, estavam trabalhando com o objetivo de organizar eleitores e comunidades na Geórgia de modo a se comprometerem com uma agenda progressista. O sentimento e a missão estavam lá, ela descobriu, mas essas pequenas organizações não tinham financiamento, escala e infraestrutura para gerir um objetivo comum em todo o Estado.

Identificado o problema e uma possível solução, Abrams começou a por as mãos na massa. Ela e seus colegas treinaram centenas de jovens para se envolverem na política estadual e em atividades ligadas à governança, gerando um fluxo de talentos que continuaria a galvanizar seu partido. Depois, em 2013, ela lançou o Projeto Nova Geórgia para organizar a população do Estado e defender a expansão dos cuidados com a saúde; no ano seguinte, a organização iniciou uma campanha de recenseamento eleitoral com o objetivo de registrar 800 mil pessoas não brancas que não haviam se registrado em 10 anos. Nos anos subsequentes, Abrams e sua rede lançaram as bases para a vitória democrata em todo o Estado. Os resultados não foram instantâneos; o progresso veio lentamente, com frequência na forma de ganhos marginais ou algumas cadeiras na Câmara da Geórgia. Houve inúmeras de frustrações.

Em 2018, com base em sua quase década de compromisso, Abrams pleiteou e concorreu a governadora, ficando atrás de seu oponente republicano. Sua campanha estadual foi a mais bem-sucedida que os democratas tinham feito nos últimos anos; em vez de olhar a perda, Abrams viu seus ganhos como prova de que o plano do PowerPoint estava funcionando e dobrou seus esforços. Agora no estrelato nacional graças à corrida governamental, ela tinha a atenção não apenas de seu Estado, mas de todo o país. Nenhuma mulher negra havia chegado tão longe.

Finalmente, em 2020, o compromisso de Abrams foi cumprido quando Joe Biden tornou a Geórgia azul e, no segundo turno da eleição para o Senado dos EUA em 2021, Jon Ossoff e Raphael Warnock derrotaram seus adversários republicanos garantindo uma maioria democrata. Hoje, Stacey Abrams é um nome bem conhecido, embora sua ascensão à liderança e à fama dificilmente tenha sido instantânea. Ela tinha uma visão de longo prazo, improvável para muitos, e se comprometeu com ela. Organizar uma base e angariar fundos políticos podem exigir um trabalho lento e árduo — especialmente como um democrata em um Estado tão vermelho quanto a Geórgia. Abrams não se intimidou. Como ela disse a Tessa Stuart, da *Rolling Stone*: "Eu não sou nada especial. Sou apenas… bem, sou um tanto quanto persistente".

Eu diria os dois. Administrar a reforma, como fez Abrams, requer paciência, perseverança e um forte compromisso com a causa. Sem receio de sonhar grande, ela sabia muito bem quanta dedicação seria necessária para esses anseios se tornarem realidade. Sua trajetória se constitui em um estudo de caso no desenvolvimento da liderança: inicialmente quando, ensimesmada, veio-lhe como prêmio a calma interior; depois, ao cultivar suas habilidades em política e organização de base. Uma combinação que intensificou sobremaneira o impacto causado em seu Estado e no país.

AVENIDA PENSILVÂNIA, 1600

Essas histórias sugerem que o caminho para a liderança tem duas vertentes. Integrar as jornadas interior e exterior parece ser um processo diferente para cada líder, mas dar-se um tempo para mesclar as duas é essencial para quem assume uma situação de mando. Essas histórias mostram que, conforme os indivíduos tomam as rédeas, uma visão cuidadosa e consistente e uma compreensão das circunstâncias também são antecedentes necessários para uma liderança eficaz. É preciso interpretar o contexto antes de se tornar seu mestre.

A liderança de RFK, Berresford e Abrams diverge nitidamente do exercício do poder que muitas vezes vemos na Casa Branca. Dito isso, o que acontece no endereço presidencial norte-americano também pode ser um elemento esclarecedor sobre a liderança em qualquer setor. Vejamos a seguir algumas lições importantes do meu tempo em quatro administrações presidenciais. Foram anos formativos que moldaram minha compreensão da liderança. Espero que essas histórias abram uma fresta para esse mundo e você também possa tirar proveito delas.

Começar com Tudo

Desde a primeira posse de Franklin Roosevelt em 1933, tem sido um artigo de fé que um presidente iniciando seu mandado será avaliado, e com rigor, por seu desempenho durante os primeiros 100 dias no cargo. Assim, foi com certa inquietação que aceitei uma indicação da equipe de Reagan para me juntar a Richard Wirthlin, pesquisador e homem de confiança de Reagan, com a finalidade de mapear uma proposta para os primeiros 100 dias da presidência de Reagan. Nós a denominamos "Plano de Ação Precoce". Dick fez um trabalho de primeira estabelecendo uma visão política, enquanto eu decidi formar uma pequena equipe para ver o que se poderia aprender com a história de cinco presidentes recém-eleitos desde FDR. Achamos ser categórico nos determos naquilo que cada um dos cinco presidentes fez ao longo de seus primeiros 100 dias: propostas legislativas, ordens executivas, gestos simbólicos, reuniões com o Congresso, um fim de tarde com a Suprema Corte etc.

Nosso estudo me trouxe três lições importantes: primeiro, ficou evidente que naqueles 100 dias iniciais o público reavalia alguém que antes só poderia ser julgado como candidato, mas que agora está ocupando o cargo mais poderoso do mundo. Quem é essa pessoa, afinal? Quão forte, duro na queda, sincero? Em segundo lugar, esses 100 dias oferecem uma oportunidade para colocar uma narrativa temática e consistente em toda a administração. Como presidente, FDR tornou-se o "Dr. New Deal"; Ike, o presidente em busca da paz; Kennedy e Jackie, o casal mais charmoso do mundo. Terceiro, os 100 dias também são um período muito arriscado para um novo presidente, uma época em que ele e sua equipe estão menos informados e precisam tomar as maiores decisões. No caso de Kennedy foi a Baía dos Porcos, e no de Ford, o perdão a Nixon; quanto a Carter e Clinton, também tiveram seus tropeços. Portanto, era essencial começar a todo vapor, mas também não economizar a cautela no exercício do poder maior. Essas mesmas lições, creio eu, se aplicam a líderes corporativos e políticos hoje.

Fique de Olho nos Jovens Talentos

Uma das bênçãos de percorrer os corredores do poder é que, muitas vezes, você esbarra em jovens talentosos, com grande potencial para tornar o mundo um lugar melhor. Foi o que ocorreu comigo e um dos meus estudantes universitários favoritos. Em 1975, quando aceitei um convite da Casa Branca do presidente Ford para voltar o mais rápido possível do exílio no Departamento do Tesouro, fiz de imediato uma pergunta: onde conseguiria os móveis para colocar em meu escritório vazio do outro lado da entrada da Ala Oeste, no antigo prédio de escritórios executivos?

— Bem — me responderam —, você pode ligar para a Administração de Serviços Gerais e provavelmente receberá esses móveis em três meses. Ou você pode ligar para John Rogers, e amanhã eles estarão aqui.

— Quem é John Rogers? — perguntei.

— Ah, é um universitário que faz estágio aqui à tarde.

A meu pedido, John F. W. Rogers veio me ver no dia seguinte. A mobília estaria lá em 24h, ele me assegurou. Conversamos um pouco, vi que John tinha aquele algo a mais e o convidei para trabalhar comigo. Ele aceitou, e isso deu início a uma parceria maravilhosa — e depois uma amizade — de 50 anos.

Fiquei sabendo que John tinha notado que, na esteira do escândalo de Watergate, as idas e vindas de pessoas nos cargos na administração Ford eram uma constante. Quando alguém estava para sair, John perguntava se ele poderia requisitar os móveis. Ele encontrou um espaço vazio no 5º andar em um sótão do Old EOB [um edifício na área da Casa Branca] e o transformou em um depósito clandestino de móveis não utilizados.

John era ao mesmo tempo empreendedor e engraçado. Naquela época, os presidentes mantinham as abotoaduras presidenciais em suas mesas no

Salão Oval. Era uma maneira afetuosa de mostrar aos visitantes que era hora de irem embora. Lembro-me que, certo dia, vi John usando umas abotoaduras que eu nunca tinha visto antes. Não fiz nenhum comentário, mas algum tempo depois o vi usando um par diferente.

— John — perguntei —, onde você achou essas abotoaduras?

Ele estava meio arredio, mas insisti e ele se abriu comigo. Usando papel timbrado da Casa Branca, ele enviou cartas em seu nome para os melhores joalheiros do país. O presidente, dizia sua carta, queria desenvolver uma nova linha de abotoaduras e ficaria muito grato se o destinatário projetasse e enviasse vários conjuntos diferentes que ele pudesse revisar. Resultado: choveram abotoaduras com designs novos de todos os cantos. Não faço ideia do que aconteceu com aquelas peças todas, mas a travessura de John permaneceu em segredo por anos.

Nada surpreendente, a notícia das proezas de John se espalhou. Arthur Burns, ex-presidente do Fed, o contratou como assessor direto. Depois, Jim Baker soube dele e o levou para seu círculo íntimo, no qual já estavam Margaret Tutwiler e Richard Darman. Quando a primeira posse de Reagan se aproximava, Baker, com a aprovação de Reagan, designou John para organizar o planejamento e a execução da transição física para os escritórios da Casa Branca. Na fração de segundo do meio-dia de 20 de janeiro, quando Reagan se tornou oficialmente presidente, os portões da Casa Branca se abriram para a entrada de caminhões carregados de móveis. Quando a noite chegou, a Ala Oeste estava transformada, exibindo fotos do novo presidente e da primeira-dama, pronta para o que viria na manhã seguinte.

John estava em alta. Mais tarde, quando Baker se tornou secretário do Tesouro e depois secretário de Estado, ele nomeou John para os principais cargos administrativos, entre eles o de subsecretário de Estado para assuntos dessa natureza. Ao findar seu trabalho no governo, John foi contratado pela Goldman Sachs para administrar seus escritórios. Tornou-se um bom líder, especialmente eficaz em persuadir doadores a financiar uma reforma do Old EOB. Ainda dedicado ao escritório da presidência, continua sendo aquele tipo de pessoa fora de série que você tenta identificar cedo na vida pelo potencial para ser um grande cidadão.

Lembre-se do Bom Senso

O que hoje é conhecido como G20 — ou Grupo dos Vinte, é uma organização que reúne os 19 países mais ricos do mundo mais a União Europeia — foi lançado há pouco mais de meio século como Grupo dos Sete [ou G7, constituído pelos sete países mais avançados economicamente]. O objetivo era forjar fortes laços de amizade entre os líderes do mundo ocidental. Tive o privilégio de viajar com o presidente Reagan para algumas de suas cúpulas e notei, fascinado, que Margaret Thatcher tratava Reagan quase como um filho, de um jeito muito protetor. A responsabilidade de sediar a cúpula passava, de ano em ano, para o próximo líder na fila. Em 1983, Reagan seria o anfitrião e selecionou a Colonial Williamsburg* como local. As coisas não saíram exatamente como o esperado na delegação norte-americana.

Para ser franco, a maior parte da delegação dos EUA estava apreensiva. Por tradição, o líder anfitrião era responsável pela condução das sessões plenárias, um trabalho árduo por si só. Contudo, sendo o presidente do país mais poderoso, Reagan tinha também que receber os outros líderes em uma conversa individual — uma reunião bilateral, como era chamada. Longas reuniões com todos os outros líderes enquanto também hospedava as plenárias significavam um fardo dos mais pesados. Em suma, Reagan precisava cumprir uma agenda que até para um presidente com metade de sua idade teria sido desafiadora. E sabíamos que a imprensa internacional estaria atenta, pronta para ver se ele tinha a força e o intelecto para levar a missão a cabo.

A realidade era verdadeiramente árdua: para cada bilateral e plenária, nosso pessoal da segurança nacional preparava documentos com informações completas que preenchiam 10 ou 15 páginas. Reagan era zeloso na leitura, mas desde seus dias de Hollywood, ele lia devagar, de modo a fixar bem palavras e ideias. Se houvesse muito para ler, ele dormiria tarde e estaria cansado no dia seguinte. Caso isso acontecesse, a equipe pagaria caro: a primeira-dama explodiria na manhã seguinte, furiosa por sua equipe ter colocado esse peso intolerável nas costas de seu Ronnie. Se você tivesse apreço por sua vida (ou alguma parte preciosa de sua anatomia), não gostaria de cruzar espadas com Nancy Reagan.

---

* Museu a céu aberto localizado em parte do distrito histórico da cidade de Williamsburg, no Estado da Virgínia. [N. da Trad.]

Na condição de chefe de gabinete da Casa Branca, Jim Baker era responsável por manter a paz na família. Então, quando lhe puseram nas mãos uma pasta grande e grossa cheia de papéis durante a noite em Williamsburg, Baker se aproximou de Reagan com cautela. Especialmente ansioso para que Reagan examinasse as folhas rapidamente e fosse para a cama na hora certa, Jim com certeza teria dito ao presidente que ele não precisaria ler todos aqueles papéis, bastaria uma olhada neles, e lhe recomendaria ir para a cama. Reagan assegurou a Jim que o faria e saiu da sala.

Na manhã seguinte, quando Reagan chegou para o café da manhã com nossa equipe, ele parecia ter sido atropelado por um caminhão — rosto pálido, olhos secos. *Meu Deus!* — exclamaram, à boca pequena, as pessoas ali. *Este será um dia terrível, horrível, nada bom.* Onde estava Nancy? E onde estavam aquelas víboras do pessoal da imprensa?

Reagan sentou-se para tomar café e, cerca de 20 minutos depois de comer os ovos, disse mais ou menos assim: "Pessoal, tenho uma confissão a fazer. Lá pelas 9h da noite me sentei para ler aqueles papéis que vocês prepararam, e pelos quais agradeço. Mas vocês sabiam que *A Noviça Rebelde* foi exibida na TV ontem à noite? É o meu filme favorito, e eu fiquei acordado para assistir a coisa toda. Receio nunca ter lido nada daquilo".

Mas a verdadeira surpresa naquele dia foi outra. Reagan foi formidável, melhor do que nunca, nas reuniões bilaterais. Por quê? Porque ele não se preocupou com a miríade de fatos e detalhes que nós, em sua equipe, em geral arrogantemente insistíamos que ele se inteirasse. Como ele poderia se virar sem nós? Na realidade, a maioria dos presidentes é mais inteligente do que nós da equipe acreditamos. Naquele dia, Reagan deixou de lado todos os pormenores e, no tempo que passou com cada líder, tratou de questões amplas: O que estamos tentando alcançar? Qual é nossa estratégia? O que podemos fazer juntos para consubstanciar nossa visão?

De fato, aprendi uma lição importante naquela ocasião. Se pudermos recorrer a uma analogia náutica, o lugar do líder não é na sala de máquinas do navio. Ali é onde oficiais subalternos como eu deveriam estar, mantendo os motores funcionando. Eu já disse: o papel do líder é estar no topo, no leme, determinando nosso destino e nos mantendo no curso.

Tenha um Plano B

Quando voltei à Casa Branca no mandato do presidente Clinton, descobri que, embora os rostos fossem outros, alguns problemas não. A situação no Oriente Médio continuava muito complicada. No início da década de 1990, após a invasão do Kuwait pelo Iraque, o presidente George H. W. Bush conseguiu reunir nações em toda a Europa para expulsar as forças de Saddam Hussein. A vitória foi esmagadora e Bush, depois, deu a volta olímpica. Os EUA ficaram furiosos quando as forças iraquianas — presumivelmente as de Saddam Hussein — tentaram assassinar Bush, que era então um cidadão comum.

Bill Clinton, como sucessor de Bush, dificilmente poderia deixar a tentativa de assassinato passar em branco sem uma resposta dura. Assim, declarou publicamente que se os EUA tivessem provas convincentes sobre os responsáveis por aquele atentado, haveria retaliação militar. Por acaso, juntei-me à equipe de Clinton poucos dias antes de a inteligência norte-americana encontrar sérias evidências de que o Serviço de Inteligência Iraquiano (SII) de Saddam estava de fato por trás daquele ato.

Sabendo que tinha que revidar — e rápido —, Clinton reuniu um pequeno círculo de conselheiros para discutir opções; eu estava entre eles. Nunca antes o presidente Clinton havia ordenado a ação de tropas, nem ninguém havia morrido em suas mãos. Então ele queria agir com toda cautela. Ele decidiu destruir com mísseis a sede do SII, localizada ao sul de Bagdá — uma decisão apropriada, pois fora ali que o ataque de Saddam fora planejado e executado. Mas Clinton também insistiu que minimizássemos a perda de vidas, especialmente de civis iraquianos.

O plano, em essência, adotado por ele com o apoio de assessores militares e civis era este: em uma tarde de sábado em Washington, navios dos EUA dispariam mísseis contra a sede do SII; os mísseis deveriam atingir o alvo pouco antes das 18h. Era a hora no fuso da Costa Leste, mas no meio da noite lá. Clinton raciocinou que pelo avançado da hora, o número de civis iraquianos trabalhando provavelmente seria menor.

Por razões que nunca compreendi completamente, os satélites dos EUA não estariam em condições de enviar de volta as imagens instantâneas.

Desse modo, o plano era — não estou brincando — que pouco antes das 18h, alguns de nós estaríamos na Ala Oeste e às 18h em ponto sintonizaríamos a CNN para obter cobertura ao vivo. Quando a CNN informasse, como presumimos que fariam, que os mísseis atingiram seu alvo, eu deveria ligar para as redes de televisão dos EUA para anunciar que o presidente Clinton faria um breve anúncio ao país às 19h, horário padrão EST. Ele queria que as pessoas soubessem o que tinha feito e as razões para isso.

De acordo com o planejado, os navios no mar lançaram seus mísseis. Nossa confiança crescia conforme ligávamos os aparelhos de TV. Mas às 18h chegaram e não havia notícias de Bagdá — na CNN e em lugar nenhum. Então, silenciosamente, os ponteiros avançaram 15 minutos. E às 18h30, um presidente frustrado me ligou pedindo explicações. Por volta das 18h45, ele explodiu, saindo da residência e exigindo respostas. "Achei que vocês tinham tudo sob controle", era sua mensagem básica.

Em busca de soluções, eu disse algo como: "Senhor presidente, Tom Johnson dirige a CNN; ele trabalhava na Casa Branca para Lyndon Johnson e é um amigo pessoal. Permita-me ligar para ele em Atlanta".

Autorizado, liguei para Tom, que estava em um restaurante.

— Tom — eu disse —, você teve notícias de algum de seus correspondentes em Bagdá?

— Bem, não — ele respondeu. Não temos nenhum correspondente lá agora. Alguns estão a caminho, agora no Líbano, porque ouvimos que algo poderá acontecer lá em breve.

— Tom, quanto tempo demora para seus correspondentes chegarem ao Iraque?

— Amanhã à tarde — disse-me ele.

Eu estava morrendo.

— Tom, você tem certeza de que não tem notícias de Bagdá? Especialmente ao sul da cidade?

— Bem, agora que você mencionou, temos alguns cidadãos iraquianos lá que trabalham para nós. Um deles ligou dizendo que um parente lhe contou sobre uma grande explosão ao sul da cidade.

Isso! Eu pensei.

Tony Lake, o conselheiro de segurança nacional, juntou-se a nós; recomendamos enfaticamente a Clinton que ele fosse em frente, conseguisse um tempo para a transmissão pela TV, ajustasse um pouco o discurso e se dirigisse ao país.

— Sim — acrescentou Tony com uma piscadela — e também pode dizer que estamos praticamente certos de ter atingido o alvo.

Clinton estava prestes a ir no ar quando soubemos que os satélites confirmaram o êxito da operação. Tudo dera certo. O presidente ficou aliviado por ter sido bem-sucedido. Quanto a nós, ainda tínhamos nossos empregos. Mas me peguei pensando: *No futuro, precisamos ter sempre à mão um Plano B.*

Os dias na Casa Branca me ensinaram muito sobre liderança em ação. É como meu bom amigo Warren Bennis disse: Isso pode ser uma arte e, mais frequentemente, uma aventura. Homens e mulheres com os quais trabalhei lá me mostraram que exercer o poder pode ser difícil, estimulante e, às vezes, bastante divertido. Também vem com reviravoltas, algo que vi várias vezes em cada uma das administrações em que tive a sorte de trabalhar.

Naquelas ocasiões, quando os presidentes se deparavam com decisões desafiadoras a tomar e grandes responsabilidades, percebi que os mais bem-sucedidos não eram apenas aqueles com um conjunto claro de objetivos e uma equipe de apoio, mas também os que tinham capacidade de lidar com as adversidades. É como Eisenhower disse certa vez: "Na preparação para a batalha, sempre descobri que planos são inúteis, mas planejamento é indispensável". Trata-se de um conceito que se aplica à liderança também em tempos de paz. Os obstáculos surgem inesperadamente; os melhores entre nós os superam numa boa. Outros, no entanto, não têm tanta sorte. Há muito o que aprender com aqueles que ficaram pelo caminho, e só podemos esperar que, ao examinar suas vidas, tenhamos a boa fortuna de não repetir seus erros.

ONZE

COMO OS LÍDERES SE PERDEM PELO CAMINHO

Embora, hoje, possa parecer datado, o melhor romance político do século passado foi *All the King's Men*, escrito por Robert Penn Warren. Publicado em 1946, foi duas vezes transformado em filme. Ambientado na Grande Depressão, centra-se em um carismático governador populista da Louisiana chamado Willie Stark (um Huey Long [que foi de fato governador desse Estado entre 1928 e 1932] levemente disfarçado).

Com fome de poder, Stark pressiona seu braço direito, Jack Burden, para vasculhar a vida de um juiz local e desenterrar alguma sujeira. Burden resiste, dizendo que o juiz teve uma vida limpa. Stark replica, raivoso, que sempre há alguma coisa. "Talvez não no juiz", diz Burden. E Stark responde com uma frase que se tornou um clássico: "O homem é concebido em pecado e nasce na corrupção, e passa do fedor da fralda ao fedor da mortalha. Sempre tem alguma coisa". Algum tempo depois, Jack Burden encontra o que procurava: o envolvimento do juiz em subornos e outras mazelas financeiras. Muitas vezes, há de fato algo lá fora — algo que põe um líder em perigo.

A liderança na vida pública pode ser uma das atividades mais nobres e gratificantes que você pode realizar. Mas é acompanhada de tentações que causam, recorrentemente, a ruína de homens e mulheres que se perdem pelo caminho. Nas próximas páginas, vamos primeiro explorar como os líderes muitas vezes se desviam do curso, abandonando seu Verdadeiro Norte e com frequência destruindo a si mesmos. Em seguida, consideraremos as "artes baixas" da liderança, como Hamilton as chamou, e um paradoxo da política norte-americana. Ou seja, queremos que nossos líderes sejam solícitos e compassivos quando deveriam ser, mas também duros, enganosos e astutos quando precisam ser. Quando, se alguma vez necessitarem, os líderes de princípios devem recorrer às artes baixas e como devem se defender dos que procuram derrubá-los?

OS PERIGOS DO AUTODESVIRTUAMENTO

Uma década atrás, ao cair epicamente em desgraça, Rajat Gupta criou um dos grandes quebra-cabeças de liderança do nosso tempo. Desde o nascimento, ele parecia um menino de ouro. Nascido e criado na Índia, Gupta foi um dos melhores alunos de uma das instituições educacionais mais competitivas do planeta, o Instituto Indiano de Tecnologia. Após se formar, conseguiu um emprego em outra instituição de prestígio: a consultoria McKinsey & Company.

Lá, em virtude de seu talento, postura determinada e sofisticação urbana, Gupta cercou-se de amigos e admiradores em todo o mundo corporativo. Em 1994, a empresa o escolheu para seu diretor administrativo (CEO) e renovou essa escolha em 1997 e 2000; ele se tornou o primeiro CEO da empresa nascido fora dos EUA. Apesar de periódicas controvérsias internas durante o mandato de Gupta, a McKinsey se tornou uma grande corporação internacional, abrindo escritórios em 20 países, dobrando o número de parceiros e elevando as receitas em 230%.

Quando deixou o cargo de CEO e, depois, de sócio em 2008, Rajat recebeu uma infinidade de elogios e convites. Escolheu os Conselhos de Administração de que participaria, atuou como consultor em várias escolas de negócios e apoiou uma série de causas filantrópicas. Sua conta bancária continuou a engordar e tinha propriedades em todo o mundo. Eu o conheci na Harvard Business School, na qual ele presidia um conselho consultivo externo. No campus, era considerado um modelo de liderança empresarial e, logo em nossas primeiras conversas, pude entender as razões para isso, pois além de um histórico brilhante de sucesso, ele era a plenitude em pessoa de perspectivas, ideias e charme.

E então, tudo isso foi por água abaixo.

Em 2010, o escritório do procurador dos EUA em Manhattan entrou com acusações criminais contra ele, e o FBI o prendeu em Nova York. Ele se declarou inocente e a fiança foi fixada em US$10 milhões. Em essência, ele era acusado de ter se envolvido em um sério abuso de informações privilegiadas durante a forte recessão de 2008. Apesar de Gupta negar enfaticamente, as provas eram conclusivas.

Naquela época, Gupta era membro do Conselho de Administração do Goldman Sachs, e também se relacionava com um financista chamado Raj Rajaratnam. Em uma reunião ultrassecreta, o conselho do Goldman soube que Warren Buffett planejava investir US$5 bilhões na empresa, melhorando muito sua situação financeira. Segundos após a suspensão da sessão do Conselho, Gupta saiu correndo e ligou secretamente para Raj dando-lhe a notícia. Imediatamente, faltando apenas cinco minutos para o encerramento do pregão da Bolsa de Valores de Nova York, Rajaratnam fez um grande investimento no Goldman — um investimento que alegadamente resultou em ganhos e prevenção de perdas que totalizaram US$23 milhões.

No julgamento, Gupta foi considerado culpado de praticar três crimes federais, todos ligados a informações privilegiadas e todos gerando um grande escândalo. Ele ficou preso por 19 meses, dos quais 8 meses foram em confinamento solitário; seu único exercício diário era andar de um lado para o outro na cela de 10 x 3 metros.

O ocorrido se reveste de tons enigmáticos. Rajat Gupta era muito rico na época: seu patrimônio líquido parecia superar US$100 milhões. Que motivos o fariam se envolver em informações privilegiadas? Mesmo acreditando estar jogando no limite da legalidade, por que ele se exporia a tal risco?

Vários ex-alunos da McKinsey estudaram em minhas salas de aula e tentaram descobrir suas possíveis motivações. Alguns argumentaram que a atuação da McKinsey obedecia a rígidos limites éticos e, enquanto Gupta era CEO, ele sabia que tinha que ficar dentro deles. Porém, quando deixou a empresa, isso mudou. Talvez seja verdade. Mas uma teoria mais plausível — para os ex-alunos e amigos meus no Goldman — é que, ao longo de grande parte de sua carreira, ele considerava os CEOs com os quais se relacionava de perto como seus iguais. Quando eles se aposentaram, tinham bilhões, ao passo que ele, ao se aposentar, era dono de apenas algumas dezenas de milhões. O sentimento de injustiça o levou a ser atraído por homens como Rajaratnam, que também foi sentenciado.

A história de Gupta põe em destaque uma das questões mais importantes sobre os líderes bem-sucedidos e bem remunerados de hoje: Quando é o bastante? Por que continuar buscando dinheiro e prestígio se você já tem mais coisas e propriedades do que pode desfrutar? Por que tamanha arrogância, narcisismo e ganância? Por que não passar seus anos de crepúsculo colocando seu dinheiro para trabalhar em prol de oportunidades para a próxima geração? Em algum momento da vida — bem em meio ao protagonismo e geralmente durante sua jornada interior — é necessário dar retidão a seus valores. Não encontrar o Verdadeiro Norte, e deixar de se comprometer com um propósito moral elevado na vida, pode fazer com que você caia facilmente na escuridão.

FALHAS COMUNS E SEUS ANTÍDOTOS

Nos primórdios do cristianismo, havia entre os papas e seus seguidores uma questão controversa: quais pecados seriam os mais mortais. Com o tempo, eles identificaram sete e se basearam neles para instruir seu rebanho na vida virtuosa: orgulho, ganância, luxúria, ira, gula, inveja e preguiça.

Entre esses pecados capitais, o orgulho tem sido visto como o mais sério, sendo considerado, com frequência, a causa da queda de alguém. O imortal Dante via o orgulho como o amor a si mesmo deformado em desprezo e ódio ao próximo. Isso soa familiar no mundo de hoje? Em sua *Divina Comédia*, Dante cita os penitentes obrigados a carregar lajes de pedra nas costas para induzir a humildade. Esses penitentes também aparecem em *Contos da Cantuária* e *The Faerie Queene*. Há na liderança uma estreita associação — na verdade, uma justaposição — entre os sete pecados capitais e o que faz as pessoas tropeçarem no auge da carreira.

Como os católicos aprenderam, o melhor jeito de combater esses pecados não é odiá-los, mas amar mais as virtudes. Nutrir as virtudes diminui a chance de descarrilamento pessoal. Nesse espírito, permita-me sugerir o que eu chamaria de Sete Pecados Capitais da Liderança e uma virtude compensatória para cada um. Eis aqui minhas principais escolhas:

Arrogância versus Humildade

Na liderança, o perigo número um é que o sucesso faça crescer um rei em sua barriga, ou seja, o deixe acreditar que por ter sucesso você é diferente, está acima dos meros mortais e que, na verdade, as regras são só para os outros. A ambição leva à autoconfiança, esta à arrogância, que por sua vez causa a autodestruição. Testemunha: Rajat Gupta.

Casos como esse nublam a paisagem. Elizabeth Holmes abandona Stanford aos 17 anos e funda uma empresa de testes de drogas cuja avaliação infla como uma bexiga de ar e chega a US$9 bilhões. Enquanto escrevo, ela foi considerada culpada de fraude e pode ser sentenciada a 20 anos de prisão. William Aramony, CEO por cerca de 20 anos, transformou a United Way na maior organização de caridade dos EUA. Foi para a cadeia pelo crime de fraude. Jerry Falwell Jr., filho de um respeitado líder evangélico, foi presidente da Liberty University, uma escola com preceitos sexuais rígidos. Acusado de estar no centro de um escândalo sexual, foi forçado a renunciar.

Há apenas uma resposta clara para a arrogância: HUMILDADE! Na Roma Antiga, um general vitorioso retornava à cidade em um desfile comemorativo. Em sua carruagem, ao pé do ouvido, um menino escravo sussurrava sem parar: "Lembre-se, você é mortal". Mais comemorações assim são necessárias.

Narcisismo versus Empatia

Nos narcisistas, o excesso de amor por si mesmo está intimamente relacionado à arrogância. Alguns podem se dar bem apesar de si mesmos. Dizia-se de Teddy Roosevelt que ele queria ser a criança em todos os batizados, o noivo em todos os casamentos e o falecido em todos os funerais. Ele, porém, ainda era um excelente presidente porque também amava os outros e tinha enorme empatia por aqueles à margem da vida. É dele a frase: "A rocha da democracia afundará quando pessoas de diferentes partidos, regiões, religiões e raças pensarem umas nas outras como 'o outro' em vez do cidadão norte-americano comum". O que lhe faltava em autoconsciência, era mais do que compensado pela compreensão comum.

Em contraste, o presidente Reagan nomeou Don Regan, um CEO aposentado da Merrill Lynch, para chefe de gabinete em seu segundo mandato, não se dando conta do quão narcisista ele era. Não demorou e Nancy Reagan percebeu que Regan estava ao lado do presidente em cada fotografia no Salão Oval, muitas vezes levando o crédito pelas realizações do governo. Ele parecia não ter qualidades compensatórias. Regan tinha uma mentalidade de CEO, como Nancy via, e ela o demitiu. Ele deveria ter prestado mais atenção em uma placa que havia na mesa do presidente: "Não há limite para o que se pode realizar, desde que você não se importe com quem receba o crédito". Como líder, você precisa manter seu ego sob controle e lembre-se, não se trata de você.

Ganância versus Modéstia

Entre os líderes que cresceram em meio a uma vida modesta e depois chegaram ao poder, há uma tendência natural de querer uma melhor condição financeira. Se por um lado são muitos os que se tornam gananciosos, como vimos com Raj Gupta, por outro também são muitos aqueles que, movidos por suas vidas difíceis, fazem do mundo um lugar mais solidário. Alguns se tornam bilionários que se importam; no momento em que escrevo, mais de 200 signatários de mais de 24 países já assinaram o Giving Pledge estabelecido por Warren Buffett e Bill Gates, prometendo publicamente doar ao menos metade de seus ativos para causas filantrópicas. E muitos bilionários são inspirados por sua própria origem pobre. Howard

Schultz, ex-CEO da Starbucks, por exemplo, tinha um pai que trabalhava como entregador; ao quebrar o tornozelo em um acidente, ele perdeu o emprego, o atendimento médico e a dignidade. As lembranças daqueles dias inspiraram Schultz a garantir que os baristas da Starbucks, ainda que servindo em meio expediente, tivessem seguro de saúde e uma série de outros benefícios. Nosso sistema econômico criou desigualdades que exigem correção, é verdade, mas os bilionários podem realmente ser parte da solução.

Obstinação versus Resolução

Elogiamos os líderes fortes e decisivos. Desde 1880, todo presidente norte-americano — com exceção de três — escolheu se sentar no Salão Oval à mesa Resolute. Confeccionada com a madeira de um navio de guerra britânico, o HMS *Resolute* foi um presente da rainha Vitória. O presidente Obama fez a mesma escolha, assim como o presidente Trump.

Entretanto, também aprendemos que, se um líder leva uma força longe demais, ela pode se tornar uma fraqueza. Por certo aprendemos que a resolução — demorada demais em decorrência dos crescentes argumentos em contrário — pode se transformar em obstinação e provocar a ruína de um líder. Em seu livro *A Marcha da Insensatez*, de 1984, a historiadora Barbara Tuchman estudou como os líderes, de Troia ao Vietnã, se perderam no caminho. Ela os chamou de "cabeça dura" por sua obstinação. Não faltam exemplos para acrescentar vários capítulos nesse livro desde sua primeira edição.

Imprudência versus Julgamento Sensato

A cultura norte-americana enaltece líderes ousados, decididos e dispostos a correr riscos. Os pioneiros vindos ao Ocidente eram pessoas assim. Tal como os líderes que formaram o Vale do Silício. Mas há uma tênue linha divisória entre inteligente e impulsivo, prudente e temerário. Uma sutileza de especial importância na liderança de instituições públicas.

Em 1972, um correspondente do *New York Times*, David Halberstam, publicou *The Best and the Brightest*, um dos melhores livros sobre as origens da Guerra do Vietnã. Essa obra serviu de base para o livro de Tuchman mais de 10 anos depois. Os estudantes de hoje supõem que a intenção de Halberstam era fazer um livro de louvor. Na verdade, ele criticava fortemente os acadêmicos e os intelectuais que encorajavam Kennedy a intervir no Vietnã — os "prodígios" da Ivy League [um grupo de universidades renomadas dos EUA], como eram chamados. Em sua opinião, eles insistiam em "políticas brilhantes que desafiavam o senso comum" e muitas vezes deixavam sem voz os analistas do Departamento de Estado. Em suma, ele os acusou de imprudentes, até mesmo temerários. Cerca de 56 mil americanos morreram naquela guerra.

Na Antiguidade, o que deu errado seria reconhecido de imediato. A mitologia grega nos conta que Dédalo e seu filho Ícaro tentavam escapar de Creta. Dédalo construiu asas de penas e cera e instruiu Ícaro a não voar muito alto ou o sol as derreteria. Alertou-o contra a arrogância. Mas Ícaro ignorou o conselho, voou muito perto do sol, suas asas derreteram e ele mergulhou e se afogou no mar. Um mau julgamento que o perdeu.

Como enfatizamos, uma boa liderança nunca dispensa o bom senso. Uma avaliação comedida decorre de uma mistura de experiência, erros, estudo e reflexão. Ninguém nasce com isso. Como tantas outras coisas na vida, é algo que se precisa conquistar.

Desonestidade Básica versus Papo Reto

Os anos Trump devem dirimir quaisquer dúvidas se a honestidade ainda importa na vida pública. Mentir cronicamente não é um apanágio de Trump, mas ele levou essa prática a patamares jamais alcançados na Casa Branca. O *Washington Post* compilou as mentiras e inverdades do presidente Trump; durante 4 anos no cargo, ele mentiu em 30.573 ocasiões.

Em contraste, lembro-me de quando Dwight Eisenhower era presidente e de sua imensa popularidade. Ao longo de seus 8 anos na Casa Branca, seu índice de aprovação foi em média de 64%; entre os presidentes recentes, de George W. Bush a Biden, os índices de aprovação oscilaram na faixa de 40%. Ike não era apenas um herói de guerra, mas também uma pessoa sincera, de papo reto. Ele compreendeu, tão bem como qualquer um pode compreender, que honestidade e transparência são algumas das melhores ferramentas para estabelecer confiança e conexão com o público. A história sugere que o número de mentiras públicas que Ike contou ao longo de seus 8 anos na Casa Branca soma-se nos dedos da mão. E a maior delas estava vinculada à segurança nacional, quando disse ao público que um avião espião U-2 abatido pelos russos era apenas um avião civil de pesquisa meteorológica. Os russos haviam encontrado o avião e seu piloto, Francis Gary Powers. Com habilidade, não divulgaram sua captura até que Ike mentiu publicamente; então eles expuseram a questão, para enorme pesar de Ike. Uma única mentira era uma humilhação para Eisenhower. Por outro lado, em média, Trump contava mais de 19 mentiras por dia, raramente justificadas.

Há ocasiões em que um líder precisa mentir por causa da segurança nacional. Um exemplo clássico foi como os nazistas foram enganados sobre o posicionamento das tropas aliadas na véspera do Dia D. No entanto, quando as mentiras se tornam crônicas, como aconteceu com Nixon e Trump, nada do que um líder diz deve ser aceito de imediato como verdade. Tudo precisa ser verificado duas vezes, especialmente em uma era de vasta desinformação. Trump foi esperto o bastante para manter sua base leal a ele. Mas perdeu o poder de persuadir os outros, descarrilando a si mesmo. Felizmente, a democracia nos EUA continua mais forte do que qualquer líder — especialmente aquele que nos lembra Willie Stark.

Desconfiança versus Abertura

A confiança deve ter mão dupla em uma democracia: os seguidores têm que confiar em seus líderes para lhes dizer verdades duras, e os líderes têm que confiar que os seguidores acreditarão neles. Em meados do século XX, na época de presidentes como Eisenhower e Kennedy, a confiança transitava em ambas as direções. Lembro-me de que, na década de 1950, Ike falava sobre um problema de segurança nacional e mais da metade das pessoas concordava automaticamente só por ele ser Eisenhower. Quando Kennedy, no início de seu governo, disse corajosa e abertamente ao público que ele era o responsável por arruinar a invasão da Baía dos Porcos, em Cuba, as pesquisas da Gallup revelaram que sua popularidade havia subido 10%. Hoje, porém, a confiança pública nos líderes e nas instituições norte-americanas despencou para níveis perigosos.

AS ARTES BAIXAS DA LIDERANÇA PÚBLICA

Você já percebeu: sou um grande admirador dos Roosevelts — Franklin, Eleanor e Teddy. Foi Teddy quem melhor expressou, um século atrás, os altos ideais de liderança — ideais que tentamos exaltar nestas páginas. Em uma visita presidencial à sua escola preparatória, Groton, Teddy pediu aos alunos que adotassem "uma vida extenuante".

"Precisamos de líderes de idealismo inspirado", disse-lhes, "líderes a quem sejam concedidas grandes visões, que sonhem muito e lutem para realizar seus sonhos, que possam entusiasmar as pessoas com o fogo de suas próprias almas em chamas". Eleanor teria endossado cada palavra.

Franklin, no entanto, tinha um ponto de vista mais prático e determinado. Ele concordava com Maquiavel: todos nós gostaríamos de ter líderes virtuosos e puros, mas a natureza dos homens ao redor não é nada luminosa. Portanto, acautele-se. É famosa a afirmação de Maquiavel: "Um príncipe tem que imitar a raposa e o leão, pois este não pode se proteger das armadilhas e aquela não pode se defender dos lobos. É preciso, portanto, ser uma raposa para reconhecer as armadilhas e um leão para assustar os lobos... Se os homens fossem todos bons, esse preceito não seria bom; porém, dado que são maus e não confiam em você, então você não é obrigado a confiar neles". Um príncipe deve ser temido ou amado, continuou Maquiavel, mas se for necessário escolher, melhor ser temido. Coisas, as duas, difíceis! Um importante cientista político do século XX, James MacGregor Burns, legendou um trabalho biográfico positivo sobre FDR: *The Lion and the Fox*.

Em uma análise mais recente, os cientistas políticos Thomas Cronin e Michael Genovese argumentam que a população realmente quer as duas coisas de nossos líderes, e certamente de nossos presidentes: "Queremos um presidente decente, justo, atencioso e compassivo, mas admiramos um astuto, um perspicaz e, em ocasiões que o justifiquem, até mesmo um presidente implacável e manipulador... A população exige a qualidade da tenacidade".

Há muitas evidências para apoiar a proposição de que, ao avaliar líderes, os norte-americanos exigem tanto o temível quanto o sincero, o astuto e o compassivo — Clint Eastwood e Mister Rogers [personagem de Tom Hanks em "Um Lindo Dia na Vizinhança"]. Já Carter, Ford, Clinton e Obama foram todos criticados por indecisão e timidez ocasionais. Mas Ike, Kennedy, Reagan e George H. W. Bush foram celebrados por enfrentar os líderes soviéticos, assumir uma linha dura contra a Coreia do Norte e perseguir Saddam Hussein e Osama bin Laden.

A questão principal não é se os outros à sua volta recorrerão às "artes baixas" para conseguir o que desejam. Eles irão. E alguns deles passarão por cima de você, se necessário. É ingênuo pensar o contrário. As perguntas são as seguintes: Para você, um líder de princípios, quando é apropriado — até mesmo crucial — recorrer às artes baixas? E como líder, como se proteger melhor dos inimigos que tentam derrubá-lo?

Em meio a uma tempestade, creio eu, o primeiro recurso como líder são sempre os valores e os princípios. Quando trabalhei na Casa Branca de Clinton, impressionei-me com o fato de que sempre que o presidente tinha que fazer uma ligação difícil, o vice-presidente Gore perguntava: "Qual é a coisa certa a fazer aqui?". Isso está presente em livros de liderança, mas raramente vi acontecer na prática, quando a questão principal normalmente é: Como isso afetará meu poder? A imagem que eu tinha de Gore cresceu instantaneamente.

Mas também é importante reconhecer que o mundo é uma vizinhança difícil em que outras nações e pessoas explorarão qualquer sinal de fraqueza. Caso percebam desordem ou fragilidade no governo dos EUA, eles encontrarão meios de ir atrás de seus interesses, muitas vezes às custas dos EUA. Se as pessoas fossem anjos, como James Madison escreveu nos Federalist Papers, não haveria necessidade de um governo. No entanto, o governo precisa ser forte para ser eficaz. Durante meu tempo na Casa Branca, a única lição clara que ambos os partidos compartilharam é que os EUA nunca devem temer negociar com nações adversárias, mas deve sempre ter um porrete no armário. Usá-lo deve ser sempre o último recurso, mas não deve ser jogado fora. Um dos piores erros da presidência de Obama foi traçar uma linha vermelha na areia com a Síria, apenas para recuar quando os sírios a cruzaram.

Da mesma forma, quando os cidadãos acreditam que seu líder é fraco ou vacilante, pode haver dificuldade de o líder construir coalizões e realizar grandes feitos. Adlai Stevenson foi um dos candidatos presidenciais mais honestos e articulados que já vi, mas foi preterido pelos eleitores porque parecia faltar-lhe confiança interior e era indeciso. Gerald Ford e George McGovern eram bons homens, mas os eleitores achavam que ambos eram brandos demais.

Na Casa Branca, vi também que eu era muito ingênuo em relação à vida. Quando Alexander Butterfield revelou que o presidente Nixon havia instalado secretamente um sistema de gravação, juntei-me a outros que frequentaram escolas de elite para comemorar: finalmente tínhamos como provar sua inocência! Contrastando conosco, aqueles que surgiram em circunstâncias mais difíceis embebedaram-se porque sabiam (corretamente, é claro) que tudo estava acabado. Eles eram os realistas.

Tenha cautela antes de assumir que tudo o que você vê na superfície é a realidade completa. Durante o Watergate, trabalhei três portas abaixo de John Dean, mas até que ele testemunhasse e escrevesse um livro de memórias, eu nunca soube que, por ordens presidenciais, ele comandava uma operação mafiosa. No decorrer dos anos Reagan, trabalhei ao lado de Mike Deaver na Ala Oeste, mas nunca soube que, sob muito estresse, ele se tornou alcoólatra. Ainda que você deva se importar com pessoas próximas, é preciso ter cuidado com os poderosos que ocupam posições elevadas, manter-se antenado, saber em quem pode confiar e descobrir quem seria um bom companheiro em uma trincheira. E quando você se tornar um líder, forme uma organização e uma cultura na qual as pessoas confiem e sejam sinceras umas com as outras. Confie, mas verifique, como Reagan gostava de dizer.

É certo que os líderes devem se comprometer a administrar organizações abertas e transparentes, porém, também vale lembrar que haverá momentos em que eles devem abrir mão da transparência e permanecer em sigilo. A própria fundação dos EUA ocorreu com discrição: quando os delegados da Convenção Constitucional se reuniram na Filadélfia, em 1787, o motivo oficial era o de modificar os Artigos da Confederação. Contudo, a verdadeira razão era jogá-los fora e estabelecer uma nova constituição escrita. Os fundadores se reuniram a portas fechadas — longe da imprensa e de outros bisbilhoteiros — para que pudessem redigir em segredo. Se tivesse sido ao ar livre, provavelmente fracassariam.

Lincoln decidiu esconder da população a Proclamação de Emancipação até que as forças da União ganhassem uma grande batalha. Somente quando a vitória foi garantida em Antietam, ele tornou pública a Proclamação. Em 1937, FDR discursou em Chicago sugerindo que os EUA poderiam ser arrastados para um segundo conflito europeu. A resposta das ruas foi tão furiosa que FDR rapidamente recuou, mas, em segredo, continuou os preparativos para a guerra, uma decisão sábia, como se viu.

Em *O Fio da Espada*, Charles de Gaulle escreveu que um líder "deve saber quando dissimular e quando ser franco. Ele deve posar como um servo do público para se tornar seu mestre... e somente após mil intrigas e entendimentos solenes terá para si o pleno poder". O homem que me apresentou o livro de De Gaulle foi Richard Nixon.

Como decidir pela admissibilidade do uso de astúcia, dissimulação e afins? Não há uma resposta fácil, e muito depende do contexto. No entanto, como regra geral, valer-se das artes baixas deve ser raro e empregado apenas quando atende às necessidades legítimas de uma organização, e não para enaltecer o líder.

Como mencionado anteriormente, ao passo que Francis Gary Powers foi abatido pilotando um avião espião sobre a União Soviética, por exemplo, o presidente Eisenhower mentiu publicamente, insistindo que se tratava de um avião meteorológico. Admissível? Penso que sim. Ike estava tentando evitar que as negociações sobre armas entrassem em colapso; ele também odiava enganar o público. Quando sua mentira sobre Powers foi exposta e as conversas desandaram, ele ficou mortificado e pensou em desistir. Disse a um amigo que um presidente que perde sua credibilidade "perdeu sua maior força". Ike parece estar em um universo moral totalmente diferente do nosso hoje, quando estamos enredados em mentiras políticas e deturpações. Devemos reconhecer que no momento em que a liderança não tem um propósito louvável, torna-se manipulação e engano; liderança em uma boa causa é muito mais justificável.

Entretanto, é preciso reconhecer que a liderança, nos dias de hoje, requer uma cabeça dura aliada a um coração mole. Quase todos os líderes que conheci, vez ou outra, tiveram que agir com dureza. Depois de atuar como presidente da Duke University e do Wellesley College, Nan Keohane disse a uma audiência na Kennedy School como ela ocasionalmente precisava ser "implacável". Os jovens líderes podem aprender muito com Nancy Pelosi sobre como combinar realismo com idealismo. Ela nunca esqueceu o que seu pai lhe ensinou: "Ninguém vai lhe dar poder. Você tem que agarrá-lo". Richard Nixon gostava de citar William Gladstone, três vezes primeiro-ministro britânico, que argumentava que, ao organizar a equipe ao redor, "todo primeiro-ministro deve ser um bom açougueiro".

Vivemos em uma época na qual impera a cacofonia, cercados por gritos de desespero e fome de poder. Os líderes que nos servirão melhor serão aqueles que souberem se manter firmes rumo a seu Verdadeiro Norte — mantendo também um porrete no armário.

DOZE

LIDERANDO EM MEIO A UMA CRISE

Em 1962, o governo do apartheid da África do Sul colocou Nelson Mandela atrás das grades por falsas acusações de sedição. Ele passou os 2 anos seguintes na cadeia e foi condenado à prisão perpétua na Ilha Robben, perto da Cidade do Cabo. Permaneceu lá por 18 dos eventuais 27 anos da sentença, em uma cela de 2,5 m x 2,2 m com uma pequena janela e três cobertores. Somente fazendo uma peregrinação à Ilha Robben você pode entender em sua plenitude a crueldade infligida a ele. As condições eram terríveis: ele trabalhava em uma pedreira sob sol escaldante, dia após dia, circulava pelo confinamento solitário e podia escrever e receber apenas uma carta — censurada — inicialmente apenas da família, a cada 6 meses. "Você não tem ideia da crueldade do homem contra o homem", disse Mandela mais tarde, "até estar em uma prisão sul-africana com guardas brancos e prisioneiros negros". Para ele, bem como para cerca de 30 outros membros do Congresso Nacional Africano (ANC) presos, a vida se tornou uma crise sem fim.

Mas se Mandela foi ao fundo poço, milagrosamente saiu mais forte do que entrou. Como seu biógrafo Anthony Sampson escreveu, quando foi despido de todos os adereços políticos — jornais, multidões, ternos bem cortados — Mandela foi "compelido a pensar mais profundamente sobre seus princípios e ideias". Tomou distância para ver a si mesmo como os outros viam; aprendeu a controlar seu temperamento e força de vontade, a ter empatia e ganhar influência e autoridade sobre seus guardas. Ele havia sido um líder do ANC atuando na clandestinidade e, após sua libertação, ressurgiu novamente como líder. Foi quando ele e sua equipe deram um fim ao apartheid e conquistaram o direito a eleições livres; em 1994, venceu a primeira eleição totalmente representativa, tornando-se o primeiro presidente negro da África do Sul.

Quando outros prisioneiros na Ilha Robben desanimavam, Mandela os confortava e inspirava. Como incentivo, ele adorava recitar para eles a estrofe final de "Invictus", um poema do popular escritor vitoriano William E. Henley:

Não importa quão estreito seja o vão,
Quão carregado de punições o pergaminho,
Eu sou o mestre do meu caminho,
Da minha alma, o capitão.

Invictus, no latim, se traduz como "invencível". Segundo nos diz o poema, a vida pode trazer grandes crises e sofrimentos, mas não importa quão difícil seja chegar ao céu, ninguém é capaz de determinar seu destino ou roubar sua alma. É você o condutor. Durante anos, os alunos britânicos inscreveram o poema em suas mentes e corações, e essa última estrofe continua sendo um elemento básico da vida cívica. Churchill parafraseou as duas últimas linhas em um discurso para dar ânimo ao Parlamento durante a guerra. Após o processo de impeachment em 1995, um presidente Clinton abatido e irritado disse que Mandela o consolou conversando sobre aquela mensagem. O presidente Obama citou o poema em uma cerimônia fúnebre na África do Sul em 2013. John Lewis gostava de repetir o poema quando adolescente e no Congresso.

Vimos nos capítulos anteriores como os líderes muitas vezes tiveram que enfrentar duras crises em suas vidas individuais — cadinhos, como os chamamos. A história de Mandela alcança um patamar totalmente diferente: como os líderes e seus aliados devem superar crises que ameaçam toda uma sociedade. Se não fosse a liderança de Mandela e aliados como o arcebispo Desmond Tutu, Walter Sisulu, Oliver Tambo, Winnie Mandela e — sejamos francos — F. W. de Klerk [o último branco a ocupar o cargo de presidente da África do Sul], o país poderia ter mergulhado em uma sangrenta guerra civil; em vez disso, a catástrofe foi evitada — ao menos por um tempo. "Não há caminhada fácil para a liberdade em nenhum lugar", alertou Mandela, "e muitos de nós terão que passar pelo vale da sombra da morte várias vezes antes de chegarmos ao topo da montanha de nossos desejos". Quando jovem, ele aprendeu a liderar observando e admirando as habilidades de negociação e persuasão dos chefes tribais. Percebeu que o líder era "como um pastor... Ele fica atrás do rebanho, deixando o mais ágil sair na frente, e os outros o seguem, sem perceber que o tempo todo estão sendo dirigidos lá de trás". Durante a maior parte de sua vida, ele assumiu o papel de pastor, liderando dessa forma. Mas quando os sul-africanos se dispuseram a negociar paz, Mandela imediatamente foi para a frente, onde poderia resolver as coisas.

ADAPTAÇÃO A UM MUNDO VUCA

Crises no mundo são cíclicas, vêm e vão ao longo do tempo; entretanto, entramos em uma era na qual elas são muito fortes, frequentes e intensas, de um jeito que a maioria de nós nunca experimentou antes. Mortes em massa por um vírus, economias afundando, violência armada, desigualdades de raça, classe e gênero, mudanças climáticas quase irreversíveis, democracias ameaçadas, perda de confiança nos líderes e instituições — uma ladainha dolorosamente familiar. E se o passado é prólogo, crises ainda mais desagradáveis estão a caminho.

Na década de 1990, a Academia Militar dos EUA, em West Point, tentou encontrar um modo de mostrar aos cadetes o mundo em que entrariam após se graduarem. Como fazer isso de uma maneira indelével? Para tanto, estabeleceram um acrônimo, VUCA [em português, VICA], que reúne e resume as características da vida fora dos quartéis:

Volatilidade
Incerteza
Complexidade
Ambiguidade

A sigla pegou; hoje, é usada no treinamento não apenas de jovens oficiais do exército, mas também de várias corporações. Agora vivemos em um mundo VUCA.

Há questões prementes a considerar. Como preparar uma geração de líderes em ascensão para torná-los capazes de enfrentar os desafios que apontam no horizonte? Quais valores serão mais cruciais em sua liderança? Que providências devem tomar em suas instituições para lidar eficazmente com futuras crises? É óbvio que devemos agir, e com urgência, para encarar desafios cada vez maiores. Nas próximas páginas, exploraremos as qualidades pessoais que se apresentam mais essenciais para os líderes que lidam com crises hoje e, em seguida, veremos uma abordagem de quatro etapas que as instituições podem usar em situações semelhantes.

A COISA CERTA, HOJE

Anteriormente neste livro, enfatizamos as qualidades que os líderes devem ter, sejam quais forem as circunstâncias ou setor: caráter, coragem, integridade, propósito moral, visão, adaptabilidade, determinação e persuasão, principalmente entre eles mesmos. Tais qualidades, em tempos de crise, permanecem fundamentais. As crises, todavia, também impõem outras exigências aos líderes, e eles precisam encontrar qualidades dentro de si que talvez nem percebam que estejam ali.

O historiador David McCullough, por exemplo, conta a história do jovem Harry Truman na Primeira Guerra Mundial. Na ocasião, Truman dirigia então uma pequena loja de artigos de corte e costura em sua cidade natal, Independence, Missouri. Quando os EUA entraram na guerra, ele tentou se alistar, mas foi recusado porque não passou no exame de vista. Ele então guardou na memória a sequência das letras que deveria ler e tentou de novo, desta vez com êxito. Ele e sua bateria de artilharia embarcaram para a França e logo ficaram presos na aterrorizante Batalha de Argonne. Os alemães deram início a um assustador fogo de artilharia sobre eles, que estavam acampados nas montanhas à noite, na chuva. Inexperientes, suas tropas pensaram que se tratava de um ataque com gás letal, então colocaram suas máscaras, tentaram proteger seus cavalos e depois fugiram em todas as direções. O cavalo de Truman o derrubou, quase o esmagando. Mas ele se levantou e gritou para que seus homens voltassem, "usando todo tipo de palavrões que já tinha ouvido. E eles voltaram."

No final das contas, ele os trouxe para casa vivos, e foram seus seguidores devotos por anos depois. Truman, concluiu McCullough, "aprendeu duas coisas de vital importância sobre si mesmo. Primeiro, que ele tinha coragem, pura coragem física. Até então, ele nunca havia brigado em sua vida... Segundo, que ele sabia liderar pessoas. Ele gostou disso e aprendeu que coragem é algo contagioso. Se o líder mostra coragem, outros entendem a ideia". A guerra foi seu campo de provas.

Baseando-me no passado e em minhas próprias experiências, penso que existem outras quatro qualidades essenciais para uma liderança eficaz em uma crise:

"Um Grande Desapego de si Mesmo"

Em seu delicioso livro de memórias de 2007, *This Time, This Place: My Life in War, the White House, and Hollywood*, o falecido Jack Valenti escreveu sobre sua visita a cemitérios de soldados vitimados na Normandia. Uma francesa, que era prefeita de Deauville, insistiu que ele visitasse uma lápide em particular para compreender a bravura dos que morreram em batalha. Nessa lápide ele encontrou esta inscrição: LIDERANÇA É SABEDORIA E CORAGEM É UM GRANDE DESAPEGO DE SI MESMO.

Entre os líderes que mais admiramos, muitas vezes encontramos esse sentimento hoje. É o caso dos bombeiros e dos policiais no 11 de setembro, que mesmo sabendo que provavelmente morreriam, subiram as escadas do World Trade Center enquanto os civis desciam. Ou Rachel Carson correndo contra o tempo para terminar seu livro pioneiro sobre o meio ambiente, enquanto o câncer cobrava seu pedágio mortal. Ou John Lewis atravessando a ponte Edmund Pettus, certo de que seria espancado e poderia morrer. Ou Lenny Skutnick, um funcionário público federal, pulando no gelado Rio Potomac para salvar uma jovem que havia caído em um avião comercial. Ou Dietrich Bonhoeffer insistindo em voltar para Alemanha nazista para salvar seu país, sabendo que seria um homem marcado por Hitler. Todos eles colocaram a vida dos outros antes das deles, mostrando grande desapego por si mesmo.

Julgamento Prudente

Vimos que avaliar de forma prudente é uma das qualidades mais importantes que um líder deve ter, ainda mais em uma crise. Mas como alguém adquire algo tão evasivo quanto uma capacidade aguçada de julgar? Ted Sorensen, um confidente de JFK, gostava de contar a história de um associado júnior que perguntou a um sócio sênior de um escritório de advocacia de Nova York:

— Por que você tem essa reputação de bom julgador?

— Bem, acho que já tomei a decisão certa muitas vezes.

— Mas em que você se baseou para tomar as decisões certas?

— Ah, isso vem da experiência.

— Uma última pergunta: Em que se baseia a experiência?

— Decisões erradas.

Quem estuda a questão das tomadas de decisão tende a concordar sobre as principais qualidades necessárias para uma avaliação correta. Um líder prudente, costuma-se dizer, deve se fundamentar na experiência e ser curioso a respeito do mundo, compreender o que está subjacente nos dados e nas informações relevantes, ter um senso de responsabilidade por sua equipe, paciência e perseverança para atravessar tempos difíceis.

Há um outro ativo, pouco discutido, mas que historicamente tem se mostrado crítico: a força que vem de anos no deserto existencial. É algo recorrente entre grandes estadistas, indo de Charles de Gaulle a Konrad Adenauer, de Mandela a Churchill, todos viveram anos marginalizados ou presos, durante os quais tiveram tempo para refletir e escrever. Até Nixon aproveitou seriamente seus anos desérticos na década de 1960.

Fingerspitzengefühl

Essa é uma palavra alemã que significa "sentir com as pontas dos dedos" — um conceito elusivo que descreve como uma pessoa pode ter um sentimento instintivo ou uma capacidade intuitiva de discernimento. Isso pode ser pensado como consciência situacional, uma espécie de sensibilidade sobre a maneira como os eventos provavelmente se desenrolarão, e assim podem se preparar antecipadamente. Alguns líderes nascem com essa habilidade, mas, na maior parte das vezes, ela se forma por meio de uma vasta experiência na arena pública, burilando a compreensão da dinâmica social e a capacidade de antecipação. Com o passar dos anos, aprendi que aqueles que percebem o que está quase virando a esquina, vislumbrando o futuro, geralmente levam vantagem em moldar os resultados. Eles podem antecipar, ponderar sobre cenários possíveis e saber como reagir quando as circunstâncias mudam. Antes da batalha, Napoleão trabalhava em meia dúzia de cenários de como a luta poderia evoluir; isso lhe permitia observar as ações e ficar à frente do inimigo. Um líder sempre precisa de uma capacidade de resposta rápida.

Da mesma forma, líderes inteligentes sabem que a melhor maneira de alcançar um objetivo nem sempre é uma linha reta. Abraham Lincoln, por exemplo, fez quando jovem algumas viagens pelo rio Mississípi até Nova Orleans para negociar mercadorias. Alguém poderia supor que ele colocaria sua jangada no meio do rio e a flutuaria direto para baixo. Mas a experiência lhe mostrou que, fazendo isso, sua jangada provavelmente viraria. Assim, ele primeiro dirigia sua jangada em direção a uma casa de fazenda rio abaixo no lado direito, depois virava e apontava para uma grande árvore rio abaixo no lado esquerdo e assim por diante. Pode levar mais tempo, mas por fim dava certo — sem se afogar. Eu chamo isso de "liderança ponto a ponto" e peço aos alunos que mantenham essa metáfora em mente ao planejar suas vidas.

Sangue Frio

Na minha lista de preferências para minha primeira tarefa na Marinha, havia dois pedidos: servir na Ásia e evitar ser o engenheiro. Claro, eles me designaram para ser o engenheiro assistente e oficial de controle de danos para um grande navio ancorado em Sasebo, no Japão. Primeiro, disseram, eu precisava ir para a escola de controle de danos em Treasure Island, para um treinamento de combate a incêndios, combate a enchentes e coisas do gênero.

Eu pensei estar bem preparado para executar as tarefas — até o problema de fato acontecer. Nosso navio de reparos estava prestando serviço para quatro destróieres no Japão, quando um almirante subiu a bordo para uma inspeção. Pouco depois de sua chegada, um dos nossos quatro motores pifou. Como era minha responsabilidade, corri para o local. Em plena tentativa de colocar o primeiro motor em funcionamento novamente, um segundo motor quebrou. Em uma hora, todos os quatro motores estavam desligados e o olhar de alguns companheiros me fez sentir um alvo de dardos. Dois dias de esforço intenso se passaram até obter algum sucesso. Mesmo que eu quisesse ficar mais tempo na Marinha, tinha certeza de que a Marinha não queria ficar mais tempo comigo. Porém, recebi crédito por uma coisa: meus marinheiros me agradeceram por manter a calma. Sangue frio — eis aí um requisito primordial para a liderança. Nos anos seguintes, encontrei uma observação de Herman Melville, em 1850, que diz tudo:

> *Em tempos de perigo, como a agulha em um ímã, a obediência, seja qual for a posição, geralmente voa para aquele que está mais apto para comandar.*

Mais tarde na vida, um incidente mais grave me mostrou quão importante é para os líderes permanecerem frios em uma crise. Com apenas oito semanas na presidência, Ronald Reagan foi baleado à queima-roupa por John Hinckley Jr. e a bala passou raspando pelo coração de Reagan.

Tão logo a notícia se espalhou em Washington, as lideranças no governo lá presentes correram para a Ala Oeste e depois desceram para a Sala de Situação. Vários outros líderes estavam fora da cidade. O vice-presidente George Bush viajava de avião rumo ao Texas e o chefe de gabinete Jim Baker foi ao hospital, acompanhado de Ed Meese e Mike Deaver. Al Haig, o secretário de Estado; Caspar Weinberger, o secretário de Defesa; Richard Allen, o diretor do NSC; Richard Darman, o homem-forte da Casa Branca; e eu nos reunimos na Sala de Situação (eu era diretor de equipe da Casa Branca na época).

Não estava claro quem estava no comando do governo. Al Haig, ex-chefe de gabinete de Nixon e agora secretário de Estado, autoproclamou-se. "O leme está bem aqui nesta cadeira", anunciou ele. Ninguém tinha vontade de protestar, mas as tensões entre Haig e Weinberger, sempre altas, logo transbordaram. Weinberger, por conta própria, havia elevado as defesas do país para alerta máximo e Haig estava furioso com ele, preocupado que nossos adversários nos considerassem desordenados e vulneráveis.

Inesperadamente, nosso vice-secretário de imprensa, Larry Speakes, tinha voltado do hospital por uma porta lateral e, sem saber do clima acalorado na Sala de Situação, inocentemente subiu ao pódio para atender os jornalistas. Por volta da terceira pergunta, os repórteres começaram a perguntar a Larry sobre o DEFCON (o nível de alerta militar). Larry não fazia ideia e começou a se atrapalhar nas respostas.

"Temos que tirá-lo de lá!", gritou Haig enquanto, de um salto, saía correndo da Sala de Situação e subia as escadas em direção à sala de imprensa. Dick Allen e eu fomos atrás dele. Ao chegar ao alto da escada, Haig estava com o rosto vermelho e suando muito. Mas se recusou a parar, recuperar o fôlego e se recompor. Não parecia bem; parecia transtornado.

Ele explodiu, tomando o pódio, com o clamor dos repórteres e o zumbir das câmeras de TV à sua frente. Depois de algumas perguntas mais leves, um repórter perguntou:

— Quem está no comando aqui?

Haig não resistiu:

— Constitucionalmente, senhores, vocês têm o presidente, o vice-presidente e o secretário de Estado, nessa ordem, e se o presidente decidir que quer transferir o leme, ele o fará. Mas ainda não fez isso. A partir de agora, estou no controle aqui, na Casa Branca, aguardando o retorno do vice-presidente.

Essa afirmação abriu as portas do inferno. Na pretensão de acalmar as coisas, em vez disso Al fez os alarmes dispararem por todo o país e, talvez, no mundo. Ele havia criado uma impressão inquietante de que a própria Casa Branca estava fora de controle. Não ajudou que ele também tenha mutilado a linha legal de sucessão.

Mais tarde, Al concorreu à presidência, mas sua candidatura não decolou. O que os eleitores se lembraram foi de seu desempenho destemperado, o rosto vermelho e suando em um momento de alto estresse. Ele nunca se recuperou. A lição duradoura é que um líder que perde a calma em meio a uma crise não será líder por muito tempo. Crises são ocasiões decisivas para as instituições e quem as lidera.

Uma das minhas histórias favoritas de Reagan aconteceu com 15 meses decorridos de sua presidência, quando ele decidiu fazer um discurso no horário nobre para o país, no qual solicitava a aprovação do orçamento. Conversas sobre orçamento podem ser um convite para uma cochilada; meu trabalho como diretor de Comunicação era apimentá-las.

Naquela época, a tecnologia da Casa Branca era primitiva, então sugeri a Reagan usar um cavalete e um gráfico. No meio do discurso, ele deveria se levantar de sua mesa, ir até o cavalete e, com uma caneta hidrográfica vermelha, desenhar uma linha grossa no gráfico, mostrando como os déficits aumentariam se o Congresso não agisse. Ele concordou e marcamos o discurso para as 21h East Coast.

Mesmo um orador experiente como Reagan gosta de um aquecimento preliminar, então também lhe recomendei vir ao Salão Oval mais cedo, para ter tempo de ensaiar. O ensaio correu perfeitamente, enquanto Reagan — que continuava a ler no teleprompter — desenhava a linha com a caneta hidrográfica vermelha e voltava para sua mesa. Estávamos indo bem, ou assim pensei.

Quando a fala do presidente foi ao ar, o discurso transcorria normalmente até que Reagan se levantou e caminhou até o cavalete. Com horror, percebemos que não tínhamos tampado de volta a caneta hidrográfica vermelha. Sob as luzes quentes das câmeras de televisão, aquela maldita caneta havia secado completamente. Quando o presidente tentou traçar a linha, a única coisa que saiu daquela caneta foi um longo som de arranhar. Nenhuma linha. Silêncio mortal.

Eu? Bem, eu estava do outro lado do Salão Oval, atrás das câmeras — atualizando mentalmente meu currículo.

Graças a Deus, nosso produtor de TV na Casa Branca, Mark Goode, era mais previdente do que eu. Ele trouxe uma segunda caneta! Mark imediatamente jogou-se de quatro no chão, rastejando em direção a Reagan. O Serviço Secreto entrou em pane — seu livro de regras não diz o que fazer se um membro da equipe rastejar em direção ao presidente. O próprio Reagan estava numa boa, mas parecia estar se perguntando: *Por que esse doido está rastejando no chão?*

Mark, agilmente, se arrastou pela parte de trás da mesa de Reagan, ficou aos pés do presidente e, fora da câmera, ergueu a segunda caneta. Os olhos de Reagan brilharam levemente. Ele pegou a nova caneta e, sem perder o ritmo, disse algo do tipo: "Acho que vou tentar de novo." Magicamente, a linha apareceu e a noite — e provavelmente meu trabalho — foi salva.

Nas muitas vezes em que contei essa história, ainda fico imaginando que, se fosse Nixon naquele discurso, ele teria nos esfolado vivos, cancelado o discurso e teria mandado sobrevoar e bombardear Hanói na manhã seguinte. Mas na televisão Reagan sentia-se à vontade. Ela lhe era amigável. Como o irmão Wallenda [um famoso equilibrista], que disse que a corda bamba era o que importava na vida e tudo o mais ficava esperando, Reagan vivia para os momentos em que poderia prender a atenção de grandes audiências.

UMA NAÇÃO AVESTRUZ?

Os EUA têm um histórico invejável de lidar com crises nacionais e internacionais quando estamos totalmente engajados, em especial no combate às ameaças ao modo de vida do país. A história nos conta: quando a Segunda Guerra se alastrava, os EUA construíam 5 mil aviões por ano. FDR perguntou a especialistas a quanto esse número chegaria se houvesse uma mobilização total. "Cerca de 25 mil", responderam. "É bom", disse FDR, "mas não o suficiente". Ele então deixou o Congresso em choque quando propôs construir nada menos que 50 mil aeronaves por ano até o final da guerra. Os críticos zombaram, dizendo que isso não poderia ser feito. "Você não conhece os norte-americanos como eu conheço", ele retrucou. "Esperem e verão."

Bem, é verdade que, no final da guerra, o país não estava construindo 50 mil aviões por ano — estava construindo por volta de 75 mil! Isso mostra como é o país quando o povo está inteiramente envolvido. Como Theodore Roosevelt disse uma vez: "O povo norte-americano é lento para se irar, mas uma vez acesa a pira, ela queima como uma chama que aniquila".

O problema dos EUA é que, nos últimos anos, a nação desenvolveu o mau hábito de ignorar as crises quando elas estão apenas começando a borbulhar, e se convencer de que a ameaça não é séria, muito menos mortal. Os líderes políticos de hoje preferem procrastinar, pegando emprestado do futuro e deixando as contas para a próxima geração. Recorrentemente, não se dá atenção aos sinais de alerta de problemas. Os EUA se tornaram uma nação avestruz, a cabeça enterrada na areia.

Não se pode mais ter esse luxo. Hoje, novas crises assolam o país continuamente — elas estão se tornando rapidamente em um novo normal.

Só há uma coisa pior do que essa extrema desordem vista nos últimos 20 anos: o fato, trágico, de que tantas mortes e destruição poderiam ter sido evitadas se tivesse sido dada atenção e agido nos primeiros sinais de distúrbio. Uma comissão nacional bipartidária que investiga o 11 de setembro concluiu que, não obstante os sinais de alerta, as agências federais de inteligência não souberam quantificar a magnitude da ameaça e, portanto, nunca teriam como impedir. Especialistas da Louisiana State University sabiam que Nova Orleans não estava preparada para o furacão Katrina e avisaram o governo estadual, sem sucesso. Um inquérito federal norte-americano concluiu que a crise financeira de 2008-2009 era previsível: "Os grandes nomes das finanças e os administradores públicos de nosso sistema financeiro ignoraram os avisos e foram negligentes em questionar, entender e gerenciar riscos em evolução em um sistema essencial para o bem-estar da população norte-americana".

Durante anos, climatologistas de todo o mundo advertiram enfaticamente que estava em curso um aumento da temperatura planetária, que uma elevação de 1,5°C ou mais e os decorrentes impactos irreversíveis no meio ambiente nas próximas duas décadas são quase inevitáveis. Mesmo assim, a comunidade internacional ainda hesita em tomar uma atitude decisiva. Especialistas da Comissão Lancet sobre Políticas Públicas e Saúde dizem que quase 200 mil vidas norte-americanas foram perdidas para a COVID-19 na era Trump devido a uma resposta "inepta e insuficiente", em conjunto com tendências de má gestão pública da saúde. Também é sobejamente conhecida a enorme desigualdade com que são tratados os negros norte-americanos nos EUA: em média, a riqueza de uma família de brancos é quase 8 vezes superior à de sua congênere de pessoas negras; a diferença de expectativa de vida entre negros e brancos norte-americanos subiu para 5 anos em 2020; e a brutalidade policial, a parcialidade no tratamento dos prisioneiros e a discriminação diária desfavorecem continuamente os negros norte-americanos. O país está começando a reconhecer o quanto é profunda a opressão sistêmica, mas lhe carece a vontade de fazer uma mudança real. Sabe-se também, em que pesem os sinais em contrário, que nem a polícia nem os congressistas previram a extensão e a gravidade a que chegaria uma invasão do Capitólio por uma multidão — e quão perto chegamos de uma catástrofe absoluta.

A lista contempla outras crises, menores, porém não menos chocantes — o atentado à Maratona de Boston, os massacres em escolas e muito mais —, mas a questão em causa é clara: a escuridão que se abateu sobre as vidas norte-americanas com crises que se sucedem umas às outras, em especial a COVID-19, pode se tornar um modo de vida, a menos que mudemos de rumo.

Um número crescente de acadêmicos, jornalistas e pensadores começaram a se concentrar no que precisa ser feito. O governo federal está aumentando os investimentos em proteção. Grandes companhias já estão transitando do capitalismo de acionistas para o capitalismo "stakeholder", ou seja, todos os direta ou indiretamente interessados — em suma, a sociedade em geral. E os jovens empreendedores sociais estão tentando dobrar e redobrar seu impacto na sociedade. Por meio de seu trabalho, ficou nítido que, quando há um problema se aproximando, uma abordagem de quatro etapas é necessária.

Primeira: Evite as Crises Preveníveis

Em seu importante livro publicado em 2004, *Predictable Surprises: The Disasters You Should Have Seen Coming and How to Prevent Them*, Max Bazerman, professor da Harvard Business School, e Michael Watkins apontam o 11 de setembro e o escândalo da Enron como fracassos clássicos da antecipação de crises. Com muita frequência, os que estão no comando das organizações têm um viés em prol da manutenção do status quo e ignoram os sinais de problemas iminentes ou subestimam os custos de permanecer inertes. "Uma das principais responsabilidades da liderança", concluem Bazerman e Watkins, "deve ser identificar e evitar eventos previsíveis. A maioria dos líderes reconhece as crescentes fraquezas do sistema em suas organizações cujo potencial de se transformar em grandes crises ao longo do tempo é enorme". Não dá para repetir o suficiente: o que se prevê, se antecipa.

Segunda: Prepare-se para o Pior

Ao surgirem evidências de que uma crise pode vir logo, as organizações devem reunir suas equipes, se preparar para ela e tomar as providências recorrentes cabíveis. A cidade de Nova York estava muito mais bem preparada para o 11 de setembro porque um ataque anterior fracassado ao World Trade Center em 1993 havia deixado os líderes em alerta sobre suas vulnerabilidades. A cidade, adrede planejada, pode agir com presteza. Quando os aviões se chocaram com as torres, o prefeito Rudy Giuliani não precisou chamar bombeiros e policiais para se reunir com eles em volta de uma mesa para descobrir o que fazer. Já prontos, foram capazes de salvar inúmeras vidas — enquanto sacrificavam muitas das suas. Da mesma forma, equipes médicas e policiais em Boston praticaram repetidamente com antecedência a fim de estarem preparados para uma emergência. Quando os terroristas atacaram na Maratona de Boston, em 2013, as ambulâncias começaram a deixar as vítimas nos hospitais locais 9 minutos após as primeiras explosões; todas as vítimas que chegaram a um hospital sobreviveram.

Após o 11 de setembro, os Centros de Controle de Doenças contataram professores da Chan School of Public Health de Harvard e da Kennedy School para desenvolver um programa de educação executiva para socorristas em todo o país. O Dr. Leonard Marcus e associados da Chan assumiram a liderança, e eu servi como copiloto inicial. Eles formaram uma plataforma de primeira categoria para estudar e treinar socorristas, a National Preparedness Leadership Initiative (NPLI). Essa organização, que completou 18 anos, já treinou milhares de líderes do governo, instituições humanitárias e empresas de pequeno e grande porte. Eles também desenvolveram uma teoria de como entrelaçar a liderança em várias organizações. Chamam a ela de "metaliderança", que corresponde a sistemas complexos, grande parte da liderança consiste na capacidade de trabalhar bem com organizações ultrapassando o círculo imediato e criando conectividade e colaboração. Repetindo: nesse campo, como em tantos outros, a colaboração tornou-se fundamental para o sucesso da liderança.

Terceira: Ocorrendo uma Crise, Tranquilize o Público, então Resolva o Problema

Problemas podem vir de mil maneiras. A melhor forma de lidar com isso é manter forte e preparada a equipe que irá combatê-los. Se estiver apto, o líder libera seu pessoal para trabalhar sem interferência, enquanto se torna ele próprio a face pública da resposta à emergência. Durante anos, os estudos de liderança se concentraram na maneira como Rudy Giuliani se manifestou no 11 de setembro, dando sentido ao evento e acalmando um público assustado. Ele tinha lido uma biografia de Churchill nas noites anteriores, e isso ficou evidente. Por outro lado, os estudos de liderança de amanhã se concentrarão em como um governo da Casa Branca — liderado pelo próprio presidente — deu uma resposta gravemente equivocada ao coronavírus, perdendo vidas, empregos e uma sensação de bem-estar mental por toda uma geração.

Quarta: Quando a Crise Passar, Avalie as Causas e Defina os Meios de Prevenção

O que de fato ocorreu? Por que foi acontecendo dessa forma? Que lições aprendemos? Como podemos estar mais bem preparados para uma próxima vez? O relatório da Comissão do 11 de Setembro é um modelo digno a ser adotado: bipartidária, a comissão tinha uma equipe excelente, investigou a fundo e fez uma série de recomendações. Daí decorreram amplos esforços no sentido de fortalecer a segurança e a inteligência domésticas. O caminho não é isento de percalços, mas os EUA estão muito mais preparados para combater o terrorismo do que antes.

Jordan Tama, da American University, afirmou no *Washington Post*: "O histórico das comissões dos EUA é decididamente misto, mas inclui algumas conquistas impressionantes". Uma comissão instituída por Teddy Roosevelt levou à formação do Federal Reserve, uma das melhores reformas do século XX. Outra, criada por Harry Truman, foi influente na elaboração do Plano Marshall. E um exército totalmente voluntário surgiu de uma comissão nomeada por Nixon. As bases para o sucesso aqui são: um alto grau de interesse público, a qualidade dos componentes das comissões, a força da equipe e um compromisso da Casa Branca ou do Congresso com a ação.

Como você pode imaginar, a literatura sobre liderança em tempos de crise é vasta e cresce rapidamente. Caso você tenha interesse em se aprofundar no assunto, recomendo dois livros recentes de dois historiadores que estão entre os melhores contadores de histórias dos EUA: *Liderança em Tempos de Crise*, de Doris Kearns Goodwin; e *Forged in Crisis: The Power of Courageous Leadership in Turbulent Times*, de Nancy Koehn. Ambos são leituras altamente instrutivas e esplêndidas.

Por enquanto, voltemos ao âmago do que significa liderar no decorrer de uma crise: a capacidade de homens e mulheres, em meio a circunstâncias das mais terríveis, de suportar — e até triunfar — juntos as forças aliadas contra eles. Coragem e camaradagem são fontes recorrentes de admiração. No relato de Jim Stockdale, mencionado anteriormente, sobre seus dias como prisioneiro de guerra, ele descreve a tortura e o confinamento solitário que suportava habitualmente. Em certa ocasião, arrastado de volta para sua cela após meses de tortura, ele passou em frente da cela onde estava Dave Hatcher, um companheiro de prisão. Hatcher não conseguiu visualizar, pela estreita fresta da porta, mas conseguiu reconhecer Stockdale pelo andar manco. Logo Stockdale percebeu que um fio enferrujado no banheiro estava apontado para o norte. Tratava-se de um sinal para qualquer prisioneiro de guerra procurar uma mensagem em uma garrafa embaixo da pia. Stockdale pegou o bilhete e, de volta à cela, desdobrou-o. Lá, Hatcher usou excrementos de rato para formar um verso para seu companheiro de armas:

Não importa quão estreito seja o vão,
Quão carregado de punições o pergaminho,
Eu sou o mestre do meu caminho,
Da minha alma, o capitão.

TREZE

OS ESTÁGIOS DO FOGUETE PROPULSOR

Exploramos as qualidades e as habilidades universalmente reconhecidas como importantes para os líderes — caráter, coragem, propósito moral, autodomínio e assim por diante. Há, porém, outras qualidades relegadas a segundo plano na literatura, qualidades que muitas vezes significam a diferença entre um bom líder e um líder de primeira. Em minha experiência, por exemplo, aqueles cuja curiosidade é aguçada e amam a História geralmente são mais bem apreciados. Como John F. Kennedy durante a Crise dos Mísseis Cubanos. Da mesma forma, descobri que os líderes nos quais o senso de humor é uma característica, que frequentemente riem de si mesmos, são capazes de envolver as pessoas em uma atmosfera calorosa, conectando-se a elas. Veja Ronald Reagan no dia em que foi baleado. Aprendi também que os líderes que buscam uma vida integrada, alinhando seus valores e aspirações profissionais aos de família, podem usufruir de uma calma interior muito importante durante as tempestades. Como Barack Obama, também conhecido como No Drama Obama.

Neste capítulo, examinaremos mais detidamente estas três proposições: uma leitura da história, o humor e uma vida integrada. Eu diria que cada uma serve como um estágio do foguete propulsor para um líder.

APRENDENDO COM A HISTÓRIA

É incomum um historiador do passado moldar nosso caminho para o futuro; há cerca de seis décadas, Barbara Tuchman fez exatamente isso.

Na primavera de 1962, Tuchman publicou um livro intitulado *The Guns of August*. Ela argumentou que uma série de erros de cálculo e julgamentos equivocados levaram a Europa e, por fim, os EUA à Primeira Guerra Mundial, um dos conflitos mais longos e sangrentos já ocorridos.

O presidente John F. Kennedy, um seguidor devotado de Tuchman, devorou o livro e ordenou que todos os membros de seu gabinete, bem como os chefes militares, o lessem. Exemplares foram enviados para cada instalação militar, com ordens de leitura para os oficiais. O livro rapidamente subiu na lista dos mais vendidos e permaneceu lá por 42 semanas.

Então, em outubro de 1962, a CIA descobriu que a União Soviética estava instalando mísseis em Cuba, a 140 km da costa norte-americana e bem próximo de Washington, D.C. Como mencionei em nossa discussão sobre crises, os 13 dias seguintes se tornaram os mais perigosos da história dos EUA.

Logo no início, John F. Kennedy trouxe seu irmão Bobby, então procurador-geral e íntimo confidente. De acordo com Bobby, seu irmão avisou: "Não vou adotar um curso que permita a qualquer pessoa escrever um livro semelhante sobre esta época, *The Missiles of October*. Se depois disso alguém estiver por aí para escrever a respeito, as pessoas entenderão que nos esforçamos ao máximo para encontrar a paz e dar um espaço de manobra para nosso adversário". O líder soviético Nikita Khrushchev era impulsivo e podia ser errático; Kennedy estava determinado a que os EUA jogassem com mão firme e segura.

A hora da verdade chegou quando a equipe de conselheiros de Kennedy, consensualmente, decidiu: assim como os soviéticos estavam instalando mísseis em segredo, os EUA deveriam atacar secretamente os locais das armas, eliminando-as. Não haveria aviso prévio nem alerta aos aliados, e o Congresso seria comunicado com pouca antecedência.

Mas Bobby e alguns outros começaram a pensar diferente. Aos poucos, os conselheiros foram retificando aquele primeiro consenso, adotando uma ideia menos agressiva: a quarentena. Persuadido por Llewellyn Thompson, o ex-embaixador na União Soviética que conhecia bem Khrushchev, o presidente Kennedy também queria evitar encurralar o líder soviético em um canto onde, como uma cobra, sentiria que não tinha escolha a não ser revidar. Sem erros de cálculo desta vez.

A fortuna sorriu, e os soviéticos aproveitaram a disposição norte-americana de negociar e recuaram. Anos depois, os EUA tomaram conhecimento de que os soviéticos haviam equipado os mísseis com armas nucleares. Se os norte-americanos tivessem agido como planejado pela equipe Kennedy, alguns mísseis teriam escapado e Khrushchev quase certamente os teria disparado em direção a Washington, D.C., desencadeando um holocausto nuclear. "Fomos olho no olho, e o outro cara piscou", disse Dean Rusk, o secretário de Estado. Se não fosse a vontade de negociar, o mundo poderia ter sido incinerado (pode-se perguntar se a China e os EUA estariam igualmente ansiosos para negociar se estivéssemos à beira do abismo).

Nos anos seguintes, a Crise dos Mísseis Cubanos gerou acentuado interesse acadêmico dos tomadores de decisão no governo federal quanto às lições aprendidas. Ted Sorensen, como já mencionei, fez um discurso analisando o julgamento de Kennedy em uma crise. O professor Graham Allison organizou uma série de grupos de estudo e artigos na Kennedy School e, 6 anos depois, publicou um estudo altamente influente sobre os diferentes modelos de tomada de decisão.

Richard Neustadt e Ernest R. May, dois outros professores da Kennedy School, escreveram um livro bem recebido, *Thinking in Time: The Uses of History for Decision Makers*, que se tornou a base de um dos cursos mais populares da escola. Eles argumentaram que, durante as deliberações, Kennedy "mudou da simples questão do que fazer *agora* para a pergunta mais difícil: Como as escolhas de hoje aparecerão quando pertencerem à História — quando as pessoas olharem para 10 anos ou um século para trás?". Kennedy passou a ver suas decisões em um fluxo de tempo, seu julgamento bem fundamentado por sua leitura histórica.

Atualmente, nos estudos de liderança, muitas vezes, ignoramos como é importante para os líderes persistirem em ser curiosos sobre o passado e ansiarem em aprender com os historiadores como essas lições podem se aplicar ao futuro. Os dias à frente se revestem de incertezas, mas podemos encontrar consolo em entender como superamos os desafios do passado. Mark Twain é creditado por ter dito: "A história não se repete, mas muitas vezes rima". Os antigos entenderam: lembre-se de que Filipe II da Macedônia contratou Aristóteles para ser tutor de seu filho Alexandre. E quando Alexandre se tornou um guerreiro, viajando pelo mundo conhecido, dizia-se que ele mantinha debaixo do travesseiro uma cópia da *Ilíada* além de uma adaga. Alexandre não era apenas ousado, mas também tinha uma mente forte.

A maioria dos fundadores da nação norte-americana — Jefferson, Adams, Hamilton, Madison e Franklin — era extremamente brilhante e apegada a seus livros. Jefferson mantinha sua primeira coleção em casa, em Albemarle, Virgínia; quando um incêndio a consumiu, disse que lamentava a perda de seus livros. Mais tarde, após os britânicos terem queimado a coleção original da Biblioteca do Congresso, em 1814, ele destinou sua nova coleção à biblioteca e deixou que ela estabelecesse o preço. Os 6.487 volumes formaram a base da biblioteca que o Congresso tem hoje — uma das melhores do mundo. John Adams doou sua coleção de cerca de 3 mil volumes para sua comunidade em Quincy, Massachusetts, que acabaram sendo transferidos para a Biblioteca Pública de Boston. Adams muitas vezes se envolveu em colóquios contundentes com autores, escrevendo notas nas margens. Quando visitei pela primeira vez a coleção de Adams, os bibliotecários me mostraram um livro no qual ele havia escrito mais palavras na margem do que no próprio livro!

Os EUA se orgulhavam, no século XIX, de ser o país mais alfabetizado do mundo. Lincoln, como sabemos, não teve ampla educação formal, mas aprendeu sozinho a ler e, com um livro na mão, estudava seu conteúdo por horas, dominando suas lições. Na virada do século, Teddy Roosevelt era um leitor voraz — com frequência, lia um livro por dia na Casa Branca. O romancista visto como o pai da ficção ocidental, Owen Wister, escreveu que em certa ocasião visitou seu amigo de faculdade

TR na Casa Branca e, no jantar, lhe deu um exemplar de seu novo romance. Na manhã seguinte, no café da manhã, TR promoveu uma animada discussão sobre o livro, que havia lido durante a noite. Do outro lado do oceano, naqueles mesmos anos, Winston Churchill não apenas lia, mas escrevia em um ritmo alucinante.

Alguns anos atrás, tive a oportunidade de palestrar na Biblioteca Presidencial Truman, em Independence, Missouri. Eu me apaixonei pelo lugar porque ele era modesto — tal como o próprio Truman — e os docentes deixavam você manusear as cartas e os discursos dele. Lá, encontrei uma palestra que ele fez para alunos visitantes, na qual lhes dizia: "Nem todo leitor é um líder, mas todo líder é um leitor".

Ninguém deu melhores provas disso do que o próprio Truman. Quando adolescente, sua mãe lhe deu uma obra com vários volumes intitulada *Great Men and Famous Women*. Os exemplares estão lá em sua biblioteca e, ao folheá-los, você pode ver quantas vezes ele deve ter lido ou consultado: claramente a obra foi lida e relida pelo único presidente do século XX que nunca foi para a faculdade. Quando Truman se formou no ensino médio, seus pais não podiam pagar por uma educação mais avançada, e ele ficou 7 anos atrás de uma mula na pequena fazenda da família.

Ele, no entanto, aproveitou cada momento para ler, ler e ler um pouco mais. Com o passar do tempo, tornou-se um modelo de pessoa autodidata. Em 1948, o presidente Truman enfrentou uma escolha dolorosamente difícil sobre reconhecer a independência de Israel como nação. O secretário de Estado, George Marshall, era contra (ele temia que isso levasse a uma guerra devastadora); Clark Clifford, o conselheiro jurídico de Truman na Casa Branca, era a favor (para ele era uma escolha moral). Truman também sabia que, se reconhecesse Israel, correria o risco de Marshall desistir do cargo, custando a Truman a eleição presidencial de 1948. Foi uma decisão muito difícil.

Truman não se esquivou. Em vez disso, sem anotações, ele traçou para seus assessores o histórico do Oriente Médio, o papel de israelenses e árabes, e os fatos que os envolviam. Diz-se que teria falado sem parar por quase duas horas, de memória. No final, aceitou os riscos e reconheceu Israel.

Quanto a Marshall, ficou ao lado de seu presidente. O caso de amor de Truman com a História valeu a pena.

Na atualidade, o general Jim Mattis, ao aceitar o convite do presidente Trump para servir como secretário de Defesa, entrou para o imaginário popular. Mattis era um intelectual, adepto da formalidade e mortal no campo de batalha — um monge guerreiro, como era chamado. Quando menino, ele escreveu, pois realmente não gostava de ficar sentado em salas de aula e em casa, onde não havia TV; ele devorava livros, de Hemingway a Faulkner e Fitzgerald. Como general de quatro estrelas, ele se tornou uma das figuras mais lidas desde a fundação do corpo de fuzileiros.

No Corpo de Fuzileiros Navais, a cada promoção, um fuzileiro recebe uma lista de leitura de obras relevantes para suas novas responsabilidades. Mattis leu esses livros e foi muito além. Ele tinha particular interesse em estudar escritores romanos, de Marco Aurélio a Tácito. Como escreveu em seu livro de memórias, *Call Sign Chaos: Learning to Lead*, ele seguiu César através da Gália; maravilhou-se com a prosa simples de Grant e Sherman, que revelou o valor de uma determinação férrea; e estudou estratégia com Sun Tzu e Colin Gray. Antes de entrar em uma nova batalha, ele mergulhava na história das nações e das culturas nas quais seus fuzileiros iriam lutar. Ao se aposentar, Mattis tinha uma biblioteca pessoal com 7 mil livros!

Os conselhos de Mattis para líderes em ascensão nas forças armadas eram severos: "Se você não leu centenas de livros, é um analfabeto funcional e será incompetente, pois suas experiências pessoais, por si sós, não são amplas o bastante para lhe dar o apoio necessário. Um comandante que afirme estar 'ocupado demais para ler' encherá sacos de cadáveres com suas tropas enquanto aprende da maneira mais difícil".

Também me surpreendi quando descobri que vários de nossos CEOs mais bem-sucedidos são leitores vorazes. David Rubenstein, Bill Gates, Warren Buffett, Mort Zuckerman, Oprah Winfrey e Sheryl Sandberg, entre outros, têm o hábito de ler constantemente. Em todos os casos que encontrei, em várias disciplinas, aqueles que estudam as lições da História se tornam líderes melhores — mais ponderados, mais conscientes das vicissitudes da vida, mais esperançosos com a resiliência dos EUA.

Marian Wright Edelman, líder do Fundo de Defesa da Criança, me apresentou a uma velha oração bretã de pescador que pode ser usada quando se pensa em servir aos outros: "Ó Deus, teu mar é tão grande e meu barco é tão pequeno". Sinto o mesmo sobre livros: incontáveis bons livros foram publicados nos últimos anos, e consegui ler tão poucos deles.

Minhas preferências são consistentes desde a faculdade, quando, no meio do caminho, troquei os estudos de Ciência Política e me formei em História. A Ciência Política é um bom retrato de onde estamos; a História nos conta como chegamos aqui. Como disse Churchill, a capacidade de olhar mais para trás também pode ajudá-lo a olhar mais à frente.

Portanto, eu sou viciado principalmente em biografias e História. Meus historiadores favoritos são grandes contadores de histórias, como Doris Kearns Goodwin, Jon Meacham, David McCullough, Nancy Koehn, Fred Logevall e outros. As conversas de David Rubenstein com historiadores foram uma surpresa deliciosa. E ainda gosto de ler uma segunda ou terceira vez os escritos de Barbara Tuchman e Stephen Ambrose.

Desenvolvi, ainda, um profundo interesse pela liderança, e com isso me concentrei não somente em ícones norte-americanos como Washington, Jefferson, Lincoln e os três Roosevelts, mas também em figuras internacionais. Churchill e Mandela são meus favoritos; Plutarco me ajuda a preencher outras lacunas. Warren Bennis me ensinou os primeiros passos na liderança e, como você pode ver nas páginas aqui, ele, John Gardner, Bill George e outros de sua geração influenciaram enormemente meus pontos de vista.

Durante décadas, tentei ler todos os dias o *New York Times*, *The Wall Street Journal*, *The Boston Globe*, *Financial Times* e *The Washington Post*. E, claro, acompanho o noticiário diário da televisão, começando com meus amigos na CNN.

Para aqueles que não pegam um livro prontamente, há outras maneiras de absorver o passado. Em tempos de internet, os cursos online são amplamente acessíveis; podcasts e audiolivros são alternativas. Atualmente, muitas escolas e faculdades estão viabilizando maneiras de ensinar fora da sala de aula — a "aprendizagem experiencial". Os alunos agradecem. Em Princeton, por exemplo, está disponível um curso sobre a Guerra Civil Norte-Americana há muito ministrado pelo professor James McPherson, um renomado estudioso desse acontecimento histórico. Uma de suas aulas favoritas a cada ano é uma viagem a Gettysburg; lá, os alunos caminham pelos campos de batalha, vendo os locais em que Joshua Chamberlain e seus homens impediram os confederados em Little Round Top e onde ocorreu a famosa Batalha de Pickett, que de fato deu fim à campanha de Lee. As lições da viagem são indeléveis.

Outro ponto a destacar é que o hábito de escrever pode ser tão importante para a liderança quanto o hábito de ler. Disciplinar-se para escrever em uma página em branco força você a descobrir o que realmente pensa. Sempre que surgir uma oportunidade, aproveite-a para articular seus pensamentos, anotar ideias, registrar frases e perguntas à medida que elas vêm à mente, ou talvez fazer um diário. Sidney Harman, outro CEO de muito sucesso, em grande parte autodidata (ele cofundou a Harman Kardon), expressou bem essa questão em seu livro de memórias *Mind Your Own Business*: "Escrever não é a simples transferência de inventário intelectual totalmente formado do cérebro para o papel... Escrever é descobrir. É, como disse Dylan Thomas, 'a página em branco na qual leio minha mente'".

Para Churchill, um dos erros do governo britânico na Primeira Guerra Mundial foi ser reticente em escrever exatamente o que havia sido combinado em uma reunião de líderes militares. Quando as instruções eram enviadas oralmente, iam perdendo clareza no caminho até chegarem aos destinatários, e erros eram cometidos repetidamente. Durante a Segunda Guerra Mundial, ele insistiu que, para ser obedecida, uma ordem deveria ser dada por escrito.

SOBRE HUMOR E LIDERANÇA

Anos atrás, eram rotina as conversas que eu tinha no circuito de palestras com o secretário de imprensa do presidente Kennedy, Pierre Salinger. Ele gostava de contar a história de estar em seu escritório na

Ala Oeste certa manhã quando Kennedy o chamou ao Salão Oval para uma conversa particular.

— Pierre — disse Kennedy —, sei que você gosta de um bom charuto, assim como eu.

— Sim, é verdade, senhor presidente!

— Bem, Pierre, me faça um favor: preciso que você me traga alguns dos melhores Havana até às 11h de amanhã.

— Sim, senhor presidente. De quantos você precisa?

— Mil.

— Mil? Senhor presidente, será difícil.

— Você consegue, Pierre. Vejo você mais tarde.

Na manhã seguinte, às 11h, Kennedy ligou novamente.

— Venha para cá, Pierre.

Assim que Pierre entrou, Kennedy perguntou:

— Você comprou aqueles charutos?

— Sim, senhor, Sr. presidente. Mil dos melhores Havana.

— Eu sabia que você conseguiria, Pierre. Até depois.

Uma hora depois, ao meio-dia em ponto, o presidente dos EUA anunciou ao mundo que estava impondo um embargo comercial contra Cuba!

Ora, ora. Eis aí um homem com senso de humor.

Repasso essa história porque ela põe em relevo a importância do senso de humor para uma liderança pública eficaz. Isso foi verdade, com certeza, para a geração da Segunda Guerra Mundial, mas o amor pela inteligência e pelo humor vem de muito antes e, se agirmos juntos, reaparecerá conforme as novas gerações forem chegando ao poder.

O mais famoso dos contadores de "causos" da história norte-americana foi Abraham Lincoln, é claro. Em 1862, com a guerra civil correndo solta e o Exército da União cambaleando, Lincoln convocou uma reunião de emergência de seus principais oficiais de gabinete. Ele abriu a sessão lendo uma história de um livro de humor. Os homens não acharam graça nenhuma. Ele leu outra; ainda assim, nada de risos. "Senhores", ele teria dito, "por que vocês não riem? Com toda essa tensão nervosa... se eu não risse, morreria, e vocês precisam desse remédio tanto quanto eu". Dito isso, voltou-se para o tema da reunião: ler para eles o primeiro rascunho de um dos documentos mais importantes da história da nação, a Proclamação de Emancipação.

Lincoln descobriu que nos momentos mais solenes e difíceis da vida, o humor poderia aliviar sua dor e iluminar seu espírito. Muitas vezes ele zombava de si mesmo. Em certa ocasião, reconheceu que tinha "características que as damas não poderiam chamar de bonitas". Então contou que caminhava pela floresta quando se deparou com uma mulher a cavalo. Ele saiu de lado para deixá-la passar, mas, olhando-o de cima a baixo, ela lhe disse:

— Nossa! Você é o homem mais mal-apessoado que já vi — exclamou ela.

— Sim, madame... mas não posso evitar — disse ele.

E ela:

— Não, imagino que não, mas esconder sua pessoa em casa você pode.

Na Grã-Bretanha, a perspicácia muitas vezes parece mais valorizada do que contar histórias. Winston Churchill era um maravilhoso contador de histórias e um excelente dramaturgo, mas é mais lembrado por suas réplicas. A língua afiada de Churchill rendeu muitos livros. Não é de hoje que penso que, entre os líderes britânicos modernos, Margaret Thatcher vinha logo atrás de Churchill com suas tiradas: "Se você quer que alguém faça um discurso, peça a um homem. Mas se quiser que alguém faça o trabalho, peça a uma mulher". Assino embaixo!

Nos EUA, a tendência é dar mais valor a frases bem-humoradas e narrativas do que a réplicas. Nenhum presidente moderno superou Ronald Reagan nesses quesitos. Um daqueles divisores de águas em sua presidência ocorreu dois meses após ele ter assumido o cargo, quando um assassino quase o matou, a bala alojando-se a uma polegada do coração.

Em uma maca, correndo para a cirurgia, Reagan olhou para os médicos ao redor e disse: "Espero que todos sejam republicanos". Naquela noite, isolado em uma cama, ele enviou bilhetes para Nancy. "Puxa, querida, esqueci de me abaixar", escreveu ele, parodiando uma antiga frase de Jack Dempsey. "Tudo o mais considerado, eu preferiria estar na Filadélfia", acrescentou, brincando com uma das frases jocosas do humorista W. C. Fields. Antes do atentado, muitos norte-americanos gostavam do jeito caloroso de Reagan, mas não tinham certeza de sua força; após o tiro, provocou admiração como um homem que poderia se afastar de uma bala com um sorriso.

Reagan também compreendeu a importância da autodepreciação. Sendo, na época, o presidente mais velho da história do país, ele frequentemente zombava de sua idade. Ganhou fama por transformar sua campanha para a reeleição com uma frase surpresa. No primeiro debate presidencial com Walter Mondale, Reagan estava quieto demais e parecia meio perdido. Surgiram histórias no dia seguinte aventando se ele havia ficado senil. A campanha ficara, subitamente, em perigo. No segundo debate, um jornalista lhe fez uma pergunta direta sobre a questão da idade. A réplica de Reagan: "Quero que você saiba que também não farei da idade um problema nesta campanha. Não vou explorar, para fins políticos, a juventude e a inexperiência do meu oponente". Mondale soube no mesmo instante que Reagan acabara de ganhar o debate e a presidência.

A capacidade de rir das ansiedades e dos absurdos da vida moderna não resolverá seus problemas, mas os bons líderes sabem que o ajudarão a superá-los. E quando se consegue brincar com si mesmo, especialmente com as próprias fraquezas, também é melhorada a capacidade de se conectar com os outros e manter a humildade. É preciso ter cuidado com seu humor, que deve ser respeitoso e sensível com aqueles cujas perspectivas são diferentes. Mas também é verdade que é necessário rir mais em nossa vida pública hoje. Assim como um Will Rogers poderia nos ajudar a superar a Grande Depressão, precisamos de humoristas como Kate McKinnon e Stephen Colbert para nos ajudar a atravessar cada dia.

Os CEOs também devem perceber que um jeito leve de ser e um hábil senso de humor podem deixar mais agradável o ambiente de trabalho.

Era o que ocorria na Casa Branca de Reagan, onde gostávamos de fazer brincadeiras ocasionais. Segundo as regras de ética da Casa Branca, por exemplo, um funcionário tinha que enviar rapidamente qualquer presente que recebesse a um escritório especial na antiga EOB. Nosso chefe, Jim Baker, escrupuloso que era, se livrava de qualquer presente no mesmo dia em que o recebia.

Um dia, um grande retrato a óleo do próprio Baker chegou em seu escritório. Antes que ele o visse, Mike Deaver e eu o tiramos de lá e o colocamos em um armário, esperando o momento apropriado. Não muito tempo depois, esse momento chegou: o aniversário de Reagan. Enquanto ele e Nancy se preparavam para deixar a Casa Branca para um fim de semana em Camp David, Baker, Deaver e eu nos reunimos na Sala de Recepção Diplomática para conversar com eles, como às vezes fazíamos. Deaver e eu trouxemos aquele retrato de Baker, todo embrulhado primorosamente. Baker se perguntou o que raios estava acontecendo.

"Senhor presidente", entoamos, "Jim tem um presente muito especial para você e nos pediu para embrulhar e oferecê-lo agora". Baker estava realmente curioso. "Oh, obrigado, Jim", disse o presidente. "Devemos abrir aqui?" "Sim, sim, claro", dissemos. E então o presidente dos EUA desembrulhou e lá encontrou — tam tam tam tam! — um retrato de seu chefe de gabinete! Baker foi à loucura. O presidente morreu de rir. E Deaver e eu tivemos nosso momento especial.

UMA VIDA INTEGRADA

Em uma noite de 1994, já bem tarde, voando no Força Aérea Um, o presidente Clinton e eu tivemos uma longa conversa enquanto voltávamos do Marrocos. Não resisti e contei a ele a história de outro presidente em uma viagem ao Marrocos anos antes. Era janeiro de 1943, Franklin Roosevelt tinha voado para Casablanca para uma importante reunião de cúpula com Winston Churchill — então primeiro-ministro britânico — e chefes de Estado-maior dos aliados com a finalidade de traçar uma estratégia militar contra os nazistas. Charles de Gaulle também visitou. Roosevelt e Churchill já haviam se encontrado uma vez antes, mas essa era a primeira cúpula desde o início da guerra; havia muita coisa em jogo.

FDR, absorvido por sua liderança cotidiana do esforço de guerra, estava ansioso para concluir o encontro de dois dias e voltar para casa. Churchill, contudo, tinha outras ideias:

— Você não pode ir até o norte da África sem ver Marraquexe — disse ele ao presidente.

FDR estava cético, mas Churchill insistiu.

— Vamos passar dois dias lá. Preciso estar ali quando você vir o sol se pôr nas montanhas Atlas.

Enfim, os dois partiram na viagem de cinco horas de Casablanca a Marraquexe, parando para um piquenique. Ao chegarem, Churchill insistiu que FDR o acompanhasse até o alto de uma torre; dois de seus funcionários carregaram FDR escada acima. Lá no topo, eles podiam ouvir as orações da noite enquanto observavam o sol sobre os picos nevados das montanhas e depois seu deslizar magicamente atrás deles. Extasiado, FDR se reclinou em um sofá e disse a Churchill:

— Eu me sinto como um sultão. Você pode beijar minha mão, meu caro.

FDR ficou por lá alguns dias e a visita o encheu de novas energias. Churchill ficou mais um dia para pintar uma aquarela. Ele a enviou para FDR como um presente, o único presente dele durante a guerra. Particularmente, Churchill exultava por ter alcançado seu propósito fundamental: criar laços com Franklin Roosevelt.

Conversando com o presidente Clinton naquela noite, ponderei com ele quão diferente tinha sido sua viagem ao Marrocos. Ele tinha ido ao Oriente Médio para uma série de conversas com os líderes locais. No caminho para casa, ele agendou uma rápida visita a Rabat para conhecer o rei Hassan; foi breve a tal ponto que não tenho certeza se contava como uma viagem ao exterior. Puxando pela memória, recordo que chegamos a Rabat por volta das 2h da manhã, entramos de carreata na cidade, tomamos café com o rei e voltamos ao Força Aérea Um duas horas depois.

— Não lhe parece estranho — perguntei a Clinton — que naquela época, com uma guerra de enormes proporções acontecendo, FDR fosse persuadido por Churchill para tirar alguns dias de folga para ver o pôr do sol no

Marrocos, enquanto em tempos de paz você não pode nem ficar um único dia lá? Há tantas pressões de tempo assim para todos nós hoje em dia?

Ele concordou — mas só até certo ponto.

— Temos uma votação importante chegando em casa. Eu tenho que estar lá.

Lembrei-me diversas vezes dessa ocasião porque ecoa muito claramente as crescentes demandas de tempo das pessoas atualmente. Seja qual for sua atividade — uma enfermeira em um hospital lutando contra a COVID-19, um jovem advogado iniciando a carreira ou um agricultor cultivando a terra —, é preciso trabalhar mais horas do que uma geração atrás. A pressão do tempo, descobri, é ainda maior para a maioria dos líderes. Se você galgou a escada do sucesso — uma mulher no Congresso ou um figurão da tecnologia —, agora se espera que você esteja conectado 24 horas por dia, 7 dias por semana. E quanto mais alto você sobe, como observou Ronald Heifetz, maior seu estresse. Talvez a pandemia convença as pessoas a reduzir viagens e intensificar o Zoom. Entretanto, isso não mudará um aspecto fundamental: o tempo se tornou o ativo mais precioso na vida da maioria dos líderes. Para ter êxito na vida pública, é necessário aprender a disciplinar seu tempo e concentrar suas energias.

Em anos anteriores, em meio ao movimento das mulheres liderado por Gloria Steinem e Betty Friedan, debatia-se a questão de como mulheres e homens poderiam equilibrar melhor suas vidas. Se você trabalha o dia inteiro e tenta dormir 7 ou 8 horas por noite, como também pode manter seu casamento, filhos felizes e você mental e fisicamente em forma? Ou como participar do conselho escolar, frequentar sua igreja ou sinagoga e estar presente na competição esportiva de sua filha?

O decorrer do tempo deixou evidente que buscar equilíbrio era uma estratégia cada vez menos exitosa. Como argumentou Warren Bennis, a busca pelo equilíbrio é um conceito de engenharia — que se mostrou inviável na maioria das vidas profissionais. A vida tornou-se imprevisível demais, em especial desde a pandemia, para que seja possível alcançar tal constância de um mês para o outro ou mesmo de uma semana para a outra. O expediente profissional já não é mais das 9h às 17h. É preciso estar preparado para mudar os planos a qualquer momento, chegando cedo ou chegando tarde em casa. Durante séculos, os norte-americanos tinham uma Bíblia ao lado da cama; agora é um celular.

Com o tempo, as conversas sobre o equilíbrio entre vidas profissional e pessoal evoluíram. A ênfase, cada vez mais, está sendo colocada na discussão sobre "uma vida integrada". O argumento de seus defensores centra-se na gestão do tempo: uma combinação entre disciplina e fluidez, ou seja, na forma de utilizá-lo e na maneira como o aloca. Haverá ocasiões em que um ótimo trabalho é oferecido a uma mulher e seu parceiro precisa ajustar sua própria agenda para apoiá-la. Ou uma criança pequena sofre uma doença e os pais precisam se adaptar à situação. Carreiras não podem mais ser planejadas com certeza. Brad Stulberg, em *O Paradoxo da Paixão* [Alta Books, 2022], sugere pensar em equilíbrio nas "estações": um certo período pode ser decisivamente dedicado a projetos de trabalho e, portanto, as horas são alocadas para isso, e outro período pode ser mais focado em formar uma família ou na vida pessoal. Atualmente, e a cada dia mais, os jovens estão começando a entender os benefícios de ver o equilíbrio não como uma dicotomia, mas como um continuum. Trabalho e vida muitas vezes se combinam à perfeição; opções de flexibilidade e ter condição de estar online de diferentes locais podem fazer com que o trabalho e a vida se deem as mãos. Já se foram os dias em que "trabalho" significava ir ao escritório por determinado número de horas. Sem dúvida, permanecer nessa estabilidade é uma luta contínua. A pandemia, em muitos casos, esmaeceu ainda mais as fronteiras entre a vida profissional e a pessoal. O "burnout" [ou Síndrome do Esgotamento Profissional] e a exaustão continuam afligindo a força de trabalho. Porém, com a crescente intencionalidade sobre como consideramos nosso trabalho e nossa vida, podemos chegar a uma integração satisfatória.

Na literatura sobre integração, os autores costumam dividir o tempo em quatro partes ou esferas:

- Trabalho;
- Família e Entes Queridos;
- Comunidade e Amigos;
- Desenvolvimento Pessoal.

A questão é priorizar o quanto se deseja que cada esfera de atividade se encaixe em sua vida e, em seguida, ser bastante intencional, até implacável, ao integrá-las às suas escolhas cotidianas. Na maioria das pesquisas, o trabalho é citado como a primeira prioridade das pessoas. Essa é uma proposta tradicional para progredir. "Sempre tenha em mente que sua própria resolução de ter sucesso é mais importante do que qualquer outra", Lincoln aconselhou o jovem. "Trabalho, trabalho, trabalho é o principal." Contudo, se a família e os entes queridos também são preciosos — como são para a maioria de nós —, não se pode ficar obcecado com seu trabalho por meses a fio. Em vez disso, deixe o trabalho no leme por um mês ou mais antes de se dedicar de corpo e alma à família — novamente, em "estações". Um de meus maiores erros na vida foi colocar o trabalho em primeiro lugar seguidamente na Casa Branca. O resultado: eu não fui muito presente para nossos filhos quando eles eram jovens. Felizmente, minha esposa, Anne, era uma mãe soberba que merece o crédito por quão bem eles se saíram. Só que aprendi da maneira mais difícil como é importante alcançar a integração.

Uma vida integrada exige alinhamento de valores e aspirações. Por que você está aqui? Que tipo de pessoa quer se tornar? De que modo quer servir aos outros? O que espera de seus relacionamentos? Que marca você aspira deixar? Anne é terapeuta familiar, trabalhando com centenas de pessoas e seus relacionamentos familiares. Ela concluiu que talvez o melhor momento para buscar a terapia relacional seja *antes* do casamento: O que você está buscando nesse relacionamento? Seus valores e aspirações estão alinhados? Que tipo de família deseja formar? Quando as pessoas estão na mesma página, é grande a probabilidade de que sejam bons parceiros. Nesse mesmo espírito, acredito cada vez mais que você não deve aceitar um emprego sem antes comprovar que ele se coaduna com seus valores.

Uma dos motivos pelos quais passei a admirar pessoalmente George H. W. Bush remonta a 1980, quando ele concorreu à presidência. Após as primeiras conversas com a equipe dele sobre minha adesão à campanha, ele me convidou para passar um fim de semana com ele e Barbara em sua casa de verão em Kennebunkport, no Maine. Chegando ao aeroporto, descobri, para minha grande surpresa, que eles haviam percorrido mais de 30 km para me buscar. Naquele mesmo fim de semana, eles estavam sendo visitados por um velho amigo, um congressista democrata. Nós nos divertimos muito conversando, passeando de barco e apreciando a beleza do lugar. Meu voo era logo cedo na segunda-feira. Às 5h30 da manhã, um futuro presidente dos EUA bateu à minha porta com uma xícara de café. E depois me deu carona até o aeroporto, onde disse:

— Gosto de conhecer uma pessoa antes de trabalhar com ela. Quero saber quem e como elas são.

Eu nunca tinha conhecido um líder político tão cativante antes ou depois. Ele tinha uma vida bem integrada e estávamos em excelente alinhamento. Aderi na hora à campanha!

Como líder, é especialmente importante estar atualizado e se renovar regularmente. Seus liderados seguem suas dicas; é um tema frequente deste livro. Se você fizer exercícios com regularidade, meditar ou encontrar uma maneira análoga de encontrar uma calma interior, reverenciar um ser espiritual e for moderado em seus hábitos, logo descobrirá que outros em sua equipe seguem sua inspiração e suas instruções. Encontrar sentido e propósito fora do escopo profissional, é claro, também pode trazer conforto e contentamento; arrumar um tempo para essas práticas igualmente. Uma das razões pelas quais Bill George se tornou uma autoridade em encontrar o Verdadeiro Norte é que ele próprio era um buscador. Lamar Alexander é outro líder público que mostrou ter uma vida integrada: após 8 anos como governador do Tennessee, ele e a esposa levaram seus quatro filhos (de 8 a 17 anos) para uma aventura de 6 meses na Austrália, uma forma de ensinar seus filhos sobre viver fora de uma bolha. No meu caso, depois de deixar a Casa Branca de Reagan, passei um semestre na Kennedy School (minha introdução a ela); para a maioria das pessoas, eu estivera passando uma temporada na academia, já que perdi 10 quilos. Se puder, tire um período sabático; pode ser renovador.

Sumário Executivo: 20 Lições Importantes

Quando escrevi um livro, 10 anos atrás, tive o privilégio de trabalhar com uma extraordinária editora da Simon & Schuster, a falecida Alice Mayhew. Pouco antes de ir para a impressão, ela ligou para dizer que deveríamos incluir uma série de dicas de liderança que surgiram do livro — na verdade, lições. Escrevi 10 correndo, enviei-as para Alice e quase não pensei mais sobre elas. Mas acabei descobrindo que os leitores disseram que elas foram mais valiosas do que qualquer outra coisa. Anos depois, o público ainda as leva em conta.

Nesse espírito, selecionei 20 pontos deste livro que gostaria de sugerir para sua consideração. Espero que sirvam como um convite para explorar o texto completo.

OS EUA PRECISAM DE UMA SÉRIA CORREÇÃO DE CURSO

Há não mais de 30 anos, a geração da Segunda Guerra Mundial deixou para trás um país — os EUA — que era o mais forte desde a Roma Antiga em assuntos políticos, econômicos, militares e culturais. Hoje, estamos em décimo ou vigésimo lugar no mundo em termos de bem-estar. O caminho que percorremos é insustentável, algo como correr à beira de um penhasco no meio da noite sem faróis. A presidência de Biden tenta nos guiar para a segurança, mas o rumo continua muito perigoso e levará anos para ser seguro. Nossa própria democracia está ameaçada.

PREPARE-SE AGORA PARA PASSAR O BASTÃO PARA AS PRÓXIMAS GERAÇÕES

Felizmente, milhões de jovens talentosos esperam, impacientes, nos bastidores para trabalhar por um país melhor. A grande esperança é, nos próximos anos, identificar, recrutar e ajudar a deixá-los prontos para uma vida de serviço e liderança. Com o apoio das gerações mais velhas, eles serão pessoas de diferentes origens, raças e gêneros, mas que compartilham valores básicos e sonhos comuns. Seja o que for que você pense a respeito das respectivas políticas, os movimentos MeToo, BLM, Sunrise e LGBTQ+ e os estudantes de Parkland provam que isso pode ser feito.

A LIDERANÇA, SEMPRE DIFÍCIL, FICOU AINDA MAIS DIFÍCIL

A erosão a longo prazo da confiança pública e a complexidade dos maiores problemas dos EUA tornam a liderança um terreno muito mais difícil de trilhar hoje do que no passado. É verdade que se pode subir rapidamente pelas redes sociais, mas o poste é escorregadio e quem sobe rápido muitas vezes desce com velocidade ainda maior. E mais: as novas gerações passaram momentos infernais durante seus anos de crescimento e, por experiência, endureceram. Elas podem encarar o desafio. Como diz um velho ditado, o aço mais forte vem do fogo mais quente.

A LIDERANÇA VEM DE DENTRO

Aqueles que aspiram a liderar os outros devem primeiro aprender a liderar a si mesmos. Para a historiadora Nancy Koehn, a liderança, hoje, deve ser exercida "de dentro para fora". A jornada terá momentos de satisfação e momentos de desencorajamento. Espere por ambos. Mas nunca desista da luta. Embora ter amigos, mentores e patrocinadores ao longo do caminho ajude bastante, você deve, em última análise, avançar nesse caminho por conta própria.

TENHA, ANTES DE MAIS NADA, TRÊS OBJETIVOS

Primeiro, aos 20 e poucos anos ou um pouco mais tarde, descubra quem você é por dentro. Esse autoconhecimento é fundamental. "Uma vida não examinada não vale a pena ser vivida", como disse Aristóteles. Em segundo lugar, é necessário construir confiança interior em si mesmo. Stacey Abrams, em seu perspicaz livro *Lead from the Outside*, diz que mulheres e pessoas não brancas que desde cedo na vida são marginalizadas devem superar sensações mais elevadas de medo interior. Em grande parte de sua jornada inicial, Abrams lidou com a ansiedade. Terceiro, seja o maestro de suas emoções. Eu estava trabalhando na Casa Branca quando a presidência de Richard Nixon colapsou. Era óbvio que ele tinha demônios internos que nunca aprendera a controlar. Eles, por fim, o derrubaram.

ENCONTRE SEU VERDADEIRO NORTE

Grande parte da literatura sobre liderança já adotou a ideia de que os líderes emergentes devem, com o passar do tempo, estabelecer valores e crenças que lhes servirão de guia durante vida. Ao longo dos séculos, os líderes foram julgados por seu caráter, coragem e capacidade. Esses valores fundamentais permanecem válidos e devem ser sua Estrela do Norte ao navegar pelas águas agitadas de hoje. Ao falar sobre o presidente norte-americano, Henry Adams disse com propriedade: "Ele deve ter um leme para segurar, um rumo para dirigir, um porto para buscar".

FOCAR OS PONTES FORTES

Em última análise, você deve se tornar o autor de sua própria vida. Talvez pareça contraditório, mas é uma perda de tempo trabalhar arduamente para ir de medíocre a simplesmente mediano. Em vez disso, como argumentaram Peter Drucker e Jim Collins, trabalhe nas áreas de sua vida nas quais pode evoluir de bom para ótimo. Verdade, você deve superar as fraquezas que são incapacitantes, mas não se atormente por não ser o maioral em todos os aspectos da liderança. É por isso que a formação de equipes se tornou tão central para empresas corporativas e sociais — elas reúnem pessoas com pontos fortes complementares.

ESTENDA SUA JORNADA DE LIDERANÇA PARA ALÉM DE SI MESMO

Você descobrirá que é mais fácil decidir o que não quer fazer com sua vida do que o contrário. Em meu começo de vida, decidi não seguir meia dúzia de caminhos profissionais — felizmente. Joyce Carol Thomas, em seu livro *When the Nightingale Sings*, observa que um rouxinol canta pela primeira vez quando ouve outro rouxinol. Assim é com os humanos: não raro ganhamos vida ao ouvir uma voz que nos comove. Duas das maiores figuras do mundo da liderança, Warren Bennis e Bill George, encontraram-se em posições de poder — um na academia, o outro na vida corporativa —, mas seus empregos não cantavam para eles. Foram ambos embora, aceitando um trabalho menos prestigioso, mas atrativo — e logo voaram. Cada um deles deu ouvidos à sua voz interior.

TENTE COISAS DIFÍCEIS, FRACASSE, VÁ EM FRENTE

O presidente Kennedy gostava de lembrar às pessoas como os gregos definiam a felicidade: "O pleno uso de seus poderes ao longo de linhas de excelência em uma vida que oferece escopo". Um bom conselho na época e que continua sendo atualmente, em especial porque as pessoas hoje buscam a felicidade de forma mais agressiva. A felicidade vem, acreditavam os gregos, da procura pela excelência em tudo o que se faz, por mais trivial que seja. E vem do esforço constante de ir além de seus limites normais, no trabalho ou na escola. Todos nós estamos sujeitos à tentação de viver agradavelmente, fazendo a coisa mais fácil. Spencer Johnson, que escreveu *Who Moved My Cheese?*, me incentivou a não escrever um livro que tivesse liderança no título porque, lá no fundo, a maioria das pessoas não quer as responsabilidades da liderança. Em vez disso, ele recomendou um título: *Making a Difference*. Spencer entende das coisas — *Cheese* vendeu 29 milhões de exemplares. Mas gosto de acreditar que ele estava errado e os gregos estavam certos sobre a verdadeira fonte da felicidade.

NUNCA SE É JOVEM DEMAIS PARA LIDERAR

Isso é tão verdadeiro quanto a máxima de que nunca se é velho demais para servir aos outros. Um dos temas mais recorrentes deste livro é a frequência com que os jovens estão se afirmando e atraindo seguidores em massa. Após a leitura que fez na posse de Biden, a poetisa Amanda Gorman levou sua voz à nação; jovens atletas como Naomi Osaka e Simone Biles estão chamando a atenção para questões sociais que afligem suas comunidades e a nação; uma onda de vozes jovens e diversificadas se fez ouvir em 2018 e 2020, conquistando cargos antes preenchidos por aqueles que tradicionalmente detêm o poder; também vimos jovens lutando para proteger nossa democracia. Eles evitaram o que Tolstoi chamou de "armadilha da preparação" — passar anos e anos em uma sala de aula preparando-se para a vida em vez de vivê-la. Ao chegar a seus 20 e poucos anos para o início dos 30, você deve ter começado sua jornada para servir.

DEDIQUE UM ANO AO SERVIÇO SOCIAL

Seja em que altura você estiver em sua jornada, eu o incito a, em algum momento, dedicar um tempo real para servir aos outros. Voluntarie-se para trabalhar com uma organização educacional como City Year [parceira de escolas públicas]. Junte-se a outros jovens de diversas origens, ajudando outras crianças a terminar o ensino médio. O City Year teve tanto sucesso que o presidente Clinton modelou a AmeriCorps com base nele. Vá para as salas de aula como voluntário no Teach For America. Inscreva-se nas forças armadas do seu país por alguns anos; não há treinamento melhor para a liderança. Chrissy Houlahan ficou 3 anos de serviço ativo na força aérea; mais tarde na vida, após um tempo no setor privado, ela se inscreveu para ensinar ciências na Teach For America. Hoje, é membro do Congresso dos EUA. Em seu primeiro ano como presidente, Franklin Roosevelt criou o Civilian Conservation Corps (CCC), que, com o tempo, convidou homens desempregados de todo o país para o reflorestamento de parques nacionais. Nada menos que 2,5 milhões de jovens, muitos deles negros, serviram no CCC; foi uma das maiores conquistas de FDR. É hora de criar um AmeriCorps robusto — um que tenha a capacidade de envolver as energias de milhões de jovens.

GARANTA SUA SITUAÇÃO FINANCEIRA

Fortalecer seus recursos pessoais tornou-se uma das maiores prioridades para líderes jovens e emergentes. É comum falarmos sobre buscar nossas paixões no início da vida, mas muitas vezes nos esquecemos de abordar a questão bem concreta da segurança financeira. Para quem têm a chance de economizar dinheiro cedo, faça-o: isso lhe dará liberdade e independência no futuro. Para mulheres e pessoas não brancas, isso assume particular importância na superação de uma das muitas desigualdades sistêmicas inerentes à sociedade norte-americana. Na força de trabalho, as mulheres ainda ganham apenas 82% em relação aos homens, e as mulheres negras ainda menos. Nos níveis superiores, 41 mulheres — apenas 8% — são agora CEOs de empresas da Fortune 500. A construção de riqueza geracional tem início na poupança em tenra idade. A sociedade norte-americana é, em última análise, responsável por preencher a lacuna, mas até que tal aconteça, construir segurança financeira pessoal em uma idade jovem abre portas para oportunidades no futuro.

ASSUMA OS MOMENTOS CADINHO

O destino pode dar um golpe inesperado e devastador na vida. Em seus estudos, Martin Seligman, o pai da psicologia positiva, descobriu que em uma minoria de casos, a vítima nunca se recupera inteiramente. Outros recuperam o equilíbrio aos poucos, valendo-se de uma forte resiliência interior. A boa notícia é que alguns realmente se fortalecem interiormente; na verdade, chegam a assumir um propósito moral na vida.

Em 1881, uma doença fez Helen Keller, então com 19 meses, perder a visão e a audição. Ela não deixou que isso a impedisse de se tornar defensora e ativista política. Várias décadas depois, a pólio se abateu na vida de Franklin Roosevelt; apesar de anos de tentativas, ele nunca mais conseguiu andar. Porém, lutando muito, ele se tornou um líder mais profundo, mais dedicado e empático. Acredito que Joe Biden é um presidente melhor e mais forte por causa de suas experiências difíceis — perdeu a esposa e um filho em um terrível acidente, e depois outro filho para o câncer.

APRENDA A GERENCIAR SEU CHEFE

Muitos têm como dado que liderar é mobilizar as pessoas que estão hierarquicamente abaixo de você. É fato que a maioria de nós passa grande parte da carreira reportando-se a alguém em um patamar mais alto. Se você quer mais responsabilidade — e ser bem mais remunerado —, precisa descobrir como extrair o melhor de seu chefe. Veja as principais figuras do passado: Frances Perkins abriu os olhos de FDR para a pobreza, George Marshall correu um grande risco ao falar a verdade a seus chefes e James A. Baker III foi magistral ao trabalhar intensamente com o presidente Reagan.

MOBILIZE OUTROS POR MEIO DA PERSUASÃO

Desde o tempo de Demóstenes, que praticava falar com pedras na boca, até os dias de Oprah, que conseguia criar momentos mágicos com seus convidados, os líderes confiam em sua capacidade de persuadir. Credita-se a Churchill a frase: "De todos os talentos concedidos aos homens, nenhum é tão precioso quanto o dom da oratória". Como em tantas áreas de liderança, só há uma maneira de dominá-la: praticar, praticar, praticar. Aceite todas as ofertas para falar, prepare-se com cuidado (Churchill gastava uma hora de preparação para cada minuto que havia em um discurso parlamentar) e solicite feedback.

SEU GRANDE INIMIGO PODE SER VOCÊ MESMO

Uma razão pela qual a população tem tanta desconfiança da classe política é que seus membros geralmente fazem lembrar um gigante de pés de barro — uma figura de aparência esplêndida que depois se descobre não ser capaz de se manter ereta. A controvérsia irrompe, os inimigos pegam suas facas e logo o sangue corre pelo chão. Quando trabalhei pela primeira vez para Richard Nixon, ele me pareceu inteligente, instruído e mal interpretado. Ele foi, de fato, um dos melhores estrategistas internacionais de sua geração. Quanto mais me aproximava de seu círculo íntimo, contudo, mais eu via nele também um lado sombrio — um lado deveras sombrio. Questionado mais tarde por David Frost sobre o que aconteceu em Watergate, Nixon respondeu: "Eu dei uma espada aos meus inimigos e eles me trespassaram". Conclusão: o maior perigo para a maioria dos líderes é o autodescarrilamento. O poder sobe à cabeça deles, o que os faz pensar que as regras não lhe são aplicáveis, e extrapolam. "O poder tende a corromper", como disse Lord Acton no final do século XIX, "e o poder absoluto corrompe absolutamente". Por esse motivo, é ainda mais importante reconhecer suas motivações para liderar no início da vida e lembrar desses valores conforme avança. Você precisa estabelecer um senso de compromisso, não apenas com suas próprias ambições, mas com o bem maior. Tão somente por meio desse compromisso podemos nos tornar líderes servidores.

APRENDA COM NOVOS MODELOS DE LIDERANÇA

Charlotte Alter, em seu estudo sobre os millennials, destaca uma mudança significativa na estratégia e nas táticas dos manifestantes sociais. Primeiro por intermédio do movimento Occupy contra Wall Street e depois pelo Black Lives Matter, os millennials estão começando a buscar mudanças valendo-se de grandes movimentos coletivos organizados de baixo para cima, em vez de líderes individuais organizando-os no sentido oposto. Eles estão rasgando a cartilha de uma geração anterior, que dependia de figuras individuais e carismáticas como Martin Luther King Jr. Eles estão, agora, buscando uma abordagem de "líder completo". Uma fundadora do BLM, Alicia Garza, disse a Charlotte Alter: "Se há muitos líderes, você não pode comprometer um movimento e não pode matá-lo. Se há um líder, fica muito fácil neutralizar". Os resistentes também estão rejeitando a velha visão de que os ativistas deveriam ter assentos à mesa; para eles, nem deveria haver uma mesa. Ainda não se tem uma avaliação final, mas há sinais crescentes de que a nova abordagem está começando a funcionar: os assassinatos de negros norte-americanos desencadearam os maiores protestos de rua da história do país e estão dando voz a milhões de jovens. O BLM também levou a um reconhecimento nacional sobre o racismo arraigado nos EUA. Seus modelos inovadores de liderança abrem caminho para uma mudança não apenas na opinião pública, mas na forma como se combate desigualdades sistêmicas.

BUSQUE ORIENTAÇÃO NO PASSADO E NO PRESENTE

À medida que os jovens líderes se preparam para seu tempo na arena, conhecer e dominar a si mesmo se torna vital, mas isso não implica que você deva olhar apenas para dentro de si. Durante séculos, nossos maiores líderes também reconheceram o valor e a sabedoria que podem ser encontrados ao estudar o mundo ao redor. Harry Truman foi o único presidente do século XX que nunca foi para a faculdade. Todavia, com sua mente questionadora, ele se tornou um dos mais bem educados e mais sábios dos presidentes norte-americanos. Os líderes mais eficazes de amanhã serão, em geral, aqueles que são estudantes de hoje. Mantenha-se permanentemente curioso, envolva-se nas paixões de seu tempo e mergulhe nos acontecimentos históricos e em biografias. Sim, vá em direção a seu Verdadeiro Norte, mas não deixe de buscar conhecimento.

AMIGOS, E REDES, AINDA IMPORTAM

Mesmo criando novas maneiras de promover mudanças sociais, os millennials e a geração Z são antiquados no que diz respeito a amigos. Eles querem muitos deles e também que se juntem a redes que estarão disponíveis pelo resto de suas vidas. Nas melhores escolas de negócios, diz-se, metade da razão para frequentar é desenvolver redes profissionais. Em meados de 2021, o LinkedIn informou que tinha 740 milhões de membros registrados de 200 países, e que 64% dos candidatos a emprego são contratados com base em referências. Em um mundo turbulento, os jovens procuram maneiras de se ancorar e buscar vidas significativas.

MANTENHA UMA CENTELHA CELESTIAL

Uma pessoa cuja vida inteira é dedicada a retribuir aos outros precisa de uma dose séria de idealismo para manter tal pegada. Na juventude, George Washington escreveu em seu caderno uma instrução final para si mesmo: "Trabalhe para manter viva em seu peito aquela pequena centelha de fogo celestial chamada consciência". Bom conselho!

Epílogo: Atendendo ao Chamado

Em 1961, no dia em que tomou posse como presidente dos EUA, John F. Kennedy dirigiu-se confiante ao microfone, olhou para a multidão ali reunida e abriu um novo capítulo na história do país:

> Que a palavra vá adiante deste tempo e lugar, tanto para amigos quanto para adversários, de que a tocha foi passada para uma nova geração de norte-americanos — nascidos neste século, temperados pela guerra, disciplinados por uma paz dura e amarga, orgulhosos de nossa herança ancestral... Na longa história do mundo, apenas a algumas gerações foi concedido o papel de defender a liberdade em sua hora de máximo perigo... E assim, meus compatriotas norte-americanos: não perguntem o que seu país pode fazer por vocês. Perguntem o que vocês podem fazer por seu país.

E assim começou a saga da geração da Segunda Guerra Mundial. Nas três décadas subsequentes, os EUA tiveram sete presidentes — de Kennedy a George H. W. Bush. Cada um respondeu a um chamado para servir, se voluntariou para a ação e mudou para sempre. Todos os sete serviram sua nação com uniformes. Seis deles durante a própria guerra; um, Jimmy Carter, ainda estudava na Academia Naval quando a guerra terminou, e passou a servir honrosamente como submarinista.

Uma geração de enorme relevância para nós hoje. Aqueles que se alistaram para a batalha entraram jovens e imaturos; muitos saíram dela como heróis. Voltando para casa, não gostavam muito de falar sobre suas experiências, mas ficaram imensamente orgulhosos. Em seu desfile inaugural, Kennedy incluiu uma réplica do barco de patrulha que ele comandou quando um destróier japonês cortou a nave em duas no meio da noite. Quando um de seus homens estava quase se afogando, Kennedy cravou os dentes em uma alça do colete salva-vidas do homem e nadou três horas e meia até a praia. Seu marinheiro sobreviveu.

Anos depois, George H. W. Bush incluiu em seu desfile inaugural uma réplica do Avenger que ele pilotava quando os japoneses derrubaram seu avião. Aos 20 anos, ele era um dos pilotos norte-americanos mais jovens abatidos no Pacífico Sul. Como Kennedy, teve sorte de sair vivo. Esses dois homens, como tantos de sua geração, encararam de frente a morte. Estavam dispostos a sacrificar tudo em defesa de sua nação e seus ideais.

A guerra se revelou a experiência definidora daquela geração. Por volta de 16 milhões de norte-americanos serviram uniformizados, dos quais quase 40% eram voluntários. Ao longo do conflito, inúmeras mulheres também serviram, trabalhando em fábricas e estaleiros para tornar os EUA "o arsenal da democracia". Mulheres que eram muitas vezes chamadas de "Rosie", em homenagem a "Rosie the Riveter", um símbolo popular do feminismo norte-americano na época. Enquanto isso, negros norte-americanos e latinos também se voluntariaram para tarefas perigosas e lutaram valentemente nas linhas de frente. A guerra uniu os cidadãos como nenhuma outra experiência em minha vida. O dever para com seus compatriotas os unia; enlaçados por ideais maiores do que eles mesmos, estavam determinados a vencer.

Na década de 1990, o âncora de televisão Tom Brokaw localizou vários veteranos de guerra a fim de saber como seguiram com suas vidas. Descobriu que eles foram bem-sucedidos. Endurecidos pela experiência, mais humildes em relação à vida, vários se tornaram líderes ilustres em seus campos, variando de negócios a organizações sem fins lucrativos e serviço público. Um número surpreendente tornou-se CEO ou foi eleito para cargos públicos, de novo em busca de um país melhor. Aquela foi uma geração que, de um jeito ou de outro, também avançou nos direitos das mulheres e dos não brancos. Haviam lutado sob a mesma bandeira no exterior, e agora trabalhavam juntos em casa por uma nação melhor. Brokaw concluiu: eles eram "a maior geração" — um apelido que pegou.

Repetidamente, foram pessoas mais velhas da maior geração que me ensinaram, com palavras e atos, a arte e as aventuras da liderança — o caráter, a coragem e o propósito moral necessários. Esses homens — principalmente homens e brancos naquela época, lamento — também me inspiraram a começar minha própria jornada rumo à liderança e ao serviço.

Adorei suas histórias. Como a dos senadores Bob Dole e Daniel Inouye que, feridos na campanha italiana, estiveram no mesmo hospital. Apesar de pertencerem a partidos diferentes, tornaram-se amigos de longa data, trabalhando cordialmente juntos no Senado. Ou como o senador Terry Sanford, que saltou de paraquedas na Batalha do Bulge, orgulhosamente me dizendo pouco antes de sua morte que seus anos como escoteiro adolescente na Carolina do Norte o ensinaram a enganar os alemães na floresta. Ou as histórias de Richard Nixon, que me contou pouco antes de morrer que um de seus momentos de maior orgulho aconteceu logo após a Segunda Guerra Mundial, quando o Plano Marshall, então controverso, foi colocado em votação em uma Câmara dos Deputados controlada pelos republicanos. Ele próprio, um republicano, levantou-se em apoio e viu, em meio aos democratas, outro congressista calouro a favor do Plano, John F. Kennedy. "Quando as coisas estão difíceis neste país", Nixon me disse, "nós nos levantamos juntos". Até Nixon, em que pesem todos os seus defeitos, entendia isso.

Outro que me vem à mente é Mike Mansfield. Ele mentiu sobre sua idade para se alistar na Marinha na Primeira Guerra Mundial e se juntou aos fuzileiros navais durante a década de 1920. Mais tarde, tornou-se o mais antigo líder da maioria na história do Senado norte-americano — e foi um ser humano de primeira classe. Se você quiser ver o túmulo dele no Cemitério de Arlington, não o encontrará no Kennedy Hill. A seu pedido, Mansfield foi sepultado com um pequeno marcador entre os homens alistados.

Não, os líderes da geração da Segunda Guerra Mundial não eram perfeitos. Eles não eram. Afinal, nos legaram o Vietnã e foram responsáveis pelo Watergate, dois erros de enormes proporções que destruíram grande parte da confiança que os líderes anteriores haviam conquistado. Sob várias perspectivas, eles erraram feio ou não se esforçaram o suficiente para derrubar barreiras sistêmicas; infelizmente, muitos conscientemente reforçaram, sustentaram e perpetuaram tais desigualdades. Mas, no geral, essa geração fez aumentar a visão da sociedade norte-americana sobre o que é possível quando a cultura cívica do país é forte e suas lideranças trabalham juntas em meio a divisões. Sob seu comando, o país foi à Lua, criou o Corpo da Paz, aprovou uma importante legislação a favor das causas das mulheres e comunidades não brancas, reformou a Previdência Social, criou universidades de primeira linha e investiu pesadamente em ciência e tecnologia. E, a propósito, venceu a Guerra Fria sem disparar um tiro diretamente nos russos. Nada mal. Nada mal.

Julgamos os líderes por seus legados. Os EUA que a geração da Segunda Guerra Mundial deixou era o país mais forte do mundo, econômica, militar, científica e culturalmente. Nenhuma nação na Terra esteve em uma posição tão invejável desde os dias da Roma Antiga. Enquanto o racismo, o sexismo e outras forças estavam corroendo as fundações, a maioria dos norte-americanos ainda estava orgulhosa e confiante na democracia do país. Unidos e bem liderados, a geração da Segunda Guerra Mundial provou que, inspirados, os norte-americanos são um povo capaz.

As lições dessa outra geração têm importância crescente hoje. De novo: estamos diante de uma ameaça existencial à república. De novo: ouvimos um chamado em alto e bom som por unidade e ação. E, de novo, ressurge a pergunta: Os cidadãos norte-americanos responderão a esse clamor? Sabemos da urgência. Mas ainda temos o que é necessário para preservar a união? A próxima "maior geração" pode se levantar para nos levar a dias melhores à frente?

A resposta sincera é que ainda não sabemos se a república sobreviverá como a conhecemos. Entre os intelectuais públicos, o pessimismo está nas alturas. Livros prevendo o fim da democracia no país e a ascensão de um Estado autoritário ou, em alguns casos, uma divisão da União se tornaram uma atividade econômica caseira. O aumento acelerado das temperaturas globais e a insanidade que encontramos quando milhões de concidadãos se recusam se vacinar, colocando seus próprios filhos em risco, são fatos deprimentes.

Ainda assim, as gerações em ascensão de hoje ainda têm o potencial e, na verdade, a promessa que vimos na geração da Segunda Guerra Mundial. Os políticos continuam sentindo o pulso do público; não lhes passou despercebido que, nos últimos anos, movimentos de resistência liderados por jovens mobilizaram as maiores multidões da história em favor do meio ambiente, dos direitos das mulheres e do controle de armas. Donald Trump não apenas perdeu a Casa Branca, a Câmara e o Senado sob seu comando; no momento em que escrevo, é uma questão em aberto se ele poderia perder o controle sobre seu partido. Ou seja, é muito cedo para desistir da democracia. Em vez disso, é preciso procurar maneiras de estimular os jovens e, com certeza, os mais velhos a adotarem uma vida voltada ao serviço e à liderança. E temos que fazer isso com extrema urgência. Este epílogo foi concebido como um chamado especial à ação das gerações em ascensão — maneiras pelas quais elas podem seguir pegadas da "maior geração" da Segunda Guerra Mundial.

Entretanto, pode-se esperar que os millennials e a geração Z sejam guerreiros relutantes no combate para reviver a vida cívica dos EUA. No curso de suas vidas, eles foram recorrentemente afligidos por eventos e crises externas. Felizmente, há sinais crescentes de que muitos dos integrantes dessas novas gerações de norte-americanos estão começando a fazer exatamente o contrário: eles estão respondendo ao chamado com uma postura de represália, assim como vimos com Greta Thunberg e as crianças de Parkland. Eles canalizaram os tempos difíceis em esperança, vivendo suas vidas com um senso de idealismo que tem a capacidade de nos impulsionar para dias melhores.

CINCO CAMINHOS PARA O FUTURO

Qual a explicação para o fato de que tantos jovens, hoje, parecem estar buscando uma vida de serviço, deixando de lado uma vida de lamentações e lamúrias? Considerando suas dificuldades, por que eles veem no mundo de hoje uma oportunidade de ação? Por que ainda são tão apaixonados e idealistas? No momento, desconfio que ninguém sabe ao certo. Mas parece que, em termos geracionais, eles estão respondendo a seus reveses da mesma forma que vimos anteriormente nos indivíduos que respondem aos cadinhos: há uma queda momentânea, mas, valendo-se de sua própria resiliência, muitos dão a volta por cima. E, nos melhores casos, ressurgem mais fortes do que nunca, assumindo uma vida marcada por um novo propósito moral. Está claro: em um continente após o outro, os líderes emergentes de amanhã — especialmente os talentosos — estão fartos do status quo e ansiosos para mudar o mundo.

Muito do impacto da atuação deles ainda está para ser visto. Mas ao observar muitas dessas estrelas em ascensão nos últimos anos, descobri que sua influência permeia quase todos os segmentos da sociedade, envolvendo problemas inerentes a todos os campos. Eles não estão apenas desafiando as tradições existentes; eles desejam reimaginar o mundo. Aqui do meu canto, descobri que, ao escolher suas jornadas pessoais, eles tendem a migrar para cinco formas diferentes de uma liderança voltada a servir. Em cada uma delas, para usar uma frase de Steve Jobs, eles estão começando a fazer "uma marca no universo".

Movimentos Sociais

Durante séculos, protestos e ativismo têm sido uma característica central da democracia norte-americana. Os descontentes se auto-organizaram, tomaram as ruas e exigiram que seus líderes fizessem melhor: do Boston Tea Party (1763) ao Women's Suffrage Parade (1913); da March on Washington for Jobs and Freedom (1963) à Women's March (2017); do Strike for Climate (2019) às marchas desencadeadas pelos assassinatos de jovens negros norte-americanos como Trayvon Martin, Michael Brown, Tamir Rice e George Floyd. Até hoje, intelectuais populares como Marshall Ganz ensinam sobre Cesar Chavez. Entre os organizadores do passado, muitos vivem na memória do país como grandes líderes na busca por justiça social.

Apesar de todas as suas falhas, Donald Trump, paradoxalmente, ocasionou ao menos uma mudança nos movimentos sociais atuais: o estímulo à resistência. Sua posse provocou um dia histórico de protestos, já que algo entre 3 e 5 milhões de manifestantes participaram da Marcha das Mulheres em comunidades de todo o país. Em seguida, os jovens se engajaram nas ações de resistência. Desde o Vietnã e os turbulentos anos 1960, nunca tantos jovens foram às ruas para se manifestarem e protestarem. Como vimos nas páginas anteriores, os millennials e a geração Z, de todas as origens, estiveram na vanguarda dessas manifestações.

Esses protestos mais recentes têm várias características marcantes. A primeira é a mais importante: goste-se ou não, esses movimentos e suas lideranças estão mudando cada vez mais os rumos do país. O progresso é dolorosamente lento e frequentemente decepcionante, mas está ganhando tração. A justiça racial e a equidade de renda são agora a prioridade zero da agenda nacional. A direita política norte-americana esboça uma reação que ainda pode reverter essa direção, mas, por ora, a oscilação social é a mais pronunciada desde a Era Progressista, há um século. Em segundo lugar, os manifestantes — em particular, os ativistas — descobriram que a internet pode, muitas vezes, despertar e alinhar seguidores tanto quanto as ruas. Isso dá aos resistentes muito mais influência. Terceiro, a resistência está colocando em ação um grupo diversificado de pessoas. Os protestos pelos direitos civis da década de 1960 atraíram muito mais negros norte-americanos do que brancos; isso não é mais verdade.

Cumpro dizer, por fim, que os movimentos sociais incentivam uma forma diferente de liderança, que aprendemos ter sido inspirada no trabalho de base de líderes como Ella Baker e metamorfoseada pelas circunstâncias atuais. Movimentos "cheios de líderes" — como o BLM — não têm uma pessoa falando por eles, nem alguém negociando. A fala é coletiva e sobreleva a liderança de jovens e idosos.

Eleição de Funcionários Públicos

Os jovens também estão revigorando as prefeituras, as legislaturas e o próprio Congresso norte-americano, instituições que muitas vezes pareciam sonolentas e rançosas. Pete Buttigieg pode ser o exemplo mais conhecido: Rhodes Scholar, um estudante de Harvard, eleito prefeito de South Bend aos 29 anos, um improvável candidato a presidente cujo talento o transformou no azarão favorito do povo; e agora, aos 39 anos, tornou-se a primeira pessoa assumidamente gay a servir em um gabinete presidencial norte-americano. Michael Tubbs é um dos mais bem guardados segredos dos EUA: filho de mãe adolescente e pai encarcerado, elegeu-se prefeito de Stockton, Califórnia, aos 26 anos — o mais jovem e primeiro prefeito negro de uma cidade de 300 mil habitantes. Outro exemplo: Aja Brown, a prefeita mais jovem de Compton, Califórnia, eleita aos 31 anos. E outro: Svante Myrick, o mais jovem prefeito de Ithaca, aos 24 anos, um negro que reconstruiu o centro de sua cidade. Michelle Wu, aos 36 anos, tornou-se a primeira mulher e pessoa não branca eleita prefeita de Boston. Talvez isso pareça não passar de um punhado, mas ao considerar o que foi necessário para convencer uma cidade de que seu futuro deveria estar nas mãos de um jovem de 20 e poucos anos, pode-se perceber que a vitória não foi algo de somenos importância.

Como resultado das eleições de 2020 nos EUA, os millennials agora ocupam 31 assentos na Câmara e 1 no Senado. Um rol de rostos novos e jovens vem da ala esquerda do Partido Democrata — com mais proeminência da AOC e do Squad, um contingente progressista de representantes na Câmara com uma voz a cada dia mais audível na agenda do país. Um segundo rol é composto por veteranos militares e ex-oficiais de inteligência que, como os líderes da Segunda Guerra Mundial, tentam construir coalizões bipartidárias. Eles constituem a espinha dorsal entre os moderados recém-eleitos em ambos os lados políticos. Agora com assentos na Câmara, cerca de 25 veteranos pertencem ao For Country Caucus, uma associação com plataforma apartidária que trabalha em questões de segurança nacional, como trazer aliados dos Estados Unidos para fora do Afeganistão. (Revelação: sou cofundador da With Honor, uma startup que se dedica a identificar, recrutar e ajudar a conquistar cadeiras legislativas para o grupo de veteranos. Nossa esperança é ajudar a restaurar a vida cívica dos EUA reconstruindo o centro da política norte-americana.)

Concordando ou não com suas políticas, estou convicto de que combinar novos progressistas e moderados tradicionais será útil para o país. Alexandria Ocasio-Cortez, Ilhan Omar, Conor Lamb, Seth Moulton e Joe Neguse tornaram-se estrelas da esquerda, enquanto Mike Gallagher, Peter Meijer e Adam Kinzinger são alguns dos mais francos da centro-direita, ainda que em diferentes níveis de conservadorismo. Muitos deles usaram tecnologias e modos de divulgação emergentes para trazer uma nova combinação de jovens eleitores e constituintes para o ringue. O notável é que todos são millennials ou pertencem à geração Z.

Empreendedores Sociais

Algumas décadas atrás, muitos dos jovens que queriam fazer do mundo um lugar melhor se tornaram empreendedores sociais. A maioria era idealista, apaixonada, branca e formada em faculdades de primeira, e avaliava que o governo não estava atendendo às necessidades sociais, aqui nos EUA e no exterior. Eles acreditavam que suas organizações, ao aplicar os princípios de negócios, poderiam encontrar novas soluções. A partir daí, o pensamento deles evoluiu: agora, tendem a acreditar que uma mudança sistêmica será alcançada caso sejam feitas mais parcerias com o governo, haja um maior engajamento na política e se busque uma diversidade muito mais ampla em suas fileiras. Estão certos em todos os aspectos.

Muitos dos primeiros pioneiros são lendários nesse campo. Bill Drayton, padrinho do empreendedorismo social, graduou-se na Harvard College e Yale Law, fez mestrado na Balliol e trabalhou na McKinsey antes de lançar a Ashoka há quatro décadas. Sua visão central se manteve firme: "Todos são agentes da mudança". Hoje, a Ashoka é parceira de cerca de 300 organizações sem fins lucrativos em todo o mundo. Wendy Kopp se formara em Princeton quando escreveu uma tese de graduação propondo a Teach For America; tem hoje 64 mil ex-alunos atendendo 50 regiões em todo o país e expandiu-se para o exterior. Ela conheceu seu marido, Richard Barth, quando ele veio para uma entrevista de emprego. Barth é agora CEO da Fundação KIPP, que tem cerca de 270 escolas charter e 160 mil alunos e ex-alunos (juntos, também têm quatro filhos).

Cheryl Dorsey, tendo concluído duas pós-graduações em Harvard, foi para a Echoing Green e tornou-se sua CEO. Sob sua liderança, a Echoing Green concedeu financiamento inicial para quase mil inovadores sociais, muitos deles bem-sucedidos. Michael Brown e Alan Khazei, colegas de quarto na faculdade, começaram o City Year juntos na faculdade de direito; o sucesso foi tão auspicioso ao proporcionar um ou dois anos de serviços urbanos que o presidente Clinton modelou a AmeriCorps a partir dela. A esposa de Khazei, Vanessa Kirsch, fundou a Public Allies em Chicago (na qual uma jovem Michelle Obama trabalhou para ela) e passou a criar a New Profit, que articula financiamentos para dezenas de empreendimentos novos e promissores. Mais recentemente, uma jovem chamada Emily Cherniack criou com enorme sucesso a chamada New Politics, que recruta líderes servidores — veteranos militares e empreendedores sociais — para concorrer a cargos públicos; ela é uma parceira informal de Rye Barcott, que em 2018 fundou a With Honor; Emily e Rye se tornaram dois de nossos líderes emergentes de maior sucesso. Em geral, continua alta a qualidade dos jovens líderes emergentes.

Merece menção o fato de que todas essas organizações estão hoje buscando agressivamente mais diversidade: nas fileiras como um todo, incluindo os CEOs, a demanda agora é alta por mais mulheres e pessoas não brancas, e por graduados de uma ampla gama de faculdades para ocupar cargos de liderança. (Revelação: os esforços desses jovens empreendedores sociais me deixaram tão impressionado que servi com entusiasmo em vários de seus Conselhos Consultivos.)

Serviço Nacional

Uma forma pela qual alguns desses empreendedores sociais deixaram sua marca foi inaugurando o movimento pelo serviço nacional. Nos últimos anos, um grupo crescente de líderes norte-americanos pressionou pela criação de um corpo moderno de jovens voluntários que se comprometessem a oferecer um ou dois anos de serviço ao país a título de retribuição. Os apoiadores vão do conservador William Buckley aos presidentes Clinton, George W. Bush, Obama e Biden, além de John McCain, Hillary Clinton, Elizabeth Warren, Pete Buttigieg, Bob Gates, o senador Chris Coons (homem de confiança do presidente Biden) e o general Stanley McChrystal. McCain, inicialmente cético, reavaliou e acabou formando um grande número de seguidores em seus apelos aos jovens para assumirem uma vida "maior do que o próprio interesse". Hoje, esse serviço oferece aos jovens uma incursão na vida pública e na liderança servidora.

Os últimos anos colocaram em destaque maneiras pelas quais os jovens podem se estimular a uma vida de liderança por meio do serviço à comunidade — aquela em que vivem ou uma área carente que precisa de ajuda. Durante a pandemia, a AmeriCorps — a organização no centro das oportunidades de tais serviços — solicitou voluntários para auxiliar comunidades em todo o país com tarefas que incluem rastreamento de contatos, serviço de entrega de alimentos e complementação de lacunas na educação ocasionadas por ambientes de aprendizado remoto. Ao todo, os afiliados da AmeriCorps disponibilizaram milhões de horas para manter as comunidades à tona após a COVID-19.

Seja lá o que for que aconteça quando a epidemia findar, é certo que nossas comunidades se beneficiariam do serviço de jovens voluntários arregaçando as mangas por um ano ou dois de serviço. Projetos que abrangem a conservação ambiental, respostas a desastres e apoio a escolas carentes estão no escopo desses programas. Em troca, essas experiências proporcionam aos jovens voluntários habilidades valiosas. Eles aprendem a trabalhar em direção a um objetivo comum com voluntários de todas as esferas da vida, entendem o valor do serviço e saem dali com um maior senso de compromisso com o país e a causa. Os empregadores já descobriram, e de forma continuada, que os ex-integrantes desses programas de serviço social ressurgem como líderes em sua próxima fase da vida.

Para quem mal começa sua jornada: este é apenas um ponto de partida. Como reconheceu o colunista E. J. Dionne, esse serviço não pode se tornar uma forma de "graça barata", dizendo aos cidadãos para serem gentis e empáticos uns com os outros — ele pede um pouco mais. Em vez disso, deve se tornar uma ponte entre os voluntários e a comunidade. E precisa ser considerado um dever, uma obrigação no sentido de criar laços morais entre raças, gêneros e classes sociais, elevando a vida cívica do país.

Vozes da Mudança

O quinto grupo, mais difícil de categorizar, é igualmente influente na formação da narrativa nacional norte-americana. Podemos denominá-lo "vozes da mudança". Eles partem do jornalismo, da literatura, dos esportes e das organizações sem fins lucrativos e comandam plataformas nacionais de televisão, podcasts, YouTube, newsletters, mídias sociais e outros lugares online. Pense em Amanda Gorman, que levou a nação às lágrimas com sua poesia na posse de Biden. Ou Abby Phillip e Kaitlan Collins, âncora da CNN e correspondente-chefe da Casa Branca, respectivamente. Ou Natasha Bertrand na CNN e Astead Herndon no *New York Times*. Todos millennials que mal chegam aos 30 anos.

Mesmo entre quem você não espera, houve os que assumiram a responsabilidade de falar pelo bem social. Megan Rapinoe liderou seu time de futebol à vitória na Copa do Mundo e depois usou essa plataforma para promover a equiparação salarial entre jogadores e jogadoras. Colin Kaepernick colocou sua carreira em risco quando corajosamente se ajoelhou para exigir justiça racial. Centenas de jovens atletas profissionais o seguiram, apoiando o movimento Black Lives Matter. A ginasta Simone Biles e a estrela do tênis Naomi Osaka se fizeram ouvir não apenas por seu domínio atlético, mas por seus posicionamentos. Ambas foram corajosas o suficiente para chamar a atenção internacional para a saúde mental, uma questão há muito relegada a segundo plano na comunidade atlética, mas não só. Este meu relato não pretende ser nem de longe exaustivo, mas deve ser inspirador. Jovens que foram jogados ao chão puseram-se de pé, e suas vozes são agora ouvidas em todo o país.

COMECE AGORA

Visitei Warren Christopher quando ele estava aposentado. Warren é um grande nome do cenário nacional norte-americano e um amigo. Chris teve uma incrível jornada na vida: criado na Califórnia, educado em Stanford, funcionário do juiz William O. Douglas, sócio de um escritório de advocacia de alta qualidade, profundamente envolvido na vida cívica de Los Angeles, então na vida do Estado da Califórnia, depois de Washington, onde acabou como secretário de Estado.

— Chris – perguntei –, que conselho você daria hoje para alguém jovem e com grandes planos como você, que está apenas iniciando uma carreira? Como você faria isso funcionar?

Ele respondeu:

— Bem, tudo depende de onde se quer chegar. Se você está começando em um escritório de advocacia e deseja se tornar sócio-gerente, deve dedicar 150% de seu tempo à empresa. Mas se quer estar na arena pública, deve dar a seu escritório de advocacia 100% de seu tempo e dedicar os outros 50% ao desenvolvimento de sua vida pública.

Isso sempre me pareceu um bom conselho. Se você nutre a ambição de fazer a diferença no mundo, deve iniciar sua jornada de liderança cedo. É bem possível que você realmente necessite dedicar grande parte de sua energia ao trabalho e à família, mas comece a reservar uma pequena parcela de tempo para se voluntariar na vida pública. Mostre interesse, entabule algum network, faça o que lhe parecer justo e passe a servir sua comunidade local. Como disse Teddy Roosevelt: "Ninguém se importa com o quanto você sabe até que saibam o quanto você se importa".

Lembre-se também de que aqueles que fizeram a maior diferença nos EUA muitas vezes se prontificaram e responderam a um chamado ao dever no início de suas vidas. George Washington tinha apenas 23 anos quando assumiu o comando da milícia colonial da Virgínia. Alexander Hamilton se tornou ajudante de campo de Washington aos 20 anos. Thomas Jefferson tinha 33 anos quando redigiu a Declaração (e mais de uma dúzia de signatários tinha menos de 35 anos; dois tinham 26).

Na época da Guerra Civil e além, Harriet Tubman estava na casa dos 30 quando guiou 300 escravos pela Trilha da Liberdade; Frederick Douglass tinha uns 27 anos quando escreveu a primeira edição de suas memórias e fundou seu jornal abolicionista; Martin Luther King Jr. mudou o país a partir dos degraus do Lincoln Memorial quando tinha 33 anos; a seu lado estava John Lewis, de 23 anos. Apenas alguns anos depois, Bob Woodward e Carl Bernstein puseram a nu o escândalo de Watergate, aos 29 e 28 anos, respectivamente. Bem mais longe para trás no tempo, Joana d'Arc tinha apenas 17 anos quando se paramentou e liderou os franceses à vitória em 1429. Jane Addams fundou a Hull House aos 29 anos, inspirada por uma comovente viagem a Toynbee Hall, em Londres, alguns anos antes. Madre Teresa tornou-se freira aos 18 anos. Nossa visão de líderes como homens brancos velhos e experientes tem sido desafiada repetidas vezes pelos jovens. Graças a Deus por isso.

NA ARENA

Quando Theodore Roosevelt deixou a presidência em 1909, nem ele nem ninguém poderia prever o que lhe ocorreria. Mas uma coisa era certa: ele não estava deixando a arena nacional. Ele tinha sido a pessoa mais conhecida nos EUA por mais de uma década, e se comprazia com o respeito e o poder que ainda possuía. Ele era um líder arrebatador, talhado para figurar no granito do Mount Rushmore [parque memorial em que há a uma escultura na pedra com os rostos de quatro presidentes dos EUA].

Ele passou o ano seguinte à saída da presidência na África Central, em expedições de caça e devorando grandes livros. Em 1910, viajou pelo norte da África e pela Europa; incansável, visitou os poderosos e proferiu longos discursos. Em abril daquele ano, esteve na Sorbonne para fazer um discurso que ainda hoje emociona. Ele o intitulou "Cidadania em uma República", mas logo ficou conhecido como "O Homem na Arena" (se estivesse vivo agora, certamente teria incluído mulheres). A passagem completa é a seguinte:

> Não é o crítico que conta; não o homem que aponta como o homem forte tropeça, ou onde algo poderia ter sido feito melhor. O crédito pertence ao homem que está realmente na arena, o rosto manchado de poeira, suor e sangue; que luta bravamente; que erra, que fracassa repetidamente, porque não há esforço sem erro e fracasso; mas pertence a quem de fato se esforça para fazer as ações; a quem conhece os grandes entusiasmos, as grandes devoções; a quem se dedica a uma causa nobre; a aqueles que na melhor das hipóteses conhecem no final o triunfo da grande conquista, e que, na pior das hipóteses, se falharem, ao menos o fizeram ousando grandemente, para que seu lugar nunca seja com aquelas almas frias e tímidas que não conhecem a vitória nem a derrota.

Toda sorte de líderes continuou a pausar e recitar trechos desse discurso uns para os outros por mais de 90 anos. Nos tempos modernos, Nelson Mandela leu essa passagem memorável para o capitão do time de rúgbi sul-africano pouco antes da partida contra os favoritos All Blacks da Nova Zelândia na Copa do Mundo de 1995; os sul-africanos venceram. O presidente Nixon leu a mesma passagem em seu discurso de renúncia; na Convenção Democrata de 2016, o presidente Obama a invocou em apoio a Hillary Clinton. A estudiosa de liderança Brené Brown o utilizou como título de livro. Os "plebeus de verão", como são conhecidos os calouros na Academia Naval, o memorizam. LeBron James coloca "Man in the Arena" no sapato antes de um jogo; Miley Cyrus tem uma passagem tatuada no antebraço. Difícil de acreditar, mas tudo verdade.

Tais episódios dão a entender que as pessoas que estiveram na arena descobriram que a prática da liderança não é para os fracos de espírito. É um trabalho difícil, fatigante e frequentemente mal agradecido quando a língua afiada dos críticos dirige-se a você. E quanto mais alto se sobe, mais difícil fica. Como disse Maquiavel há 500 anos, a mudança é algo extremamente complicado — aqueles com dinheiro ou privilégio querem manter as coisas como estão, e aqueles que se beneficiariam com ela hesitarão ou recearão o que pode acontecer.

O fato de a liderança ser difícil, no entanto, não deve fazer você recuar. Ao contrário, deve encorajá-lo a persistir. Para ouvir os Teddy Roosevelts do mundo. Será preciso dispor de uma bússola interior — um Verdadeiro Norte — como orientação e uma força exterior que o ajudará a superar os obstáculos. No final das contas, você descobrirá que quanto mais difícil for sua jornada, maior será a satisfação ao completá-la. Assim foi com Madre Teresa. Nos dias que antecederam sua morte, alguém lhe perguntou:

— Por que você escolheu abrir mão da família, do dinheiro e da segurança para viver entre os destituídos e sem esperança?

Ela respondeu:

— Eu queria uma vida muito difícil.

Mais de 100 anos atrás, a Biblioteca Pública de Nova York colocou leões de mármore em ambos os lados da porta da frente; eles se tornaram pontos de referência favoritos. Por quê? Porque logo foram apelidados de Paciência e Fortaleza — condições para ser um verdadeiro nova-iorquino, diziam as pessoas. Bem, essas são também as premissas para se tornar um líder eficaz.

Portanto, tenha em mente a mensagem do Homem na Arena. A nação norte-americana precisa de você; na verdade, o mundo precisa de você. Necessitamos de líderes novos e fortes que encontraram seu Verdadeiro Norte e são capazes de superar as crises que surgem no caminho. Necessitamos de idealistas apaixonados que enfrentem aqueles que bloqueiam o caminho rumo a uma sociedade mais generosa e justa. Necessitamos de homens e mulheres de caráter e honradez. Necessitamos que você entre na arena, com o coração movido pela paixão.

Notas

INTRODUÇÃO

1 **Começou a faltar à escola**: "Greta Thunberg Is TIME's 2019 Person of the Year", *Time*, acessado em 14 de agosto 2021, https://time.com/person-of-the-year-2019-greta-thunberg/.

2 **matando dezessete pessoas e ferindo outros dezessete**: "17 Killed in Mass Shooting at High School in Parkland, Florida", acessado em 14 de agosto de 2021, https://www.nbcnews.com/news/us-news/police-respond-shooting-parkland-florida-high-school-n848101.

2 **cerca de 1,2 milhão de manifestantes em 880 eventos nos EUA**: "More Than 2 Million in 90 Percent of Voting Districts Joined March for Our Lives Protests", acessado em 14 de agosto de 2021, https://www.newsweek.com/march-our-lives-how-many-2-million-90-voting-district-860841.

3 **Greta ficou atônita com o sucesso deles**: Jonathan Watts, "Interview: Greta Thunberg, schoolgirl climate change warrior: 'Some people can let things go. I can't'" Guardian, 11 de março de 2019, https://www.theguardian.com/world/2019/mar/11/greta-thunberg-schoolgirl-climate-change-warrior-some-people-can-let-things-go-i-cant.

3 "***Skolstrejk för klimatet***": Kate Aronoff e Kate Aronoff, "How Greta Thunberg's Lone Strike Against Climate Change Became a Global Movement", Rolling Stone (blog), 5 de março de 2019, https://www.rollingstone.com/politics/politics-features/greta-thunberg-fridays-for-future-climate-change-800675/.

3 **Greta tinha 15 anos**: *"Greta Thunberg Is TIME's 2019 Person of the Year"*, Time, acessado em 14 de agosto de 2021, https://time.com/person-of-the-year-2019-greta-thunberg/.

3   **"Vocês estão falhando conosco"**: NPR Staff, "Transcript: Greta Thunberg's Speech at the U.N. Climate Action Summit", NPR, 23 de setembro de 2019, sec. Environment, https://www.npr.org/2019/09/23/763452863/transcript-greta-thunbergs-speech-at-the-u-n-climate-action-summit.

3   **"blá, blá, blá"**: Jennifer Hassan, *"Greta Thunberg says world leaders' talk on climate change is 'blah blah blah'"*, Washington Post, 29 de setembro de 2021, https://www.washingtonpost.com/climate-environment/2021/09/29/great-thunberg-leaders-blah-blah-blah/.

4   **queria uma plataforma segura**: *"Tarana Burke Biography"*, National Women's History Museum, acessado em 24 de agosto de 2021, https://www.womenshistory.org/education-resources/biographies/tarana-burke.

4   **Em 2017, a revista *Time* a proclamou uma das Personalidades do Ano**: Ibid.

4   **criaram o movimento social que seria chamado Black Lives Matter**: "Herstory", Black Lives Matter, acesso em 24 de agosto de 2021, https://blacklivesmatter.com/herstory/.

6   **"A coragem é corretamente considerada"**: "Excerpts from the Sixth Churchill Lecture 'Winston Churchill: Leadership in Times of Crisis'", International Churchill Society, 4 de abril de 2015, https://winstonchurchill.org/publications/finest-hour/finest-hour-133/excerpts-from-the-sixth-churchill-lecture-winston-churchill-leadership-in-times-of-crisis/.

6   **"Dado o poder controlador da ambição, da corrupção e das emoções"**: Barbara Tuchman, The March of Folly: From Troy to Vietnam, (Alfred A. Knopf, 1984), 2014 Random House Trade Paperback Edition p. 410.

6   **"como se educa o eleitorado para reconhecer"**: Ibid., p. 411.

7   **"uma preocupação em estabelecer e guiar a próxima geração"**: Erik H. Erikson, Childhood and Society (W. W. Norton, 1993), 267.

8   **"Que as desavenças pessoais"**: Winston Churchill, House of Commons, 8 de maio de 1940.

9   **cerca de 80% entre 18 e 29 anos sentem**: "Poll: Young People Believe They Can Lead Change in Unprecedented Election Cycle", acessado em 14 de agosto de 2021, https://circle.tufts.edu/latest-research/poll-young-people-believe-they-can-lead-change-unprecedented-election-cycle.

9   **por volta de 60% "sentem que fazem parte de um movimento que votará para expressar seus pontos de vista"**: Ibid.

9   em 2016, apenas 5% das pessoas entre 18 e 29 anos haviam participado de uma manifestação de protesto; em 2020, esse número subiu para 27%: Ibid.

9   *saltou expressivos 266%:* "Number of Millennials Running for Congress Increased 266 Percent in Two Years: Survey-Millennial Action Project", acessado em 14 de agosto de 2021, https://www.millennialaction.org/ press-archives/number-of-millennials-running-for-congress-increased-266-per cent-in-two-years-survey.

11 *"Nossa vida evoca nosso caráter":* Joseph Campbell, The Power of Myth (Anchor Books, 1991), 159.

UM: CORAÇÕES MOVIDOS PELA PAIXÃO

17 *seu biógrafo Mark DeWolfe Howe, esses ferimentos graves não diminuíram sua vida:* Mark DeWolfe **Howe, Justice Oliver Wendell Holmes, Volume 1: The Shaping Years, 1841–1870** (1957), https://doi.org/10.4159/harvard.9780674865860.

20 *Schlesinger se posicionou de modo contrário, argumentando que o determinismo, em sua essência, nega a intervenção humana:* Arthur M. Schlesinger Jr., "Democracy and Leadership", em *The Cycles of American History* (Boston: Houghton Mifflin Company, 1986), 419–36.

20 *"Não entendo por que não fui quebrado como uma casca de ovo":* Michael Pollak, "Not His Finest Hour", **New York Times**, acessado em 24 de agosto de 2021, https://www.nytimes.com/2006/05/07/nyregion/thecity/07fyi.html.

23 *"Aquele que mobiliza os demais rumo a um objetivo compartilhado por líder e seguidores"* Garry Wills, *Certain Trumpets: The Nature of Leadership* (Simon & Schuster, 2013), 17.

25 *"Ele foi tão importante para a fundação de uma moderna e multiétnica América":* Jon Meacham, His Truth Is Marching On: John Lewis and the Power of Hope (Random House, 2020), 5.

26 *"Trabalhar para outra pessoa todos os dias":* Ibid., 25.

26 *"eu literalmente comecei a pregar para as galinhas":* Ibid., 26.

26 *somente para brancos:* Ibid., 29.

27 *"Eu não tinha pressa de morrer":* Ibid., 78.

28 *"John não apenas o seguiria até a cova dos leões":* Ibid., 220.

29 *sua mãe, Celia, incentivou a filha a "amar aprender, se importar com as pessoas e trabalhar duro":* Jane Sherron De Hart, *Ruth Bader Ginsburg*: A Life (Vintage Books, 2020), 8.

30, *os colegas da Law Review não notaram nenhuma mudança em seu trabalho:* Ibid., 72.

31 **"ficava até tarde às vezes quando era necessário":** Ibid., 82.

31 **"Ruth é basicamente uma pessoa reservada":** Ibid., 86.

32 **"A decisão de ter ou não um filho é fundamental para a vida de uma mulher":** "The Supreme Court: Excerpts from Senate Hearing on the Ginsburg Nomination", *New York Times*, 22 de julho de 1993, https://www.nytimes.com/1993/07/22/us/the-supreme-court-excerpts-from-senate-hearing-on-the-ginsburg-nomination.html.

32 **Apelidada de "contrapeso do Supremo Tribunal":** Antonin Scalia, "Ruth Bader Ginsburg: The World's 100 Most Influential People", *Time*, 16 de abril de 2015, https:// time.com/collection-post/3823889/ruth-bader-ginsburg-2015-time-100/.

32 **Lily Ledbetter Fair Pay Act, de 2009:** "Ruth Bader Ginsburg", Academy of Achievement, acessado em 17 de setembro de 2021, https://achievement.org/achiever/ruth-bader-ginsburg/.

32 **Ginsburg foi um pilar do bloco liberal da mesma:** Robert Barnes e Michael A. Fletcher, "Ruth Bader Ginsburg, Supreme Court Justice and Legal Pioneer for Gender Equality, Dies at 87", *Washington Post*, acessado em 17 de setembro de 2021, https://www.washingtonpost.com/local/obituaries/ruth-bader-ginsburg--dies/2020/09/18/3cedc314-fa08-11ea-a275-1a2c2d36e1f1_story.html.

32 **Weinberger v. Wiesenfeld *(1975):*** Linda Greenhouse, "Ruth Bader Ginsburg, Supreme Court's Feminist Icon, Is Dead at 87", *New York Times*, 18 de setembro de 2020, https://www.nytimes.com/2020/09/18/us/ruth-bader-ginsburg-dead.html.

33 **John nasceu na Base Militar de Coco Solo:** "The Story of John Sidney McCain III", John e Cindy McCain: Service to Country | JohnMcCain.com (blog), 2 de março de 2018, https://www.johnmccain.com/story/.

34 **Sempre um espírito independente, McCain fez ver:** "McCain Addresses His Alma Mater in Virginia", 1º de abril de 2008, http://www.washingtonpost.com/wp-dyn/content/article/2008/04/01/AR2008040101034.html.

34 **"até Baltimore e voltar muitas vezes":** "Story of John Sidney McCain III".

35 **"Senti-me desleal e não consegui controlar meu desespero":** Dan Nowicki, "John McCain POW Recordings Revive Historic, Painful Episode", acessado em 24 de agosto de 2021, https://www.azcentral.com/story/news/politics/azdc/2016/08/13/john-mccain-pow-recordings-revive-historic-painful-episode/88547416/.

35 **durante o escândalo de poupança e empréstimo:** "Is John McCain a Crook?", *Slate*, 18 de fevereiro de 2000, https://slate.com/news-and-politics/2000/02/is-john--mccain-a-crook.html.

36 "*John, eu ficaria muito feliz em aceitar, mas alguns de seus colegas podem se opor*": Michael Lewis, "The Subversive", *New York Times,* acessado em 24 de agosto de 2021, https://www.nytimes.com/1997/05/25/magazine/the-subversive.html.

39 "*Em nossa juventude, graças à nossa boa sorte, tivemos nossos corações movidos pela paixão*": Ben W. Heineman, Jr., "Justice Oliver Wendell Holmes and Memorial Day", *Atlantic,* 30 de maio de 2011, https://www.theatlantic.com/national/archive/2011/05/justice-oliver-wen dell-holmes-and-memorial-day/239637/.

DOIS: TORNANDO-SE O AUTOR DE SUA PRÓPRIA VIDA

43 *James Chaney, Andrew Goodwin e Michael Schwerner:* Debbie Elliott, "State Prosecutor Closes 'Mississippi Burning' Civil Rights Case", NPR, 21 de junho de 2016, sec. Lei, https://www.npr.org/2016/06/21/482900192/state-prosecutor-closes-mississippi-burning-civil-rights-case.

45 "*Conhece-te a ti mesmo*": Allyson Szabo, *Longing for Wisdom: The Message of the Maxims* (Allyson Szabo, 2008), 15.

45 "*A vida não examinada não vale a pena ser vivida*": Thomas G. West e Grace Starry West, "Plato's Apology of Socrates", em *Four Texts on Socrates: Plato's Euthypro, Apology, and Crito and Aristophanes' Clouds.*

45 Platão explorou o significado da máxima de Delfos: "Dialogues, vol. 5, Laws, Index to the Writings of Plato | Online Library of Liberty", acessado em 23 de julho de 2021, https://oll.libertyfund.org/title/plato-dialogues-vol-5-laws-in dex-to-the-writings-of-plato.

45 "*Managing Oneself*" *continua sendo uma leitura obrigatória:* Peter F. Drucker, "Managing Oneself", Harvard Business Review, *Best of HBR 1999* (2005), https://www.csub.edu/~ecarter2/CSUB.MKTG%20490%20F10/DRUCKER%20HBR%20Managing%20Oneself.pdf.

46 feedback sincero é essencial: Ibid.

46 Em seu best-seller de 2017: Ray Dalio, *Principles: Life and Work* (Simon & Schuster, 2017).

47 "*a crença onipresente de que o "eu" ideal de um líder é gregário, alfa e confortável sob os holofotes*": Susan Cain, *Quiet: The Power of Introverts in a World That Can't Stop Talking* (Crown, 2012), 4.

47 *vem de uma crença equivocada do mundo greco-romano:* Ibid., 3.

47 Como ele escreveu em seu livro de memórias, In Love and War: James B. Stockdale and Sybil Stockdale, *In Love and War: The Story of a Family's Ordeal and Sacrifice During the Vietnam Years* (Harper & Row, 1984).

48 *"Patton é o melhor subordinado":* Drucker, "Managing Oneself", 4.

49 *Erving Goffman fez uma analogia com atores no palco:* Erving Goffman, **The Presentation of Self in Everyday Life,** rev. ed. (Anchor Books, 1990).

50 *encorajar o ponto forte de uma pessoa:* Laura Morgan Roberts et alii, "How to Play to Your Strengths", **Harvard Business Review**, 1º de janeiro de 2005, https://hbr.org/2005/01/how-to-play-to-your-strengths.

50 *é essencial para a empresa:* Morten T. Hansen, "IDEO CEO Tim Brown: T-Shaped Stars: The Backbone of IDEO's Collaborative Culture", 21 de janeiro de 2010, https://chiefexecutive.net/ideo-ceo-tim-brown-t-shaped-stars-the-backbone-of-ideoaes-collaborative-culture__trashed/.

51 **Jordan, que repetidamente afirmava ter sido "cortado":** Samantha Grossman, "A Myth Debunked: Was Michael Jordan Really Cut from His HighSchool Team?" TIME.com, acessado em 26 de agosto de 2021, https://newsfeed.time.com/2012/01/16/a-myth-debunked-was-michael-jordan-really-cut-from-his-high-school-team/.

51 *"Vou mostrar a você":* Tom Huddleston Jr., "How Michael Jordan Became Great: 'Nobody Will Ever Work as Hard as I Work,'" CNBC, 21 de abril de 2020, https://www.cnbc.com/2020/04/21/how-michael-jordan-became-great-nobody-will-ever-work-as-hard.html.

51 *"Não faço as coisas sem gana, pela metade":* Ibid.

52 *tapou as lentes dos óculos por baixo:* John McPhee, "A Sense of Where You Are", **New Yorker,** 25 de janeiro de 1965, https://www.newyorker.com/magazine/1965/01/23/a-sense-of-where-you-are.

52 *disse ter ensaiado uma hora para cada minuto de um discurso ao público que fizera:* Tom Vitale, "Winston Churchill's Way with Words", NPR, 14 de julho de 2012, sec. History, https://www.npr.org/2012/07/14/156720829/winston-churchills-way-with-words.

52 *"Prática não é o que você faz quando é bom":* Malcolm Gladwell, **Outliers: The Story of Success** (Little, Brown, 2008), 42.

53 *uma criança prodígio "se desenvolveu tarde":* Ibid., 40–41.

53 *"Eles tocavam como mais ninguém":* Ibid., 50.

53 *"Dez mil horas é o número mágico da grandeza":* Ibid., 41.

53 *"As pessoas lá no alto não trabalham apenas mais duro ou muito mais duro":* Ibid., 40.

53 *"Se eu deixar de praticar por um dia, eu noto":* Daniel Coyle, *The Talent Code: Greatness Isn't Born. It's Grown. Here's How.* (Random House Publishing Group, 2009), 88.

54 *"Tente novamente. Falhe novamente. Falhe melhor":* Samuel Beckett, "Worstward Ho", Samuel-Beckett.net, 1983, http://www.samuel-beckett.net/w_ho.html.

54 Martha Graham chamou de *"insatisfação divina":* Agnes de Mille, *Martha: The Life and Work of Martha Graham* (Vintage Books, 1992), 264.

TRÊS: SEUS ANOS DOURADOS

55 **Como o psicanalista Erik Erikson argumentou, fica difícil passar:** Erik H. Erikson e Joan M. Erikson, *The Life Cycle Completed*, versão estendida (W. W. Norton, 1997).

56 *"sua vida impetuosa e preciosa":* Mary Oliver, "The Summer Day".

62 **a maioria dos executivos começa sua carreira:** James M. Citrin e Richard A. Smith, *The 5 Patterns of Extraordinary Careers: The Guide for Achieving Success and Satisfaction* (DIANE Publishing Company, 2005).

63 *"Todos cometem erros; apenas aprenda com eles":* Stephen J. Dubner, "Extra: Jack Welch Full Interview (Ep. 326)", Freakonomics (blog), acessado em 27 de agosto de 2021, https://freakonomics.com/podcast/jack-welch/.

65 **Ike terminou como o melhor de sua turma:** "Eisenhower Military Chronology", acessado em 8 de agosto de 2021, https://www.nps.gov/features/eise/jrranger/chronomil1.htm.

65 **a congressista Pramila Jayapal deu-lhes uma base de sustentação:** Heather Caygle e Sarah Ferris, "Meet the Woman Mentoring Omar, Tlaib and OcasioCortez", *Politico,* acessado em 8 de agosto de 2021, https://politi.co/2Fsx53K.

65 **Pat Summitt bateu o recorde de vitórias na história do basquete:** "Pat Summitt, All-Time Winningest Division I College Basketball Coach, Dies: The Two-Way", NPR, acessado em 27 de agosto de 2021, https://www.npr.org/sections/thetwo-way/2016/06/28/483612431/pat-summitt-legendary-tennessee-basketball-coach-dies-at-64.

66 *"Quando você se senta no escritório dela [como jogadora]":* Gary Smith, "Understanding How Pat Summitt Guided UT to Five Titles", Sports Illustrated Vault | SI.com, acessado em 8 de agosto de 2021, https://vault.si.com/vault/1998/03/02/eyes-of-the-storm-when-tennessees-whirlwind-of-a-coach-pat-summitt-hits-you--with-her-steely-gaze-you-get-a-dose-of-the-intensity-that-has-carried-the-lady--vols-to-five-ncaa-titles.

66 **Cerca de 62 mulheres nessas condições:** "Coach Pat Summitt: 1952–2016", University of Tennessee Athletics, acessado em 27 de agosto de 2021, https://utsports.com/sports/2017/6/20/coach-pat-summitt-1952-2016.aspx.

67 **"Por quatro décadas, ela superou seus rivais":** "Statement by the President on the Death of Pat Summitt", whitehouse.gov, 28 de junho de 2016, https://obamawhitehouse.archives.gov/the-press-office/2016/06/28/statement-president-death-pat-summitt.

67 **"Eu não teria chegado a lugar nenhum no setor aéreo":** "3 Famous Billionaires and Their Mentors", Bcombinator (blog), 15 de setembro de 2020, https://bcombinator.com/3-famous-billionaires-and-their-mentors.

68 **Esse número cresce para 35% na faixa de 51 a 60 anos:** Cynthia Emrich, Mark Livingston e David Pruner, *Creating a Culture of Mentorship* (Heidrick and Struggles, 2017), https://doi.org/10.13140/RG.2.2.10649.11365.

68 **"Há um lugar especial no inferno para mulheres que não ajudam umas às outras":** Marianne Cooper, "Why Women (Sometimes) Don't Help Other Women", *Atlantic*, 23 de junho de 2016, https://www.theatlantic.com/business/archive/2016/06/queen-bee/488144/.

69 **um contingente que, em 1919, alcançava cerca de 20 mil pessoas:** Alice George, "How Business Executive Madam C.J. Walker Became a Powerful Influencer of the Early 20th Century", *Smithsonian*, acessado em 27 de agosto de 2021, https://www.smithsonianmag.com/smithsonian-institution/how-business-executive-madam-c-j-walker-became-powerful-influencer-early-20th-century-180971628/.

69 **"Não fico satisfeita em ganhar dinheiro só para mim mesma":** "Madam C.J. Walker Museum: Honoring Black Business Leaders", Madam Museum, acessado em 27 de agosto de 2021, https://www.madamcjwalkermuseum.com.

69 **as mulheres são significativamente menos "patrocinadas":** Herminia Ibarra, Nancy M. Carter e Christine Silva, "Why Men Still Get More Promotions Than Women", *Harvard Business Review*, 1º de setembro de 2010, https://hbr.org/2010/09/why-men-still-get-more-promotions-than-women.

69 **contra 13% das pessoas brancas:** "Why You Need a Work 'Sponsor'", NPR, 3 de dezembro de 2012, sec. Race, https://www.npr.org/2012/12/03/166402529/why-you-need-a-work-sponsor.

70 **há mais CEOs da Fortune 500 chamados James ou Michael do que mulheres:** "Equileap_US_Report_2020.Pdf", acessado em 27 de agosto de 2021, https://equileap.com/wp-content/uploads/2020/12/Equileap_US_Report_2020.pdf.

70	**prevalece a disposição de contratar candidatos semelhantes:** Lauren A. Rivera, "Hiring as Cultural Matching: The Case of Elite Professional Service Firms", *American Sociological Review* 77, n° 6 (dezembro de 2012): 999–1022, https://doi.org/10.1177/0003122412463213.
70	**Ter frequentado a mesma faculdade ou universidade, ou ter crescido no mesmo código postal:** Drake Baer, "If You Want to Get Hired, Act Like Your Potential Boss", *Business Insider*, acessado em 21 de setembro de 2021, https://www.businessinsider.com/managers-hire-people-who-remind-them-of-themselves-2014-5.
70	**participação feminina na composição de músicos nas sinfônicas dos EUA era de menos de 10%:** Gardiner Morse and Iris Bohnet, "Designing a Bias-Free Organization", *Harvard Business Review*, julho-agosto de 2016, https://hbr.org/2016/07/designing-a-bias-free-organization.
72	**buscar uma sociedade com igualdade total e absoluta:** James O'Toole, *The Executive's Compass: Business and the Good Society* (Oxford University Press, 1995).
73	**para subir em uma sacada e observar a si mesmo na pista de dança:** Ronald A. Heifetz, *Leadership Without Easy Answers* (Harvard University Press, 2009).
74	**80% da população disse que giramos fora de controle:** Hart Research Associates and Public Opinion Strategies, "NBC News/Wall Street Journal Survey. Study #200266", 28 de junho de 2020, https://www.document cloud.org/documents/6938425-200266-NBCWSJ-June-Poll.html.
74	**"Não mais... liderar deveria":** Bill George, *Discover Your True North* (John Wiley & Sons, 2015), 3.
74	**"A jornada mais longa que você fará tem 18 polegadas: da sua cabeça a seu coração":** Ibid., 101.
75	**"Não deixe o barulho das opiniões dos outros":** Steve Jobs, "Commencement Address at Stanford University (2005)", Stanford News (blog), 14 de junho de 2005, https://news.stanford.edu/2005/06/14/jobs-061505/.
75	**"Os líderes autênticos descobriram seu Verdadeiro Norte":** George, *Discover Your True North*, 8.
75	**"Temos muitos eus":** Herminia Ibarra, "The Authenticity Paradox", *Harvard Business Review,* 1° de janeiro de 2015, https://hbr.org/2015/01/the-authenticity-paradox.
75	**Eisenhower disse que o chefe de uma organização:** Fred I. Greenstein, "'The Hidden-Hand Presidency: Eisenhower as Leader,' a 1994 Perspective", *Presidential Studies Quarterly* 24, n° 2 (1994): 236.

76 **"Orson, você e eu somos os dois melhores atores do país":** Conrad Black, *Franklin Delano Roosevelt: Champion of Freedom* (Public Affairs, 2012), 316.

76 **"Não, Andrea, infeliz é a terra que precisa de um herói":** Bertolt Brecht, *Life of Galileo* (A&C Black, 2013), 68.

QUATRO: SOBREVIVENDO AO "TESTE DO CADINHO"

79 **Ele não conseguia mais andar**: Michael E. Ruane, "A Century Ago, Polio Struck a Handsome Young Politician — and Forged One of the Country's Greatest Presidents", *Washington Post*, acessado em 30 de agosto de 2021, https://www.washingtonpost.com/history/2021/08/02/fdr-contracted-polio-100-years-ago/.

79 **matava ou paralisava dezenas de milhares nos EUA a cada ano:** CDC, "Polio Elimination in the United States", Centers for Disease Control and Prevention, 23 de julho de 2021, https://www.cdc.gov/polio/what-is-polio/polio-us.html.

80 **Aos olhos dele, seu maior fracasso foi ser rejeitado:** "Harvard 1900 — Clubs — The Franklin Delano Roosevelt Foundation", acessado em 16 de agosto de 2021, https:// fdrfoundation.org/the-fdr-suite/harvard-1900-clubs/.

81 **"embora suas pernas permanecessem murchas, seu espírito triunfara":** Ted Morgan, *FDR: A Biography* (Simon & Schuster, 1985), 258.

81 **e, por fim, ter derrubado um tubarão de mais de 100kg:** John Gunther, *Roosevelt in Retrospect: A Profile in History* (Nova York, Harper, 1950), http://archive.org/details/roo seveltinretro00gunt.

82 **vários dias a bordo de seu iate presidencial no Caribe:** Doris Kearns Goodwin, "The Home Front", *New Yorker*, 15 de agosto de 1994, 40.

82 **Churchill conseguiu seus navios de guerra:** Black, *Franklin Delano Roosevelt*.

82 **ele girava — não andava, girava — pelo palanque:** Hugh Gallagher, "FDR's Cover-Up", *Washington Post*, 24 de janeiro de 1982, https://www.washingtonpost.com/archive/opinions/1982/01/24/fdrs-cover-up-the-extent-of-his-handicap/9e3f26df-c0a4-4cb6-9852-754fd54d3cae/.

83 **tem milhares de fotos de Roosevelt:** "Image Thumbnails | Franklin D. Roosevelt Presidential Library & Museum", acessado em 26 de agosto de 2021, http://www.fdrlibrary.marist.edu/archives/collections/franklin/?p=digitallibrary%2Fthumbnails&q=wheelchair.

83 **O tormento de Franklin Roosevelt é o mais indubitável paradigma:** Doris Kearns Goodwin, *Leadership in Turbulent Times* (Simon & Schuster, 2018).

84 **"Com o corpo em ruínas":** André Fribourg, *The Flaming Crucible: The Faith of the Fighting Men* (Macmillan, 1918), x.

85 Coelho tornou-se escritor e, desde então, publicou dezenas de obras: "Paulo Coelho Biography", Paulo Coelho & Christina Oiticica Foundation (blog), acessado em 31 de agosto de 2021, https://paulocoelhofoundation.com/paulo-coelho/biography/.

85 "Quando menos esperamos, a vida coloca diante de nós um desafio": "Quotes from My Books", Paulo Coelho, 30 de junho de 2017, https://paulocoelhoblog.com/2017/06/30/56408/.

85 "Você pode não controlar todos os eventos que acontecem com você": Maya Angelou, *Letter to My Daughter* (Random House, 2008), https://search-ebscohost-com.ezp-prod1.hul.harvard.edu/login.aspx?direct=true&db=nlebk&AN=737699&site=ehost-live&scope=site.

85 "certas pessoas parecem inspirar naturalmente confiança, lealdade e trabalho árduo": Warren G. Bennis e Robert J. Thomas, "Crucibles of Leadership", acessado em 31 de agosto de 2021, https://hbr.org/2002/09/crucibles-of-leadership.

86 "Um dos indicadores e preditores": Ibid.

86 "Ocasiões emocionais, em especial as violentas, são extremamente potentes": William James, *The Varieties of Religious Experience: A Study in Human Nature* (Modern Library, 1902), 195.

87 "coisas impossíveis... tornam-se possíveis": Ibid., 236.

87 "Como o Talibã ousa tirar meu direito básico à educação?": "The Nobel Peace Prize 2014", NobelPrize.org, acessado em 31 de agosto de 2021, https://www.nobelprize.org/prizes/peace/2014/yousafzai/lecture/.

89 Nele ela havia inscrito "1918": Doris Kearns Goodwin, *No Ordinary Time: Franklin & Eleanor Roosevelt: The Home Front in World War II* (Simon & Schuster, 2008), 377–78.

89 A alma que acreditou: Virginia Moore, "Psyche", *Saturday Review of Literature*, 7, nº 1 (26 de julho de 1930).

CINCO: O SEGREDO DA RESILIÊNCIA

92 "um grande número de pessoas mostra o que é chamado de crescimento pós-traumático": Harvard Business Review et alii, *HBR's 10 Must Reads on Mental Toughness* (bônus: entrevista "Post-Traumatic Growth and Building Resilience" com Martin Seligman) (Harvard Business Press, 2017), 126.

92 "estão mais fortes do que antes por mensurações psicológicas e físicas": Ibid.

92 "Se não me mata, me fortalece": Friedrich Nietzsche, *Twilight of the Idols, or How to Philosophize with a Hammer* (Daniel Fidel Ferrer, n.d.).

92   **Milhares cursaram as aulas, dizem que com entusiasmo:** Rhonda Cornum, Michael D. Matthews e Martin E. P. Seligman, "Comprehensive Soldier Fitness: Building Resilience in a Challenging Institutional Context", *American Psychologist* 66, nº 1 (janeiro de 2011): 4–9, https:// doi.org/10.1037/a0021420.

92   **Em meados dos anos 1990, todas as instituições militares procuravam cumprir***:* "Recruiting and Retention in the Active Component Military: Are There Problems?", acessado em 15 de agosto de 2021, https://www.everycrsreport.com/reports/RL31297.html.

92   **"o Cadinho"***:* Tony Perry, "Putting Marines Through a 'Crucible'", *Los Angeles Times*, 7 de março de 1998, https://www.latimes.com/archives/la-xpm-1998-mar-07-mn-26377-story.html.

92   **o candidato se torna fuzileiro naval***:* Jim Garamone, "The Marine Corps Crucible", Military.com, 31 de março de 2021, https://www.military.com/join-armed-forces/marine-corps-crucible.html.

92   **Exército, Marinha e Aeronáutica viram declinar***:* Perry, "Putting Marines Through a 'Crucible'".

94   **"Um intelecto de segunda classe, mas um temperamento de primeira classe"***:* "Author Reconstructs FDR's 'Defining Moment'", NPR.org, acessado em 15 de agosto de 2021, https://www.npr.org/templates/story/story.php?storyId=5525748.

95   **"A capacidade de se adaptar, que inclui habilidades críticas"***:* Warren Bennis e Robert J. Thomas, "Crucibles of Leadership", *Harvard Business Review*, 1º de setembro de 2002, https://hbr.org/2002/09/crucibles-of-leadership.

95   **pessoas que envelheceram com mais sucesso***:* George E. Vaillant, *Adaptation to Life* (Harvard University Press, 1998).

95   **"Meus pais se revirariam em seus túmulos"***:* Ida B. Wells, *Crusade for Justice: The Autobiography of Ida B. Wells* (University of Chicago Press, 2013).

96   **"a heroína desconhecida do movimento dos direitos civis"***:* "Ida B. Wells: The Unsung Heroine of the Civil Rights Movement", *Guardian*, 27 de abril de 2018, http://www.theguardian.com/world/2018/apr/27/ida-b-wells-civil-rights-movement-reporter.

96   **dono da mercearia que era o coração da comunidade negra de Memphis***:* Wells, *Crusade for Justice*, 47.

96   **Sua voz era tão respeitada que "muitas pessoas, centenas delas"***:* "'Fearless' Ida B. Wells Honored by New Lynching Museum for Fighting Racial Terrorism", *Washington Post*, acessado em 15 de agosto de 2021, https://www.washingtonpost.com/news/retropolis/wp/2018/04/26/fearless-ida-b-wells-honored-by-new-lynching-memorial-for-fighting-racial-terror/.

96 **"Foi isso que abriu meus olhos para o que o linchamento era na realidade":** Wells, *Crusade for Justice*, 64.

97 **suas técnicas de reportagem, pioneiras, permanecem centrais:** Caitlin Dickerson, "Ida B. Wells, Who Took on Racism in the Deep South with Powerful Reporting on Lynchings", *New York Times*, 8 de março de 2018, sec. Obituaries, https://www.nytimes.com/interactive/2018/obituaries/overlooked-ida-b-wells.html.

97 **Não houve palavra igual em poder de convencimento":** Ida B. Wells, *The Red Record,* acessado em 15 de agosto de 2021, https://www.gutenberg.org/files/14977/14977-h/14977-h.htm.

97 **Wells ajudou a fundar a NAACP e a Associação Nacional de Mulheres de Cor:** "Woman Journalist Crusades Against Lynching (Educational Materials: African American Odyssey)", acessado em 15 de agosto de 2021, https://www.loc.gov/exhibits/odyssey/educate/barnett.html.

98 **E há os que ... o popularizaram como "garra":** American Public Media, "Angela Duckworth and the Research on 'Grit'", acessado em 15 de agosto de 2021, https://americanradioworks.publicradio.org/features/tomorrows-college/grit/angela-duckworth-grit.html.

98 **o câncer estava se espalhando:** "Rachel Carson's Silence", *Pittsburgh Post-Gazette,* acessado em 15 de agosto de 2021, https://www.post-gazette.com/opinion/Op-Ed/2014/04/13/THE-NEXT-PAGE-Rachel-Carsons-silence/stories/201404130058.

98 **"Acordo no meio da noite e choro silenciosamente pelo Maine":** Nancy Koehn, *Forged in Crisis: The Power of Courageous Leadership in Turbulent Times* (Simon & Schuster, 2017), 373.

98 **"Como revelar o suficiente para fazer compreender":** Ibid.

98 **"o livro mais revolucionário desde** *A Cabana do Pai Tomás***":** Ibid., 426.

99 **"insetos, doenças e vermes herdassem novamente a terra":** Ibid., 428.

99 **"Não ficamos tristes":** Ibid., 432.

99 **"O período em que o cadinho a forjou... do abismo do desespero":** Ibid., 374.

100 **Platão e Aristóteles tinham pouca aplicação prática:** Forrest McDonald, prefácio para *Cato: A Tragedy and Selected Essays* | Online Library of Liberty, de Joseph Addison, ed. Christine Dunn Henderson e Mark E. Yellin (Indianápolis: Liberty Fund, 2004), https://oll.libertyfund.org/title/henderson-cato-a-tragedy-and-selected-essays.

100 **"virtude no sentido de ser altruísta":** Ibid.

101 vagando pela área de filosofia: James B. Stockdale, *Stockdale on Stoicism II: Master of My Fate* (Center for the Study of Professional Military Ethics, 2001).

101 Stockdale escreveu um relato emocionante: James B. Stockdale, *Courage Under Fire: Testing Epictetus's Doctrines in a Laboratory of Human Behavior* (Hoover Institution, 1993).

101 "O estoicismo é uma filosofia nobre que se mostrou poder ser posta em prática" Ibid., 5.

102 "esses poucos eram os melhores em todos os lugares": Stockdale, *Stockdale on Stoicism*, 237.

102 "Voei a 500 nós": Stockdale, *Courage Under Fire*, 7.

102 Stockdale, na condição de oficial mais graduado entre os prisioneiros de guerra: Ibid., 12.

103 "ser reduzido pelo vento, chuva, gelo": Ibid., 8.

104 "Não procure nenhum mal maior do que este": Ibid., 13.

SEIS: TRANSFORMANDO ADVERSIDADE EM PROPÓSITO

105 "Os hábitos de uma mente vigorosa": "Founders Online: Abigail Adams to John Quincy Adams, 19 January 1780" (University of Virginia Press), acessado em 16 de agosto de 2021, http://founders.archives.gov/documents/Adams/04-03-02-0207.

105 "essas qualidades ... formam o caráter do herói e do estadista": Ibid.

106 Aos 17 anos, foi confinado com outros gays em um veículo policial: Randy Shilts, *The Mayor of Castro Street: The Life & Times of Harvey Milk*, Stonewall Inn Editions 12 (St. Martin's Press, 1988).

106 morando com homens, enquanto exibia para o mundo exterior seu emprego como analista financeiro: Ibid., 42.

107 "Você está registrado para votar?": Ibid., 99.

107 "É preciso dar esperança a eles": "Transcript: Hear Harvey Milk's The Hope Speech", Museu de Belas Artes, Boston, acessado em 16 de agosto de 2021, https://www.mfa.org/exhibitions/amalia-pica/transcript-harvey-milks-the-hope-speech.

107 um feito que não seria equiparado até que Elaine Noble fosse eleita: "Elaine Noble, Massachusetts, 1974· Out and Elected in the USA: 1974–2004 Ron Schlittler. OutHistory: It's About Time", acessado em 19 de agosto de 2021, https://outhistory.org/exhibits/show/out-and-elected/1970s/elaine-noble.

107 "Milk Tem Algo para Todos": Shilts, *Mayor of Castro Street*, 79–80.

108 ele havia tido respeitáveis 17 mil votos: Ibid., 88.

107 cortou o cabelo: Ibid., 90.

108 Um público enorme — cerca de 5 mil pessoas — compareceu àquele primeiro evento: Ibid., 98.

108 "Se nós, na comunidade gay, queremos que outros nos ajudem": Harvey Milk, Jason Edward Black e Charles E. Morris, *An Archive of Hope: Harvey Milk's Speeches and Writings* (University of California Press, 2013), 126.

108 O boicote funcionou: Shilts, *Mayor of Castro Street*, 92.

108 "Nós construímos uma grande rede de contatos": Ibid., 42.

108 promovendo os direitos da comunidade gay: "Milk Foundation.Org: The Official Harvey Milk Biography", acessado em 16 de agosto de 2021, https://milkfoundation.org/about/harvey-milk-biography/.

109 a Proposição 6 foi derrotada: Ibid.

109 O prefeito de São Francisco também foi morto: Ibid.

109 O Terminal 1 do aeroporto de São Francisco tem seu nome: "TIME 100 Persons of the Century", *Time*, 6 de junho de 1999, http://content.time.com/time/magazine/article/0,9171,26473,00.html.

111 Katharine nasceu durante a Primeira Guerra Mundial: "Katharine Graham", *Washington Post*, 12 de abril de 2018, http://www.washingtonpost.com/brand-studio/fox/katharine-graham.

111 almoçando com Harry Bridges: Katharine Graham, *Personal History* (Knopf, 1997), localização no Kindle 1976.

112 Philip era um "homem ardente": David Halberstam, *The Powers That Be* (Open Road Media, 2012).

112 apesar de um aborto espontâneo e da perda de um bebê ao nascer: Graham, *Personal History,* Kindle location 2808, 2809.

112 "Eu realmente sentia que minha missão na Terra era cuidar de Phil Graham": J. Y. Smith e Noah Epstein, "Katharine Graham Dies at 84", *Washington Post*, 18 de julho de 2001, https://www.washingtonpost.com/wp-dyn/content/article/2005/08/04/AR2005080400963_5.html.

112 Katharine foi deixada de lado: Graham, *Personal History,* localização no Kindle 6915.

112 Um dos amigos de Kay a descreveu como "Griselda, a paciente": Robin Gerber, *Katharine Graham: The Leadership Journey of an American Icon* (Portfolio, 2005), 33.

113 **o mundo que conhecia e amava havia desaparecido:** Graham, *Personal History*, localização no Kindle 6779.

113 **a parte de Katharine nas ações da empresa para sua amante:** Gerber, *Katharine Graham*, 57.

113 **seu túmulo visível da janela de Katharine:** Graham, *Personal History*, localização no Kindle 6862.

113 **"Essencialmente, o que fiz foi fechar os olhos e dar um passo na frente do outro":** Smith e Epstein, "Katharine Graham Dies at 84".

114 **"secretamente queria que ela vendesse o *Post*":** Ben Bradlee, *A Good Life* (Simon & Schuster, 2011), 241.

114 **"O que mais me impedia de fazer o tipo de trabalho":** Graham, *Personal History*, localização no Kindle 8466.

114 **"Quando meu marido morreu, eu tinha três alternativas":** Smith e Epstein, "Katharine Graham Dies at 84".

115 **para um CEO é essencial, logo no começo:** Jim Collins, *Good to Great: Why Some Companies Make the Leap ... and Others Don't* (HarperCollins, 2001).

116 **"Ela tem a coragem de um batedor de carteiras":** "Our Company | Graham Holdings Company", acessado em 16 de agosto de 2021, https://www.ghco.com/historykgraham obituary/.

116 **Ambas as histórias provocaram o riso:** Graham, *Personal History*, localização no Kindle 9356.

117 **Juan de La Cruz, escreveu um poema sobre a penosa jornada:** "The Dark Night of the Soul: Google Books", acessado em 16 de agosto de 2021, https://www.google.com/books/edition/The_Dark_Night_of_the_Soul/B8tMAQAAMAAJ?hl=en&gbpv=1&pg=PR3&printsec=frontcover.

117 **"o homem não apenas perdurará: ele prevalecerá":** "William Faulkner: Banquet Speech", acessado em 16 de agosto de 2021, https://www.nobelprize.org/prizes/literature/1949/faulkner/speech/.

118 ***"Um homem sem propósito é como um navio sem leme":*** "Famous Quote from Thomas Carlyle", Famosa Citação em: (blog), acessado em 16 de 2021, http://famousquotefrom.com/thomas-carlyle/.

118 ***"Se você não sabe qual é sua paixão":*** "What I Know for Sure: Oprah Winfrey", acessado em 16 de agosto de 2021, https://www.oprah.com/omagazine/what-i-know-for-sure-oprah-winfrey/all.

118 *"Muitas pessoas fazem uma ideia errada do que constitui a verdadeira felicidade":* Helen Keller, Helen Keller's Journal, 1936–1937 (Doubleday, Doran and Company, Inc., 1938), http://archive.org/details/helenkellersjour00hele.

119 *"O propósito concede à pessoa alegria nos bons tempos":* "The Path to Purpose: Google Books", acessado em 16 de agosto de 2021, https://www.google.com/books/edition/The_Path_to_Purpose/mx7Ds2MnnWQC?hl=en&gbpv=1&printsec=frontcover.

119 *de ter uma missão convincente e de atender aos mais altos padrões de uma profissão:* "Good Work: Google Books", acessado em 16 de agosto de 2021, https://www.google.com/books/edition/Good_Work/gforDaQFRSoC?hl=en&gbpv=1&printsec=frontcover.

119 *a vovó Moses começou a pintar aos 78 anos:* "Grandma Moses (Anna Mary Robertson Moses) | Artist Profile", NMWA (blog), acessado em 16 de agosto de 2021, https://nmwa.org/art/artists/grandma-moses-anna-mary-rob ertson-moses/.

SETE: APRENDENDO A LIDERAR

126 **Marshall chamou-o à parte e defendeu veementemente seus homens:** Benjamin Runkle, "When Marshall Met Pershing", War on the Rocks, 3 de outubro de 2017, https:// warontherocks.com/2017/10/when-marshall-met-pershing/.

126 **Pershing, reconsiderando aquela ocasião:** David Brooks, *The Road to Character* (Random House, 2015), 140.

127 **Marshall rejeitou de forma peremptória o plano de FDR:** Kevin Baker, "America's Finest General", *Military History,* setembro de 2011, https://www.marshallfoundation.org/marshall/wp-content/uploads/sites/22/2014/04/MarshallarticleMilitaryHistory2011.pdf.

127 **Mas, em vez disso, FDR o promoveu:** Ibid.

128 *"fui uma secretária eletrônica humana":* Rosanne Badowski e Roger Gittines, *Managing Up: How to Forge an Effective Relationship with Those above You* (Crown, 2003), xv.

129 *"Roseanne era... leal, discreta e sempre disposta a perdoar":* Ibid., xi.

129 *Acheson... filho de uma família da elite local:* "Dean Gooderham Acheson — People — Department History — Office of the Historian", acessado em 26 de julho de 2021, https://history.state.gov/departmenthistory/people/acheson-dean-gooder ham.

129 *"um pequeno 'toque' de Harry na noite":* David McCullough, "Opinion | Clinton and Congress: A Touch of Harry in the Night", *New York Times,* 2 de dezembro de 1994, https://www.nytimes.com/1994/12/02/opinion/clinton-congressa-touch--of-harry-in-the-night.html.

129 **a plataforma estava vazia, exceto por um homem, Dean Acheson:** William E. Leuchtenburg, "New Faces of 1946", *Smithsonian,* acessado em 28 de julho de 2021, https://www.smithsonianmag.com/history/new-faces-of-1946-135190660/.

130 **George Washington chamava Alexander Hamilton de cabeça-dura:** "Alexander Hamilton and His Patron, George Washington | American Experience | PBS", acessado em 28 de julho de 2021, https://www.pbs.org/wgbh/americanexperience/features/hamilton-and-his-patron-george-washington/.

130 **Abraham Lincoln trouxe consigo dois jovens:** Joshua Zeitz, *Lincoln's Boys: John Hay, John Nicolay, and the War for Lincoln's Image* (Penguin, 2014), 2.

130 **Hay se tornou um líder político e secretário de Estado:** Ibid., 8.

130 **FDR contou com Louis Howe, Harry Hopkins e Frances Perkins:** Frank Costigliola, "Broken Circle: The Isolation of Franklin D. Roosevelt in World War II", *Diplomatic History* 32, nº 5 (2008): 677–718, acessado em 28 de julho de 2021, http://www.jstor.org/stable/24915955.

130 ***Harry Truman tinha George Marshall:*** Walter Isaacson e Evan Thomas, *The Wise Men: Six Friends and the World They Made* (Simon & Schuster, 2012).

130 ***Para John F. Kennedy, era seu irmão Bobby:*** "Bobby Kennedy: Is He the 'Assistant President'? | Politics | US News", *US News & World Report,* acessado em 28 de julho de 2021, //www.usnews.com/news/articles/2015/06/05/bobby-kennedy-is-he-the-assistant-president.

130 *para Richard Nixon, foi Henry Kissinger:* Stephen Sestanovich, "The Long History of Leading from Behind", *Atlantic,* 2 de dezembro de 2015, https://www.theatlantic.com/magazine/archive/2016/01/the-long-history-of-leading-from-behind/419097/.

130 **advogados corporativos de grande sucesso em Houston:** James A. Baker e Steve Fiffer, *Work Hard, Study… and Keep Out of Politics!* (Northwestern University Press, 2008), 4–7.

131 **"Trabalhe duro, estude… e fique fora da política":** Ibid., 3–4.

131 **Sua família o mandou para o melhor internato:** Peter Baker e Susan Glasser, *The Man Who Ran Washington: The Life and Times of James A. Baker III* (Doubleday, 2020).

131 **Baker, aos 20 anos, alistou-se no corpo de fuzileiros navais:** Baker e Fiffer, *Work Hard*, 12.

131 **ingressou em um dos mais prestigiados escritórios de advocacia corporativa:** Ibid., 12–13.

131 **Também ficou sócio de um clube de campo em Houston, onde ele e George H. W. Bush:** Baker e Glasser, *Man Who Ran Washington*.

131 Em 1968, a esposa de Jim, Mary Stuart, contraiu câncer: Ibid., 46.
131 os dois acabaram se casando em 1973: Ibid., 60.
132 Bush insistiu que eles poderiam curar os dois: Baker e Fiffer, **Work Hard**, 17.
132 aceitou uma nomeação para ser o número dois no Departamento de Comércio: Ibid., 65.
132 pedia a Baker para substituí-lo nas reuniões com Ford na Casa Branca: Ibid., 29.
132 "o Homem Milagroso": Baker e Glasser, **Man Who Ran Washington**, 79.
133 Reagan venceu de lavada: Ibid., 120.
133 Reagan convidou o homem que havia conduzido duas campanhas contra ele: Ibid., 134.
133 Reagan o protegeu em mais de uma ocasião: Ibid., 132.
133 Ele assegurou, por exemplo, que Meese se tornasse membro do gabinete: Ibid., 133.
134 ele não era páreo para Baker organizacionalmente: Ibid.
134 "o martelo de veludo": Ibid., 140.
134 não tinha medo de dizer verdades duras a Baker: Megan Rosenfeld, "The Fabulous Baker Girl", **Washington Post**, 23 de setembro de 1992, https://www.washingtonpost.com/archive/lifestyle/1992/09/23/the-fabulous-baker-girl/0b-587b0c-da73-4d57-a6a2-215fd1e3fcc9/.
136 "A Preparação Prévia Previne Performances Pobres": Baker e Fiffer, **Work Hard**, 5.
136 Baker orientou a Casa Branca e o Congresso na questão da revisão da Seguridade Social: "The Reagan Presidency", Ronald Reagan, acessado em 30 de julho de 2021, https://www.reaganlibrary.gov/reagans/reagan-administration/reagan-presidency.

OITO: LIDERANDO SUA EQUIPE

138 **Black Lives Matter é uma organização sem fins lucrativos criada em 2013:** Victoria Capatosto, "A Brief History of Civil Rights in the United States", acessado em 1º de agosto de 2021, https://library.law.howard.edu/civilrightshistory/BLM.
138 **"Se quiser ir rápido, vá sozinho":** "Patty Stonesifer — 2005 UNICEF — Bill & Melinda Gates Foundation", acessado em 7 de setembro de 2021, https://www.gatesfoundation.org/ideas/speeches/2005/06/patty-stonesifer-2005-unicef.
139 **Hackman identificou cinco desses elementos condicionantes:** J. Richard Hackman, **Leading Teams: Setting the Stage for Great Performances** (Harvard Business Review Press, 2002), ix.

140 **reportagem de capa com Haig cuja manchete era "O Vigário":** George J. Church, "Alexander Haig: The Vicar Takes Charge", *Time*, acessado em 20 de agosto de 2021, http://content.time.com/time/subscriber/article/0,33009,922441,00.html.

141 **"tinha protocolos claros e cadeias de comando para essa espécie de ameaças":** Abigail Tracy, "How Trump Gutted Obama's Pandemic-Preparedness Systems", *Vanity Fair*, acessado em 1º de agosto de 2021, https://www.vanityfair.com/news/2020/05/trump-obama-coronavirus-pandemic-response.

141 *aliás, extinguiu a unidade do CSN projetada para proteger o país:* Ibid.

141 *mais de 900 mil norte-americanos morreram em razão da pandemia:* "United States — COVID-19 Overview — Johns Hopkins", Johns Hopkins Coronavirus Resource Center, acessado em 20 de agosto de 2021, https://coronavirus.jhu.edu/region/united-states.

142 **"A primeira responsabilidade de um líder é definir a realidade":** Max De Pree, *Leadership Is an Art* (Crown, 2011), 11.

142 **um livro escrito em apenas nove dias:** Emily Esfahani Smith, "There's More to Life Than Being Happy", *Atlantic*, 9 de janeiro de 2013, https://www.theatlantic.com/health/archive/2013/01/theres-more-to-life-than-being-happy/266805/.

142 **Ele argumentava com outros prisioneiros:** Viktor Emil Frankl, *Man's Search for Meaning: An Introduction to Logotherapy* (Beacon Press, 2006).

143 *o número de pessoas por dentro do objetivo real do projeto:* "WWII's Atomic Bomb Program Was So Secretive That Even Many of the Participants Were in the Dark", *Washington Post*, acessado em 2 de agosto de 2021, https://www.washingtonpost.com/science/wwiis-atomic-bomb-program-was-so-secretive-that-even-many-of-the-participants-were-in-the-dark /2019/10/31/8d92d16c-fb7e-11e-9-8906-ab6b60de9124_story.html.

143 **notou "uma transformação completa" no desempenho da equipe:** "Los Alamos from Below: Reminiscences 1943–1945, by Richard Feynman", acessado em 2 de agosto de 2021, http://calteches.library.caltech.edu/34/3/FeynmanLosAlamos.htm.

144 *uma vintena de pesquisadores para realizar um estudo de 5 anos:* Jim Collins, *Good to Great: Why Some Companies Make the Leap… and Others Don't* (HarperCollins, 2001).

144 **"um indivíduo que combina humildade pessoal com intensa vontade profissional":** Collins, *Good to Great*, 21.

144 **vendeu 4 milhões de exemplares:** Adam Bryant, "For This Guru, No Question Is Too Big", *New York Times*, 23 de maio de 2009, https://www.nytimes.com/2009/05/24/business/24collins.html.

144 *"Coloque as pessoas certas no ônibus":* Ibid.

144 *sucesso de 15 anos da Wells Fargo:* Ibid.

145 *eles tinham "A Coisa Certa":* Tom Wolfe, *The Right Stuff* (Farrar, Straus e Giroux, 2008).

145 *O programa Apolo, ao longo do tempo, empregou impressionantes 400 mil pessoas:* "NASA — NASA Langley Research Center Contributions to the Apollo Program" (Brian Dunbar), acessado em 1º de agosto de 2021, https://www.nasa.gov/centers/langley/news/factsheets/Apollo.html.

146 *Seus cálculos eram tão respeitados:* Margot Lee Shetterly, *Hidden Figures: The American Dream and the Untold Story of the Black Women Mathematicians Who Helped Win the Space Race* (HarperCollins, 2016), 217.

146 *um relato muito interessante sobre grandes grupos e como eles colaboram:* Warren G. Bennis e Patricia Ward Biederman, *Organizing Genius: The Secrets of Creative Collaboration* (Addison-Wesley, 1997).

147 *"tatear o universo":* Warren G. Bennis e Patricia Ward Biederman, *The Essential Bennis* (Jossey-Bass, 2009), 140.

147 *Palo Alto Research Center (PARC), da Xerox:* Ibid., 143.

147 *"Skunk Works", da Lockheed Martin:* Ibid., 140.

147 *O movimento Bauhaus:* Ibid., 139.

147 *Serviu como incubadora e refúgio para artistas modernos:* Ibid., 140.

147 *"uma era de ouro de conquistas colaborativas":* Ibid., 140.

147 *"Se você pode sonhar, pode realizar":* Ibid., 150.

148 **Dois exemplos:** "Thomas Edison's Intelligence Test | American Experience | Official Site | PBS", acessado em 20 de agosto de 2021, https://www.pbs.org/wgbh/americanexperience/features/thomas-edisons-intelligence-test/.

148 *"Por que uma tampa de bueiro é redonda?"* Meghan Casserly, "Why Are Manholes Round? The 10 Toughest Interview Questions", *Forbes*, acessado em 20 de agosto de 2021, https://www.forbes.com/sites/meghancasserly/2011/07/27/the-10-toughest-interview-questions/.

148 *eles perderam para a Argentina:* Geoffrey Colvin, "Why Dream Teams Fail", *Fortune*, 8 de junho de 2006, https://money.cnn.com/magazines/fortune/fortune_archive/2006/06/12/8379219/index.htm.

148 *"Não estou procurando os melhores jogadores":* Gavin O'Connor, *Miracle* (Buena Vista Pictures, 2004).

148 *a equipe dos EUA derrotou:* "Miracle on Ice", 100 Greatest Moments, acessado em 1º de agosto de 2021, https://www.amazon.com/100-Greatest-Moments/dp/B0779L7QQR.

149 *ela então se candidatou a secretária assistente de campo da NAACP:* Charles Payne, "Ella Baker and Models of Social Change", *Signs* 14, nº 4 (1989): 887, 888.

149 *Baker acabou se afastando da organização:* Ibid., 889.

150 *Ela enfim conseguira criar a organização com a qual sempre sonhara:* Ibid., 890–91

150 *"era tanto contra a estrutura tradicional de liderança negra":* Mike D'Orso e John Lewis, Capítulo 6, "Nigras, Nigras Everywhere!" em *Walking with the Wind: A Memoir of the Movement* (Simon & Schuster, 1998), 98–118.

150 *Baker promoveu o que foi chamado de "liderança centrada no grupo":* Ibid., 892.

150 *"organizar as pessoas para serem autossuficientes":* Ibid., 347.

151 *sugerindo que ao chamá-lo de "sem liderança" ignora-se o grande contingente de líderes:* NPR Staff, "The #BlackLivesMatter Movement: Marches and Tweets for Healing", NPR, 9 de junho de 2015, https://www.npr.org/2015/06/09/412862459/the-blacklivesmatter-movement-marches-and-tweets-for-healing.

152 *as organizações descentralizadas também são capazes de responder mais rapidamente às mudanças dinâmicas:* Joshua Keating, "The Leaderless Black Lives Matter Protests Are the Future of Politics", acessado em 20 de agosto de 2021, https://slate.com/news-and-politics/2020/06/george-floyd-global-leaderless-movements.html.

NOVE: A ARTE DA PERSUASÃO PÚBLICA

153 *Ele copiava trechos de ambos, os estudava e recitava:* David W. Blight, *Frederick Douglass: Prophet of Freedom* (Simon & Schuster, 2018).

153 *"Lia esse livro todas as vezes que podia":* Frederick Douglass, *Narrative of the Life of Frederick Douglass, an American Slave* (Pub. at the Antislavery office, 1845), 39.

153 *O que o fisgou no Orator foram não apenas os contos moralizantes:* "The Book That Taught Frederick Douglass e Abraham Lincoln How to Speak", New England Historical Society (blog), 22 de agosto de 2020, https://www.newenglandhistoricalsociety.com/the-book-that-taught-frederick-douglass-and-abraham-lincoln-how-to-speak/.

153 *Os surpreendentes caminhos da vida os levariam a se encontrar pela primeira vez 33 anos depois:* Frederick Douglass e C. W. Foster, "Lincoln and Frederick Douglass — With Malice Toward None: The Abraham Lincoln Bicentennial Exhibition | Exhibitions — Library of Congress", página na web, 12 de fevereiro de 2009, https://www.loc.gov/exhibits/lincoln/lincoln-and-frederick-douglass.html.

153 **Frederick Bailey mudou seu nome para Frederick Douglass:** Douglass, *Narrative of the Life*, 112.

154 **cada um falou durante 90 minutos e sobre um único assunto:** "Lincoln-Douglas Debates | Summary, Dates, Significance, & Facts", *Encyclopaedia Britannica*, acessado em 4 de agosto de 2021, https://www.britannica.com/event/Lincoln-Doug lass-debates.

154 **Pessoas curiosas caminharam até 9 horas para chegar ao local:** Graham A. Peck, "New Records of the Lincoln-Douglas Debate at the 1854 Illinois State Fair: The Missouri Republican and the Missouri Democrat Report from Springfield", *Journal of the Abraham Lincoln Association* 30, nº 2 (2009): 25–80.

154 **os candidatos falaram por apenas 39 e 38 minutos, respectivamente:** Jiachuan Wu, et alii, "Graphic: Presidential Debate Topic Tracker", NBC News, acessado em 20 de agosto de 2021, https://www.nbcnews.com/politics/2020-election/first-presidential-debate-2020-topics-graphic-n1241389.

154 **o educador Neil Postman refletiu sobre os sentimentos de sua época:** Neil Postman, *Amusing Ourselves to Death: Public Discourse in the Age of Show Business* (Penguin, 2006).

155 **o epíteto de Pai da Oratória cabe a Isócrates:** S. E. Smethurst, "Supplementary Paper: Cicero and Isocrates", *Transactions and Proceedings of the American Philological Association* 84 (1953): 262–320, https://doi.org/10.2307/283414.

155 **aos poucos, desenvolvendo sua própria fala:** "Isocrates | Greek Orator and Rhetorician", *Encyclopaedia Britannica*, acessado em 5 de agosto de 2021, https://www.britannica.com/biography/Isocrates.

155 **reunir atenienses para resistir à expansão da vizinha Macedônia:** "Demosthenes | Greek Statesman and Orator", *Encyclopaedia Britannica*, acessado em 5 de agosto de 2021, https://www.britannica.com/biography/Demosthenes-Greek-states man-and-orator.

155 **Lincoln gostava de citar Péricles:** "The Greeks at Gettysburg: An Analysis of Pericles' Epitaphios Logos as a Model for Abraham Lincoln's Gettysburg Address", acessado em 5 de agosto de 2021, https://projects.iq.harvard.edu/persephone/greeks-gettysburg-analysis-pericles-epitaphios-logos-model-abraham-lincolns-gettysburg-0.

156 **Ele proclamou que não existem dois Estados Unidos:** "Barack Obama's Keynote Address at the 2004 Democratic National Convention", PBS NewsHour, 27 de julho de 2004, https://www.pbs.org/newshour/show/barack-obamas-keynote-address-at-the-2004-democratic-national-convention.

157 *"Eu consigo chamar espíritos das profundezas":* William Shakespeare, *Henry IV, Part 1* (Folger Shakespeare Library, n.d.), https://shakespeare.folger.edu/shakespeares-works/henry-iv-part-1/.

157 **Kennedy era também um grande admirador de Churchill:** Barbara Maranzani, "Inside John F. Kennedy's Lifelong Admiration of Winston Churchill", Biografia, acessado em 5 de agosto de 2021, https://www.biography.com/news/john-f-kennedy-winston-churchill.

157 **Churchill não foi um estudante brilhante:** Winston Churchill, *My Early Life: 1874–1904* (Simon & Schuster, 2010), 14.

157 **Ele fez mais do que memorizar grandes discursos:** Ibid., 17.

157 **acabou em Sandhurst apenas em sua terceira tentativa:** Martin Gilbert, *Churchill: A Life* (Rosetta Books, 2014).

157 **Ele foi enviado para o exterior como oficial militar júnior:** Roy Jenkins, *Churchill: A Biography* (Macmillan, 2001).

157 **Leitor voraz, aproveitava suas horas de folga:** Ibid., 24.

157 **Churchill os lia e depois pensava cuidadosamente:** Gilbert, *Churchill*, 67.

157 **Começou também a ler os clássicos ingleses:** Jenkins, *Churchill*, 26.

157 **Aos 26 anos, conquistou seu primeiro assento no Parlamento:** Gilbert, *Churchill*, 135.

157 **E o olhar público o acompanhou por quase 60 anos:** "History of Sir Winston Churchill — gov.UK", acessado em 5 de agosto de 2021, https://www.gov.uk/government/history/past-prime-ministers/winston-churchill.

158 *"Churchill mobilizou a língua inglesa e a enviou para a batalha":* "Quotes FAQ", International Churchill Society, 1º de março de 2009, https://winstonchurchill.org/resources/quotes/quotes-faq/.

158 *"nenhum é tão precioso quanto o dom da oratória":* "America's National Churchill Museum | Sir Winston Churchill's Speeches", acessado em 20 de agosto de 2021, https://www.nationalchurchillmuseum.org/winston-churchills-speeches.html.

158 *"Insista em você mesmo; nunca imite":* Ralph Waldo Emerson, *Self-Reliance and Other Essays* (Sanage Publishing), edição Kindle, 48.

158 **Isso trouxe à tona suas paixões profundas:** Ronald C. White, *A. Lincoln: A Biography* (Random House Publishing Group, 2009), 205.

158 **sentiu que tinha que ir às ruas com eles:** Clayborne Carson, "MLK, the Reluctant Civil Rights Leader", CNN, 20 de janeiro de 2014, https://www.cnn.com/2014/01/20/living/martin-luther-king-identity/index.html.

159 *"Este é o meu verdadeiro eu":* Gerald Eugene Myers, **William James: His Life and Thought** (Yale University Press, 2001), 49.

159 *viajou de terceira classe por sua terra natal por um ano:* "1915–16: A Tour of the Homeland", **Hindustan Times,** 30 de setembro de 2019, https://www.hindustantimes.com/india-news/1915-16-a-tour-of-the-homeland/story-NcyhMn 8NEZiAp5m6OQplfL.html.

159 *falar presencialmente a uma plateia:* "America's Top Fears: Public Speaking, Heights and Bugs", **Washington Post,** acessado em 20 de agosto de 2021, https://www.washingtonpost.com/news/wonk/wp/2014/10/30/clowns-are-twice-as-scary-to-democrats-as-they-are-to-republicans/.

160 *ela comparou falar em público a ficar nua na frente de uma plateia de estranhos:* Rosalind Russell e Chris Chase, **Life Is a Banquet** (Random House, 1977). 211.

161 *ela se tornou uma das sete artes liberais básicas:* "Liberal Arts", **Encyclopaedia Britannica,** acessado em 5 de agosto de 2021, https://www.britannica.com/topic/liberal-arts.

161 *há nela três elementos principais:* Mortimer J. Adler, **How to Speak, How to Listen** (Simon & Schuster, 1997).

162 *"Quando a persuasão é o fim, a paixão também deve estar envolvida":* George Campbell, **The Philosophy of Rhetoric** (Harper & Brothers, 1851).

162 *ser o maior cavaleiro do mundo:* Thomas K. McCraw, **Prophet of Innovation: Joseph Schumpeter and Creative Destruction** (Harvard University Press, 2009), 4.

162 *todo bom orador deveria ter a confiança tranquila de um cristão com quatro ases na manga:* Mark Twain, **Early Tales and Sketches, Volume 1: 1851–1864** (University of California Press, 1979), 368.

162 *Ele adorava contar histórias:* Kathleen Hall Jamieson, **Eloquence in an Electronic Age: The Transformation of Political Speechmaking** (Oxford University Press, 1990).

162 *ocasião em que lembrou os heróis que estavam dispostos a arriscar a vida:* "Inaugural Addresses of the Presidents of the United States: from George Washington 1789 to George Bush 1989", Texto (Washington, D.C.: U.S. Government Printing Office, 1989), acessado em 5 de agosto de 2021, https://avalon.law.yale.edu/20th_century/reagan1.asp.

163 *define figura de linguagem:* "Figure, n.", em OED Online (Oxford University Press), acessado em 5 de agosto de 2021, http://www.oed.com/view/Entry/70079.

164 *"Não poderíamos fazer isso sem a TV":* Richard Reeves, **President Kennedy: Profile of Power** (Simon & Schuster, 1994), 326.

164 **"Você de fato sentia estar conectado a ele e à campanha":** Jennifer Aaker e Victoria Chang, "Obama and the Power of Social Media and Technology", Stanford Graduate School of Business Case Nº M-321, https://www.gsb.stanford.edu/faculty-research/case-studies/obama-power-social-media-technology, acessado em 7 de julho de 2021.

165 **Sua equipe formou uma rede de apoiadores:** Ibid., 2.

165 **Obama conseguiu arrecadar 6,5 milhões de doações digitais:** Ibid., 2.

165 **ela desafiou oficialmente o democrata em quarto lugar na Câmara:** Charlotte Alter, "Inside Rep. Alexandria Ocasio-Cortez's Unlikely Rise", *Time*, acessado em 7 de setembro de 2021, https://time.com/longform/alexandria-ocasio-cortez-profile/.

166 **ela dá uma réplica bem humorada no Twitter:** "Analysis | AOC Just Played 'Among Us' on Twitch. Over 400,000 People Came to Watch", *Washington Post*, acessado em 9 de agosto de 2021, https://www.washingtonpost.com/politics/2020/10/22/aoc-just-played-among-us-twitch-over-400000-people-came-watch/.

166 **"A maneira como aumentamos nossa presença é estando lá":** Devin Dwyer, "Alexandria Ocasio-Cortez's Twitter Lesson for House Democrats", ABC News, acessado em 7 de setembro de 2021, https://abcnews.go.com/Politics/alexandria-ocasio-cortezs-twitter-lesson-house-democrats/story?id=60443727.

167 **"comandavam uma audiência semanal de rádio de 90 milhões":** Albin Krebs, "Charles Coughlin, 30's 'Radio Priest'", *New York Times*, acessado em 7 de setembro de 2021, https://www.nytimes.com/1979/10/28/archives/charles-coughlin-30s-radio-priest-dies-fiery-sermons-stirred-furor.html.

168 **"A arte da comunicação é a linguagem da liderança":** Jim Paymar, "Speak Like a Leader", *Forbes*, acessado em 9 de agosto de 2021, https://www.forbes.com/sites/jimpaymar/2012/02/02/speak-like-a-leader/.

DEZ: QUANDO AS JORNADAS CONVERGEM

172 **não conseguiram mobilizar a nação:** Robert Coles, *Lives of Moral Leadership: Men and Women Who Have Made a Difference* (Random House TradePaperbacks, 2013), 20.

172 **fazer as coisas acontecerem nos corredores do Congresso:** Ibid., 22–25.

172 **Kennedy conseguiu que a equipe fosse oficialmente ouvida no Congresso:** Ibid., 26.

172 **uma turnê pelos condados mais pobres do Mississípi e da Virgínia Ocidental:** Ibid., 44.

173 **"Você aprende o que está por vir, vivendo":** Ibid., 52.

173 *o conselho gentilmente lhe concedeu um período sabático:* Mary S. Hartman, *Talking Leadership: Conversations with Powerful Women* (Rutgers University Press, 1999), 52.

175 *um PowerPoint de 21 páginas:* Tessa Stuart, "What the Democratic Party Can Learn From Stacey Abrams' Success in Georgia", *Rolling Stone*, 20 de dezembro de 2020, https://www.rollingstone.com/politics/politics-features/stacey-abrams-georgia-senate-races-2020-election-1097107/.

175 *"800 mil pessoas não brancas":* Stacey Abrams, *Lead from the Outside: How to Build Your Future and Make Real Change* (Picador, 2018), localização no Kindle 1043.

176 *"Eu não sou nada especial":* Ibid.

ONZE: COMO OS LÍDERES SE PERDEM PELO CAMINHO

185 *"O homem é concebido em pecado e nasce na corrupção":* Robert Penn Warren, *All the King's Men* (Houghton Mifflin Harcourt, 2006), 235.

186 *conseguiu um emprego em outra instituição de prestígio:* Michael Rothfeld, "The Rise and Fall of Rajat Gupta", *Wall Street Journal*, 24 de outubro de 2012, https:// online.wsj.com/article/SB10001424052970203400604578075291193560764.html.

186 *ele se tornou o primeiro CEO da empresa nascido fora dos EUA:* Ibid.

186 *abrindo escritórios em 20 países, dobrando o número de parceiros e elevando as receitas em 230%:* Walter Kiechel, "The Tempting of Rajat Gupta", *Harvard Business Review,* 24 de março de 2011, https://hbr.org/2011/03/the-tempting-of-rajat-gupta.

186 *atuou como consultor em várias escolas de negócios e apoiou uma série de causas filantrópicas:* Rothfeld, "Rise and Fall".

187 *envolvido em um sério abuso de informações privilegiadas:* "Rajat Gupta Pleads Not Guilty in Insider Trading, Released on $10 Mn Bail", *Economic Times*, acessado em 9 de agosto de 2021, https://economictimes.indiatimes.com/news/international/rajat-gupta-pleads-not-guilty-in-insider-trading-released-on-10-mn--bail/articleshow/10505219.cms?from=mdr.

187 *um investimento que alegadamente resultou em ganhos e prevenção de perdas que totalizaram US$23 milhões:* "SEC Files Insider Trading Charges Against Rajat Gupta", acessado em 9 de agosto de 2021, https://www.sec.gov/news/press/2011/2011-223.htm.

187 **Ele ficou preso por 19 meses:** "Ex-McKinsey Chief Gupta Says He Was in Solitary for Weeks in U.S. Jail", Reuters, 26 de março de 2019, sec. Banks, https://www.reuters.com/article/us-crime-gupta-prison-idUSKCN1R70XR.

187 **seu patrimônio líquido parecia superar US$100 milhões:** Peter Lattman, "Rajat Gupta's Wealth in Spotlight at Trial", *Business Standard India,* 3 de junho de 2012, https://www.business-standard.com/article/economy-policy/rajat-gupta-s--wealth-in-spotlight-at-trial-112060302002_1.html.

188 **Dante cita os penitentes obrigados a carregar lajes de pedra nas costas:** "The Project Gutenberg EBook of The Divine Comedy, Hell, by Dante Alighieri", acessado em 11 de agosto de 2021, https://www.gutenberg.org/files/1001/1001-h/1001-h.htm.

189 **Elizabeth Holmes abandona Stanford aos 17 anos:** Ken Auletta, "Blood, Simpler", *New Yorker,* 7 de dezembro de 2014, https://www.newyorker.com/magazine/2014/12/15/blood-simpler.

189 **pode ser sentenciada a 20 anos de prisão:** *U.S. v. Elizabeth Holmes et alii,* F26 de fevereiro de 2019, https://www.justice.gov/usao-ndca/us-v-elizabeth-holmes-et-al.

189 **Foi para a cadeia pelo crime de fraude:** Anne Gearan, "Three Years Later, Aramony Scandal Still Hurts United Way", AP NEWS, acessado em 11 de agosto de 2021, https://apnews.com/article/8d91ad96f55046e2bebc3e55feb6996d.

189 **Acusado de estar no centro de um escândalo sexual, foi forçado a renunciar:** David K. Li, "Jerry Falwell Jr. Is Suing Liberty University after His Forced Resignation over Sex Scandal", NBC News, acessado em 11 de agosto de 2021, https://www.nbcnews.com/news/us-news/jerry-falwell-jr-suing-liberty-university-after-his-forced-resignation-n1245258.

190 **"A rocha da democracia afundará":** "These 5 Qualities Define Good Leadership, According to a Presidential Historian", Aspen Institute, 26 de outubro de 2018, https://www.aspeninstitute.org/blog-posts/these-five-qualities-define-good-leadership-according-to-a-presidential-historian/.

190 **ela o demitiu:** Donald Regan: 1918–2003 // Reagan's Staff Chief Stung by Iran--Contra", *Tampa Bay Times,* acessado em 11 de agosto de 2021, https://www.tampabay.com/archive/2003/06/11/donald-regan-1918-2003-reagan-s staff-chief-stung-by-iran-contra/.

190 **"desde que você não se importe com quem receba o crédito":** "Oval Office", acessado em 11 de agosto de 2021, https://www.reaganfoundation.org/library-museum/permanent-exhibitions/oval-office/.

190 **inspiraram Schultz a garantir que os baristas da Starbucks:** Carmine Gallo, "How Starbucks CEO Howard Schultz Inspired Us to Dream Bigger", Forbes, acessado em 11 de agosto de 2021, https://www.forbes.com/sites/carminegallo/2016/12/02/how-starbucks-ceo-howard-schultz-inspired-us-to-dream-bigger/.

191 **O presidente Obama fez a mesma escolha:** "Treasures of the White House: 'Resolute' Desk", White House Historical Association, acessado em 11 de agosto de 2021, https://www.whitehousehistory.org/photos/treasures-of-the-white-house-resolute-desk.

192 **ele os acusou de imprudentes, até mesmo temerários** (Random House Publishing Group, 2002).

192 **Cerca de 56 mil americanos morreram naquela guerra.:** "Vietnam War U.S. Military Fatal Casualty Statistics", Arquivo Nacional, 15 de agosto de 2016, https://www.archives.gov/research/military/vietnam-war/casualty-statistics.

194 **"Precisamos de líderes de idealismo inspirado":** "American Rhetoric: Teddy Roosevelt — The Right of the People to Rule", acessado em 11 de agosto de 2021, https://www.americanrhetoric.com/speeches/teddyrooseveltrightpeoplerule.htm.

194 **"Um príncipe tem que imitar a raposa e o leão":** Niccolò Machiavelli, *The Prince* (Branden Books, 2002), 103.

194 **legendou um trabalho biográfico positivo sobre FDR:** James MacGregor Burns, *Roosevelt: The Lion and the Fox (1882–1940)* (Open Road Media, 2012).

194 **"Queremos um presidente decente, justo, atencioso e compassivo":** Thomas A. Cronin and Michael A. Genovese, *The Paradoxes of the American Presidency* (Oxford University Press, 1998), 9.

197 **"deve saber quando dissimular e quando ser franco":** Charles de Gaulle, *The Edge of the Sword* (Criterion Books, 1960), 104.

197 **"perdeu sua maior força":** Michael Beschloss, *Mayday: Eisenhower, Khrushchev, and the U-2 Affair* (Open Road Media, 2016), 252.

198 **"Ninguém vai lhe dar poder":** Nancy Carroll, "Nancy Pelosi's Legacy as One of the Most Important People in History", acessado em 22 de setembro de 2021, https://www.usatoday.com/story/opinion/2021/04/16/nancy-pelosi-house-speaker-book-susan-page-power-american-history/7231734002/.

198 **"todo primeiro-ministro deve ser um bom açougueiro":** Haynes Johnson, "Nixon Stirs All the Old Memories", *Washington Post*, 5 de maio de 1977, https://www.washingtonpost.com/archive/politics/1977/05/05/nixon-stirs-all-the-old-memories/6d3e39ce-70e1-409d-84e5-1e72a0e17253/.

DOZE: LIDERANDO EM MEIO A UMA CRISE

199 **As condições eram terríveis:** History.com Editors, "Nelson Mandela Writes from Prison", História, acessado em 12 de agosto de 2021, https://www.history.com/this-day-in-history/mandela-writes-from-prison.

199 **"Você não tem ideia da crueldade do homem contra o homem":** Jill Smolowe, "Nelson Mandela: 1918–2013". People.com, acessado em 12 de agosto de 2021, https://people.com/archive/nelson-mandela-1918-2013-vol-80-no-26/.

200 **"Não importa quão estreito seja o vão":** Poetry Foundation, "Invictus by William Ernest Henley", Poetry Foundation (Poetry Foundation, 11 de agosto de 2021), https://www.poetryfoundation.org/, https://www.poetryfoundation.org/poems/51642/invictus.

200 **Churchill parafraseou as duas últimas linhas em um discurso para dar ânimo ao Parlamento:** "Captain of Our Souls", International Churchill Society, 30 de novembro de 2016, https://winstonchurchill.org/resources/quotes/captain-of-our-souls/.

200 **Mandela o consolou conversando sobre aquela mensagem:** "How Mandela Helped Clinton Survive Scandal", *Guardian*, 21 de junho de 2004, http://www.theguardian.com/world/2004/jun/21/usa.interviews.

200 **O presidente Obama citou o poema em uma cerimônia fúnebre:** "Nelson Mandela Memorial: Barack Obama's Speech in Full | CNN Politics", CNN, 10 de dezembro de 2013, https://www.cnn.com/2013/12/10/politics/mandela-obama-remarks/index.html.

200 **John Lewis gostava de repetir o poema:** Grace Hauck e Natalie Allison, "12-Year-Old Tybre Faw Met His Hero Two Years Ago; He Read John Lewis' Favorite Poem at His Funeral", *USA Today,* acessado em 12 de agosto de 2021, https://www.usatoday.com/story/news/nation/2020/07/30/john-lewis-funeral-tybre-faw-reads-invictus-poem-honors-hero/5545602002/.

201 **"Não há caminhada fácil para a liberdade em nenhum lugar":** "Nelson Mandela: No Easy Walk to Freedom", acessado em 12 de agosto de 2021, http://www.columbia.edu/itc/history/mann/w3005/mandela01.html.

201 **"Ele fica atrás do rebanho, deixando o mais ágil sair na frente":** Nelson Mandela, *Long Walk to Freedom* (Back Bay Books; Hachette Book Group, 1995), 22.

201 **estabeleceram um acrônimo, VUCA:** "Who First Originated the Term VUCA (Volatility, Uncertainty, Complexity and Ambiguity)? — USAHEC Ask Us a Question", acessado em 12 de agosto de 2021, https://usawc.libanswers.com/faq/84869.

203 *"usando todo tipo de palavrões que já tinha ouvido":* "Character Above All: HarryS. Truman Essay", acessado em 12 de agosto de 2021, https://www.pbs.org/newshour/spc/character/essays/truman.html.

203 *"aprendeu duas coisas de vital importância sobre si mesmo":* Ibid.

203 **Nessa lápide ele encontrou esta inscrição:** Jack Valenti, *This Time, This Place: My Life in War, the White House, and Hollywood* (Crown, 2007), localização no Kindle 744.

205 **Napoleão trabalhava em meia dúzia de cenários:** "Napoleon on Strategy", Strategic Thinking, acessado em 12 de agosto de 2021, http://www.strategybydesign.org/napoleon-on-strategy.

205 **ele primeiro dirigia sua jangada em direção a uma casa de fazenda rio abaixo:** Geoffrey C. Ward, "Before He Became a Saint", *New York Times*, 22 de outubro de 1995, https://www.nytimes.com/1995/10/22/books/before-he-became-a-saint.html.

206 *"Em tempos de perigo, como a agulha":* Herman Melville, *White-Jacket: Or, The World in a Man-of-War* (Harper & Brothers, 1850). 173.

207 *"Constitucionalmente, senhores, vocês têm o presidente":* Richard V. Allen, "When Reagan Was Shot, Who Was 'in Control' at the White House?", *Washington Post,* 25 de março de 2011, shttps://www.washingtonpost.com/opinions/when-reagan-was-shot-who-was-in-control-at-the-white-house/2011/03/23/AFJlrfYB_story.html.

209 *"Você não conhece os norte-americanos como eu conheço":* History.com Editors, "FDR Commits to Biggest Arms Buildup in U.S. History", História, acessado em 12 de agosto de 2021, https://www.history.com/this-day-in-history/roosevelt-commits-to-biggest-arms-buildup-in-u-s-history.

209 **o país não estava construindo 50 mil aviões por ano:** United States Army Air Forces Office of Statistical Control, Army Air Force Statistical Digest: World War II 1945), http://archive.org/details/ArmyAirForcesStatistical DigestWorldWarII.

210 *"O povo norte-americano é lento para se irar":* "December 3, 1901: First Annual Message | Miller Center", 20 de outubro de 2016, https://millercenter.org/the-presidency/presidential-speeches/december-3-1901-first-annual-message.

210 **as agências federais de inteligência não souberam quantificar a magnitude da ameaça:** "National Commission on Terrorist Attacks Upon the United States", acessado em 12 de agosto de 2021, https://govinfo.library.unt.edu/911/report/911Report_Exec.htm.

210 **Nova Orleans não estava preparada para o furacão Katrina:** Pam Fessler, "Why Wasn't New Orleans Better Prepared?", NPR, 2 de setembro de 2005, sec. Katrina & Beyond, https://www.npr.org/templates/story/story.php?storyId=4829443.

210 **"Os grandes nomes das finanças e os administradores públicos de nosso sistema financeiro ignoraram os avisos":** Mark Memmott, "'Human Action and Inaction' Caused 2008 Financial Crisis, Report Concludes", NPR, 27 de janeiro de 2011, https://www.npr.org/sections/thetwo-way/2011/01/27/133269668/human-action-and-in action-caused-2008-financial-crisis-report-concludes.

210 **vidas norte-americanas foram perdidas para a COVID-19 na era Trump:** Steffie Woolhandler et alii, "Public Policy and Health in the Trump Era", *Lancet* 397, nº 10275 (20 de fevereiro de 2021): 705–53, https://doi.org/10.1016/S0140-6736(20)32545-9.

211 **em média, a riqueza de uma família de brancos é quase 8 vezes superior à de sua congênere de pessoas negras:** "The Black-White Wealth Gap Left Black Households More Vulnerable", acessado em 22 de setembro de 2021, https://www.brookings.edu/blog/up-front/2020/12/08/the-black-white-wealth-gap-left-black-households-more-vulnerable/.

211 **a diferença de expectativa de vida entre negros e brancos norte-americanos subiu para 5 anos em 2020:** Paola Scommegna e Mark Mather, "COVID-19 and Other Risk Factors Widen the Black-White Life Expectancy Gap | PRB", acessado em 22 de setembro de 2021, https://www.prb.org/resources/covid-19-and-other-risk-factors-widen-the-black-white-life-expectancy-gap/.

212 **"Uma das principais responsabilidades da liderança":** Max H. Bazerman e Michael Watkins, *Predictable Surprises: The Disasters You Should Have Seen Coming, and How to Prevent Them* (Harvard Business School Press, 2004). 1.

212 **porque um ataque anterior fracassado ao World Trade Center em 1993 havia deixado os líderes em alerta sobre suas vulnerabilidades:** History.com Editors, "World Trade Center Is Bombed", História, acessado em 12 de agosto de 2021, https://www.history.com/this-day-in-history/world-trade-center-bombed.

212 **todas as vítimas que chegaram a um hospital sobreviveram:** "The Key to Saving More Lives in a Mass Violence Incident", EMS1, acessado em 12 de agosto de 2021, https://www.ems1.com/ems-products/incident-management/articles/the-key-to-saving-more-lives-in-a-mass-violence-incident-1GPkseQwc6Qm4haF/.

213 **"O histórico das comissões dos EUA é decididamente misto":** Jordan Tama, "Congress May Appoint a Commission to Investigation the Capitol Riot. Three Factors Affect Whether These Work", acessado em 7 de setembro de 2021, https://www.washingtonpost.com/politics/2021/01/19/members-congress-want-commission-investigate-capitol-invasion-heres-when-these-work/.

214 um exército totalmente voluntário surgiu de uma comissão nomeada por Nixon: Ibid.

215 "Não importa quão estreito seja o vão": VADM James B. Stockdale, "Stockdale on Stoicism II: Master of My Fate", n.d., 18.

TREZE: OS ESTÁGIOS DO FOGUETE PROPULSOR

216 "Não vou adotar um curso que permita a qualquer pessoa escrever um livro semelhante sobre esta época": Robert F. Kennedy, *Thirteen Days: A Memoir of the Cuban Missile Crisis* (W. W. Norton, 2011), 97.

217 "Fomos olho no olho": "TWE Remembers: Eyeball to Eyeball and the Other Fellow Just Blinked (Cuban Missile Crisis, Day Nine)", Council on Foreign Relations, acessado em 13 de agosto de 2021, https://www.cfr.org/blog/twe-remembers-eyeball-eyeball-and-other-fellow-just-blinked-cuban-missile-crisis-day-nine.

217 publicou um estudo altamente influente sobre os diferentes modelos de tomada de decisão (Boston: Little, Brown, 1971), 30

217 "mudou da simples questão do que fazer *agora* para a pergunta mais difícil": Richard E. Neustadt, *Thinking in Time: The Uses of History for Decision Makers* (Simon & Schuster, 2011), 14.

218 lembre-se de que Filipe II da Macedônia contratou Aristóteles para ser tutor de seu filho Alexandre: "Aristotle—World History Encyclopedia", acessado em 13 de agosto de 2021, https://www.worldhistory.org/aristotle/.

218 Jefferson mantinha sua primeira coleção em casa, em Albemarle: "Founders Online: From Thomas Jefferson to John Page, 21 February 1770" (University of Virginia Press), acessado em 13 de agosto de 2021, http://founders.archives.gov/documents/Jefferson/01-01-02-0023.

218 Os 6.487 volumes formaram a base da biblioteca que o Congresso tem hoje: "Jefferson's Library — Thomas Jefferson | Exhibitions — Library of Congress", 24 de abril de 2000, https://www.loc.gov/exhibits/jefferson/jefflib.html.

218 John Adams doou sua coleção… para sua comunidade em Quincy: "Adams, John (1735–1826) Library", acessado em 13 de agosto de 2021, https://www.bpl.org/archival_post/adams-john-1735-1826-library/.

218 Lincoln, como sabemos, não teve ampla educação formal, mas aprendeu sozinho a ler: Ethan Anderson, "Lincoln: Shakespeare's Greatest Character", National Endowment for the Humanities, acessado em 12 de novembro de 2021, https://www.neh.gov/blog/lincoln-shakespeares-greatest-character.

218 **Teddy Roosevelt era um leitor voraz — com frequência, lia um livro por dia na Casa Branca:** Jeremy Anderberg, "Teddy Roosevelt's 10 Rules for Reading", Book Riot (blog), 30 de janeiro de 2014, https://bookriot.com/teddy-roosevelts-10-rules-reading/.

219 **TR promoveu uma animada discussão sobre o livro, que havia lido durante a noite:** Edmund Morris, *The Rise of Theodore Roosevelt* (Random House Publishing Group, 2010), xxxiii.

219 **"Nem todo leitor é um líder, mas todo líder é um leitor":** "Truman Quotes", Truman Library Institute (blog), acessado em 13 de agosto de 2021, https://www.trumanlibraryinstitute.org/truman/truman-quotes/.

219 **Quando adolescente, sua mãe lhe deu uma obra com vários volumes:** "Truman Home Study Book List — Harry S Truman National Historic Site (U.S.National Park Service)", acessado em 13 de agosto de 2021, https://www.nps.gov/hstr/learn/historyculture/truman-home-study-book-list.htm.

219 **ele ficou 7 anos atrás de uma mula na pequena fazenda da família:** Robert H. Ferrell, *Harry S. Truman: A Life* (University of Missouri Press, 2013).

219 **Truman também sabia que, se reconhecesse Israel, correria o risco de Marshall desistir do cargo:** "Recognition of Israel | Harry S. Truman", acessado em 13 de agosto de 2021, https://www.trumanlibrary.gov/museum/ordinary-man/recognition-of-israel.

219 **Quanto a Marshall, ficou ao lado de seu presidente:** David McCullough, *Truman* (Simon & Schuster, 2003). 736.

220 **ele devorava livros, de Hemingway a Faulkner e Fitzgerald:** Jim Mattis e Bing West, *Call Sign Chaos: Learning to Lead* (Random House Publishing Group, 2019), 5.

220 **um fuzileiro recebe uma lista de leitura de obras relevantes para suas novas responsabilidades:** "Commandant's Professional Reading List (Foundational)", MCA (blog), acessado em 13 de agosto de 2021, https://mca-marines.org/blog/resource/comman dants-professional-reading-list/.

220 **ele mergulhava na história das nações e das culturas nas quais seus fuzileiros iriam lutar:** Mattis e West, *Call Sign Chaos*, 43.

220 **Mattis tinha uma biblioteca pessoal com 7 mil livros:** "Defense Secretary James Mattis' Extraordinary Reading Habits", acessado em 13 de agosto de 2021, https://www.cnbc.com/2018/09/13/defense-secretary-james-mattis-extraordinary-reading-habits.html.

220 *"Se você não leu centenas de livros, é um analfabeto funcional":* Mattis e West, *Call Sign Chaos*, 42.

222 *"Escrever não é a simples transferência de inventário intelectual totalmente formado do cérebro para o papel":* Sidney Harman, *Mind Your Own Business: A Maverick's Guide to Business, Leadership and Life* (Crown, 2003), xii.

223 *"Senhores"... "por que vocês não riem":* Merrill D. Peterson, *Lincoln in American Memory* (Oxford University Press, 1995), 97.

224 *"Nossa! Você é o homem mais mal-apessoado que já vi":* Richard Carwardine, *Lincoln's Sense of Humor* (SIU Press, 2017), 45.

224 *"Mas se quiser que alguém faça o trabalho, peça a uma mulher":* "Thatcher's Thoughts from a Life in Politics", AP News, acessado em 14 de agosto de 2021, https://apnews.com/article/db88dbafc70b46f2a286a343105b472d.

224 *"Tudo o mais considerado, eu preferiria estar na Filadélfia":* Del Quentin Wilber, "When Reagan Was Shot, Country Rallied Around, but He Hadn't Spent Months Downplaying Assassins", *Los Angeles Times*, 2 de outubro de 2020, https://www.latimes.com/politics/story/2020-10-02/when-reagan-shot-country-rallied-he-hadnt-spent-months-downplaying-assassins.

225 *"Quero que você saiba que também não farei da idade um problema nesta campanha":* "Debate Between the President and Former Vice President Walter F. Mondale in Kansas City, Missouri", acessado em 14 de agosto de 2021, https://www.reaganfoundation.org/ronald-reagan/reagan-quotes-speeches/debate-between-the-president-and-former-vice-president-walter-f-mondale-in-kansas-city-missouri/.

226 *"Vamos passar dois dias lá":* Con Coughlin, "Marrakesh: Where Churchill and Roosevelt Played Hookey", *Telegraph*, 4 de fevereiro de 2016, https://www.telegraph.co.uk/travel/destinations/africa/morocco/marrakech/articles/Marrakesh-where-Churchill-and-Roosevelt-played-hookey/.

227 *"Eu me sinto como um sultão. Você pode beijar minha mão, meu caro":* Ibid.

228 *é um conceito de engenharia — que se mostrou inviável:* "Speed Dial: Warren Bennis", Bloomberg.Com, 23 de setembro de 2010, https://www.bloomberg.com/news/articles/2010-09-23/speed-dial-warren-bennis.

229 *um certo período pode ser decisivamente dedicado a projetos de trabalho:* Olga Khazan, "Give Up on Work-Life Balance", *Atlantic*, 30 de maio de 2019, https://www.theatlantic.com/health/archive/2019/05/work-life-balance/590662/.

229 **"Trabalho, trabalho, trabalho é o principal":** "Abraham Lincoln's Advice to Lawyers", acessado em 14 de agosto de 2021, http://www.abrahamlincolnonline.org/lin coln/speeches/law.htm.

231 **Lamar Alexander é outro líder público que mostrou ter uma vida integrada:** Lamar Alexander, *Six Months Off: An American Family's Australian Adventure* (Morrow, 1988).

SUMÁRIO EXECUTIVO: 20 LIÇÕES IMPORTANTES

234 **a liderança, hoje, deve ser exercida "de dentro para fora":** Nancy Koehn, *Forged in Crisis: The Power of Courageous Leadership in Turbulent Times* (Simon & Schuster, 2017), 4.

240 **"Se há muitos líderes, você não pode comprometer um movimento e não pode matá-lo":** Charlotte Alter, *The Ones We've Been Waiting For: How a New Generation of Leaders Will Transform America* (Penguin, 2021), 119.

EPÍLOGO: ATENDENDO AO CHAMADO

243 **"Que a palavra vá adiante deste tempo e lugar":** "Our Documents — Transcript of President John F. Kennedy's Inaugural Address (1961)", acessado em 19 de julho de 2021, https://www.ourdocuments.gov/doc.php?flash=false&doc=91&page=transcript.

243 **Jimmy Carter, ainda estudava na Academia Naval:** "Jimmy Carter's Naval Service — About Us — The Jimmy Carter Presidential Library and Museum", acessado em 19 de julho de 2021, https://www.jimmycarterlibrary.gov/about_us/naval_service.

244 **Kennedy cravou os dentes em uma alça do colete salva-vidas:** Hersey, "John F. Kennedy's Story of Survival", *New Yorker*, acessado em 19 de julho de 2021, https://www.new yorker.com/magazine/1944/06/17/survival.

244 **George H. W. Bush incluiu em seu desfile inaugural uma réplica do Avenger:** Rene Sanchez e Fern Shen, "New President Charms Throngs Along America's Main Street", *Washington Post,* 21 de janeiro de 1989, https://www.washingtonpost.com/archive/politics/1989/01/21/new-president-charms-throngs-along-americas-main-street/b277e78a-ff85-4c7c-9f71-908baaccedf7/.

244 **ele era um dos pilotos norte-americanos mais jovens abatidos no Pacífico Sul:** "Bush, George H. W.", acessado em 18 de agosto de 2021, http://public1.nhhcaws.local/research/histories/biographies-list/bios-b/bush-george-h-w.html.

244 **Por volta de 16 milhões de norte-americanos serviram uniformizados, dos quais quase 40% eram voluntários:** Jonathan E. Vespa, "Those Who Served: America's Veterans from World War II to the War on Terror", n.d., 18.

244 **Brokaw concluiu: eles eram "a maior geração":** Tom Brokaw, *The Greatest Generation* (Random House, 1998).

246 **movimentos de resistência liderados por jovens mobilizaram as maiores multidões da história:** Larry Buchanan, Quoctrung Bui e Jugal K. Patel, "Black Lives Matter May Be the Largest Movement in U.S. History", **New York Times**, 3 de julho de 2020, https://www.nytimes.com/interactive/2020/07/03/us/george-floyd-protests-crowd-size.html.

248 **algo entre 3 milhões e 5 milhões de manifestantes participaram da Marcha das Mulheres:** Ibid.

249 **Os protestos pelos direitos civis da década de 1960 atraíram muito mais negros norte-americanos do que brancos:** Amanda Barroso e Rachel Minkin, "Recent Protest Attendees Are More Racially and Ethnically Diverse, Younger Than Americans Overall", Pew Research Center (blog), acessado em 18 de agosto de 2021, https://www.pewresearch.org/fact-tank/2020/06/24/recent-protest-attendees-are-more-racially-and-ethnically-diverse-younger-than-americans-overall/.

250 **os millennials agora ocupam 31 assentos na Câmara e 1 no Senado:** "Which Generations Have the Most Members in the 117th Congress? | Pew Research Center", acessado em 18 de agosto de 2021, https://www.pewresearch.org/fact-tank/2021/02/12/boomers-silents-still-have-most-seats-in-congress-though-number-of-millennials-gen-xers-is-up-slightly/.

251 **Ashoka é parceira de cerca de 300 organizações sem fins lucrativos em todo o mundo:** "Home | Ashoka | Everyone a Changemaker", acessado em 18 de agosto de 2021, https://www.ashoka.org/en-hu.

251 **tem hoje 64 mil ex-alunos atendendo 50 regiões em todo o país e expandiu-se para o exterior:** "Learn More about Teach for America's Nationwide Impact", acessado em 18 de agosto de 2021, https://www.teachforamerica.org/what-we-do/impact.

251 **Fundação KIPP, que tem cerca de 270 escolas charter e 160 mil alunos e ex-alunos:** "KIPP's Structure | Learn How KIPP Public Charter Schools Are Structured", KIPP Public Charter Schools, acessado em 18 de agosto de 2021, https://www.kipp.org/schools/structure/.

251 **Echoing Green concedeu financiamento inicial para quase mil inovadores sociais:** "Echoing Green Kicks Off Work Supported by Racial Equity Philanthropic

Fund", Echoing Green, 11 de fevereiro de 2021, https://echoinggreen.org/news/echoing-green-kicks-off-work-supported-by-racial-equity-philanthropic-fund/.

252 **em seus apelos aos jovens para assumirem uma vida "maior do que o próprio interesse":** John McCain and Stan McChrystal, "Expand Opportunities for Young Americans to Serve Their Country", CNN, 10 de agosto de 2015, https://www.cnn.com/2015/08/10/opinions/mccain-mcchrystal-national-service-legislation/index.html.

252 **afiliados da AmeriCorps disponibilizaram milhões de horas para manter as comunidades à tona:** David Gergen e Caroline Cohen, "Opinion: This Program Puts People to Work Serving America. Now It's Going to Jump in Size", CNN, acessado em 18 de agosto de 2021, https://www.cnn.com/2021/03/17/opinions/americorps-stimulus-national-service-gergen-cohen/index.html.

253 **uma ponte entre os voluntários e a comunidade**: E. J. Dionne e Kayla Meltzer Drogosz, "United We Serve?: The Debate over National Service", Brookings (blog), 30 de novembro, IAD, https://www.brookings.edu/articles/united-we-serve-the-debate-over-national-service/.

255 **"Não é o crítico que conta":** "Address at the Sorbonne in Paris, France: 'Citizenship in a Republic' | The American Presidency Project", acessado em 18 de agosto de 2021, https://www.presidency.ucsb.edu/documents/address-the-sorbonne-paris-france-citizenship-republic.

256 **O presidente Nixon leu a mesma passagem em seu discurso de renúncia:** "Roosevelt's Lessons for Nations Across Generations", acessado em 18 de agosto de 2021, https://www.lowyinstitute.org/the-interpreter/roosevelt-s-lessons-nations-generations.

256 **LeBron James coloca "Man in the Arena" no sapato antes de um jogo:** "LeBron James Is the 'Man in the Arena'", https://www.cleveland19.com, acessado em 18 de agosto de 2021, https://www.cleveland19.com/story/38385477/lebron-james-is-the-man-in-the-arena.

256 **Miley Cyrus tem uma passagem tatuada no antebraço:** Jen Chaney, "Miley Cyrus Is Now Tattooing Presidential Quotes on Herself", **Washington Post** (blog), 11 de julho de 2012, https://www.washingtonpost.com/blogs/celebritology/post/miley-cyrus-is-now-tattooing-presidential-quotes-on-herself/2012/07/11/gJQA9PGedW_blog.html.

257 **logo foram apelidados de Paciência e Fortaleza:** "The Library Lions", New York Public Library, acessado em 18 de agosto de 2021, https://www.nypl.org/help /about-nypl/library-lions.

Agradecimentos

Um tema central deste livro é que os estudiosos de liderança estão amplamente reticentes quanto à teoria do Grande Homem da história. Evidentemente, líderes individuais ainda são indispensáveis, porém cada vez fica mais claro que para "realizar grandes coisas" hoje, um líder também precisa de colaboração criativa.

Essa foi certamente minha experiência ao escrever este livro: foi desde o começo um esforço colaborativo, com muitas mentes e canetas contribuindo. E também houve, no processo, uma surpresa bem-vinda.

Como no último meio século de nosso casamento, minha esposa, Anne, foi novamente uma parceira inestimável, oferecendo um fluxo constante de ideias e revisões; temos dois filhos, e ela é a integrante mais culta do nosso quarteto. Estamos orgulhosos de que Christopher e Katherine estejam envolvidos no serviço público, assim como seus cônjuges e filhos. De suas famílias vieram muitos insights sobre os desafios das gerações mais jovens.

Também sou profundamente grato àqueles que fizeram parceria na criação e na construção do Center for Public Leadership na Harvard Kennedy School; nosso trabalho em conjunto tem sido um campo de treinamento maravilhoso para mim. Ele está em ótimas mãos hoje com a administração do reitor Doug Elmendorf, nossos novos codiretores, Deval Patrick e Hannah Riley Bowles, e nosso novo diretor executivo Ken Himmelman. Agradeço não somente ao corpo docente e aos funcionários, mas também aos nossos doadores, cuja generosidade financiou quase mil bolsas de estudo, permitindo aos alunos buscarem avançar em sua educação acadêmica: Les e Abigail Wexner, Mort Zuckerman, Glenn Dubin, David Rubenstein, Bill George, Sheila C. Johnson, a família Leon e Debra Black, Louis Bacon, Alan Gleitsman e o governo dos Emirados Árabes Unidos. Todos podemos nos orgulhar das quase mil bolsas que eles financiaram.

Ao procurar saber como alguém se torna um grande líder, recorri fortemente a mestres de longa data na área, como Warren Bennis, John Gardner, Deborah Rhode, Peter Drucker, James MacGregor Burns e Richard Hackman. Alguns deles faleceram nos últimos anos. Sinto falta de todos, especialmente de Warren, um querido amigo. Felizmente, vários outros surgiram como figuras essenciais nos estudos de liderança, começando com Bill George, Jim Collins, Iris Bohnet, Walter Isaacson, Amy Edmondson, generais Mattis e McChrystal, almirante Dana Borne, Rosabeth Moss Kanter, Ron Heifetz, Marshall Ganz e Bárbara Kellerman. A maioria está presente nestas páginas, especialmente Bill George, cujo trabalho sobre liderança autêntica está remodelando o campo.

Em minha opinião, historiadores e biógrafos também se constituem em uma fonte das mais relevantes para entender a liderança. Escolha qualquer livro de Doris Kearns Goodwin ou Nancy Koehn, de Jon Meacham, Jill Lepore, Fred Logevall, Drew Faust, Garry Wills, Michael Beschloss, Barbara Tuchman, Stephen Ambrose ou, ainda, de Arthur Schlesinger Jr., e você encontrará lições importantes. Além de uma escrita poderosa. Felizmente, todos, exceto Tuchman, Ambrose e Schlesinger, ainda estão conosco, e o trabalho deles continua vivo.

Eu poderia continuar descrevendo cientistas sociais cujo trabalho também influenciou meus pontos de vista — luminares como Joe Nye, Joseph Campbell, Erik Erikson, Martin Seligman, Howard Gardner, Iris Bohnet e Susan Cain —, mas quero guardar espaço para a grande surpresa deste projeto: o grande papel desempenhado na criação deste livro pelas próprias gerações que deveriam liderar o país no futuro.

Meu apreço por esse fato promissor começou a se enraizar há um quarto de século, quando comecei a lecionar na faculdade. Lá, descobri alunos talentosos e decidi contratar dois graduados por ano como ajuda — um assistente de pesquisa e um assistente executivo. Em cada caso, propus um pacto informal: se você me der dois anos trabalhando comigo, eu ajudo a abrir as portas para o mundo. Eu não tinha ideia do quanto eles se tornariam parceiros e depois companheiros para a vida.

Eles me tiraram da rotina alguns anos atrás, me persuadindo a escrever este livro. Michael Zuckerman, Blythe Riggan, Jamie Piltch, Greg Honan e Emma Dolson foram os principais; cada um seguiu uma vida gratificante. Michael tornou-se editor da *Harvard Law Review*, assistente do juiz Sotomayor, e depois foi trabalhar para uma organização sem fins lucrativos voltada a questões de reforma penal em Ohio. Blythe agora está matriculada na UNC Law School, em Chapel Hill. Jamie podia escolher entre faculdades de direito de primeira linha: Harvard, Yale ou Stanford. Ele escolheu Yale (uma escolha sábia, diz este ex-aluno de Yale). Greg obteve um mestrado pela Kennedy School e agora ajuda a administrar a With Honor, uma organização sem fins lucrativos que incentiva veteranos militares de ambos os partidos a concorrer ao Congresso. Após deixar minha equipe, Emma liderou parcerias estratégicas na CPL e agora trabalha como diretora de operações de uma empresa de consultoria de pesquisa em Washington, D.C. (você pode encontrar breves perfis de membros do "Team Gergen" no meu site).

Um feito de grande importância: eles descobriram Caroline Cohen, que recentemente se formou no Harvard College com grandes honras e um prêmio por sua escrita. Desde que se juntou à nossa equipe, Caroline tem sido uma parceira extraordinária, mágica em reunir pesquisas, trocar ideias e transformar palavras em impressão. Não passo um dia sem confiar em seu bom senso e discernimento. Sem ela, o livro talvez nunca tivesse aparecido. Felizmente, Lia Janzer também se juntou, há um ano. Ela fez pós-graduação na London School of Economics, onde se destacou. Lia está se transformando rapidamente em outra estrela.

Eu seria negligente em não reconhecer também a equipe maravilhosa da Simon & Schuster, que ajudou a tornar este livro uma realidade — além de outros conselheiros notáveis. Obrigado a Stuart Roberts, meu editor, assim como à sua assistente editorial Awura Ama Barnie-Duah, pela orientação durante todo o processo. Também devo agradecer a Larry Hughes, diretor associado de publicidade, a Stephen Bedford, diretor de marketing, e à editora Dana Canedy. Dois treinadores especiais foram Bob Barnett e Aileen Boyle. Confio nos sábios conselhos de Bob há décadas, e neste livro não foi diferente. Esta foi a segunda vez que tive a sorte de trabalhar com Aileen; ela foi uma ótima conselheira externa me ajudando a navegar no mundo da publicação de livros.

Francamente, mesmo com o talento que subiu a bordo, eu não tinha certeza de que nossa equipe conseguiria realizar um trabalho respeitável. Aprendi há muito que lidar com um livro pode ser uma empreitada assustadora. Churchill disse bem: "Escrever um livro é uma aventura. No começo, é um brinquedo e uma diversão. Então se torna uma amante, depois um mestre e, em seguida, um tirano. A última fase é que, quando você está prestes a se reconciliar com sua servidão, você mata o monstro e o arremessa para o público".

Para minha alegria, nossa pequena equipe teve um desempenho muito além da expectativa. Todos aqueles jovens que trabalham ao meu lado enfatizam o quanto são promissores os jovens nos dias de hoje. É deles o mérito por fazer deste livro uma colaboração criativa; foram eles que o transformaram em aventura. E são eles que deveriam dar ao resto de nós mais confiança no futuro de nossa democracia. Os erros são todos meus.

Índice

Símbolos

10 mil horas, regra 53
360s, método de autoconhecimento 46

A

abordagem
   quatro etapas 211
abordagem tripla 134
ação coletiva 22
adaptabilidade 95
adaptação 95
adversidade 81
a maior geração 244
ambição 28
apelo convincente 139
aprendizagem experiencial 221
arco narrativo 11
ardil da preparação 13
armas: cultura tóxica 2
artes baixas 186
ativismo 2
autoavaliação 46

autocompreensão 159
autoconfiança 61
autoconhecimento 49, 75, 235
autoconsciência 44, 45
autodomínio 75
avaliação correta 204

B

Black Lives Matter 138
boa equipe 138
bom conselho 59
burnout 229
bússola moral 74

C

cadinhos 83, 92
   de liderança 12
capacidade
   de adaptação 24
   de inspirar 22
caráter 6, 22
CEO humilde 144
Cinco Ps 135

colaboração criativa 137
compaixão 22
condições capacitadoras 140
confiança interior 235
consciência situacional 205
contexto 23
   favorável 140
convicção 25
coragem 6, 22
coronavírus 141
crises 208

D

decência 36
defensor ativo 69
definição de liderança 22
democracia 7
depressão 91
desafios
   extremos 86
   transformadores 86
desapego 203
destino 20
dicas 59
diplomata chefe 128
direitos
   civis 27
   das mulheres 31
disciplina 61
discriminação 70

E

Ebola, surto 141
empatia 22

engajamento cívico 9
ensinamentos práticos 67
equilíbrio 24, 72
equipe
   elementos condicionantes 139
escola de pensamento determinista 20
escravos da história 20
esforços extraordinários 52
essência das equipes 142
estoicismo 100
estratégia 126
estrutura de suporte 139
estudos de liderança 19
ethos 161
excelência 21, 31, 66
experiência militar 93

F

falar em público
   noções básicas 160
felicidade
   definição 236
figura de linguagem 163
fingerspitzengefühl 205
fora de série 52
fracasso 126

G

G20 179
garra 98
generatividade 7
gerenciar
   visão geral 125

Giving Pledge 190
grandes equipes 148
GSL 135
guerra 244

H

habilidades 133
  de liderança 59
  habilidades-chave 69
heróis 77
honestidade 36
honra 24, 27, 36
humildade 25

I

idealismo 9
impotência aprendida 91
inevitabilidade histórica 20
integridade 22

J

jornada
  do herói 11
  do líder 12
    externa 12
    interna 12
  externa 120
  interior 119
    elementos cruciais
      assunção de um propósito
      moral 119
      capacidade de voltar atrás 119
      desenvolvimento do caráter 119
julgamento prudente 204

K

Ku Klux Klan 42

L

legado positivo 24
leitura histórica 217
Lend Lease, estratagema 82
lições 233
líder
  emergente 76
  por convicção 28
  qualidades 215
liderança 5, 74, 234
  autêntica 74
  centrada no grupo 150
  colaborativa 25
  definição 23
  e serviço 18
  estoica 104
  pilares fundamentais 23
  plena 151
  política 81
  ponto a ponto 205
  sete pecados capitais 189
liderar 124
  seu chefe 124
    argumentar 127
    conscientizar 126

líderes
　extraordinários 86
　qualidades 202
logos 162

M

meio ambiente, degradação do 1
melhor líder
　perfil 144
mentor 27, 67, 69
mentoria feminina 68
metaliderança 213
mídias sociais 5, 164
millennials 240
mudança sistêmica 250
múltiplos "eus" 49
Myers-Briggs, teste 46

N

nação avestruz 210

O

oportunidade 97
oportunidades
　de aprendizado 60
orador
　novas tecnologias 163
oratória
　elementos 161

P

padrões duradouros 24
paixão pela excelência 148
paixões e valores, alinhar 61
papéis compartilhados 22
papel do líder 181
papo reto 192
pathos 162
patrocinador 69
pecados 188
pecados capitais da liderança 189
　arrogância 189
　desconfiança 193
　desonestidade básica 192
　ganância 190
　imprudência 191
　narcisismo 189
　obstinação 191
　virtude compensatória 189
　　abertura 193
　　empatia 189
　　humildade 189
　　julgamento sensato 191
　　modéstia 190
　　papo reto 192
　　resolução 191
Pentágono, documentos 115
persuasão pública 155
pessoas erradas 145
plano B 63, 182
ponto forte 49, 50
potencial e experiência 62
prática
　deliberada 54
　obstinada 51
prestação de serviço 60
princípios 24
Proposição 6 109
propósito maior 143
propósito moral 104, 110, 118

Q

qualidades
 atemporais 76
 qualidades-chave 93
 subjetivas 22

R

resiliência 9, 80, 87, 92
resistência 98
responsabilidades pessoais 139

S

sangue frio 205, 206
segurança financeira pessoal 238
serviço e liderança 18
serviço nacional 252
solidariedade 129
StrengthsFinders, teste 46

T

talentos de primeira categoria 145
tecnologia hoje 154
temperamento 94
tempo 228
 partes/esferas 229
Thomas Edison, testes 148
T, pessoas em forma 50
trabalho e vida
 equilíbrio 229
transparência 128
treinamento de liderança 58

U

uns pelos outros 148

V

valores
 cívicos 71
 compartilhados 72
 familiares 71
 pessoais 71
 profissionais 71
vantagens naturais 21
Verdadeiro Norte 241
vida
 cívica 18
 integrada 228, 230
virtude pública 101
virtudes 104
visão 22
vontade divina 20
voz
 interior 158, 236
 pública 157
vozes da mudança 253
VUCA 201

W

Walt Disney 147
Watergate 116

Projetos corporativos e edições personalizadas
dentro da sua estratégia de negócio. Já pensou nisso?

Coordenação de Eventos
Viviane Paiva
viviane@altabooks.com.br

Contato Comercial
vendas.corporativas@altabooks.com.br

A Alta Books tem criado experiências incríveis no meio corporativo. Com a crescente implementação da educação corporativa nas empresas, o livro entra como uma importante fonte de conhecimento. Com atendimento personalizado, conseguimos identificar as principais necessidades, e criar uma seleção de livros que podem ser utilizados de diversas maneiras, como por exemplo, para fortalecer relacionamento com suas equipes/ seus clientes. Você já utilizou o livro para alguma ação estratégica na sua empresa?

Entre em contato com nosso time para entender melhor as possibilidades de personalização e incentivo ao desenvolvimento pessoal e profissional.

PUBLIQUE SEU LIVRO

Publique seu livro com a Alta Books. Para mais informações envie um e-mail para: autoria@altabooks.com.br

CONHEÇA OUTROS LIVROS DA **ALTA BOOKS**

Todas as imagens são meramente ilustrativas.

 /altabooks /alta-books /altabooks /altabooks

Este livro foi impresso nas oficinas gráficas da Editora Vozes Ltda.,
Rua Frei Luís, 100 – Petrópolis, RJ.